Mario Jacoby
Scham-Angst und Selbstwertgefühl

W

Mario Jacoby

Scham-Angst und Selbstwertgefühl

Ihre Bedeutung in der Psychotherapie

Walter-Verlag
Olten und Freiburg im Breisgau

ISBN 3-530-39633-8

Inhalt

Vorwort

Es ist kein Geringerer als Georges Simenon, der Erfinder des Meisterdetektivs Maigret, der mir zu Bewußtsein brachte, warum ich meine Auseinandersetzung mit dem «Schatten»-Thema der Scham auch mit anderen Menschen teilen möchte. Denn bei ihm las ich folgendes:

«Jeder Mensch hat seine Schattenseiten, deren er sich mehr oder weniger schämt. Aber wenn er eine Person sieht, die ihm ähnelt, die die gleichen Symptome hat, die gleiche Scham, die gleichen inneren Kämpfe, dann sagt er sich: Ich bin also nicht allein so, ich bin kein Monstrum.»

Damit wurde ich von diesem Meisterpsychologen unter den Meistern der Krimiautoren darauf aufmerksam gemacht, daß so ein Buch vielleicht sogar ein Stück «Psychotherapie» sein könnte – und offensichtlich nicht nur (was meist der Fall ist) für den Autor selber, sondern möglicherweise auch für dessen Leser. Zwar bin ich skeptisch gegenüber Büchern, die sich dem Leser anbieten mit dem verheißungsvollen Anspruch, ihn glücklicher, gesünder oder weiser zu machen. Wirkliche Psychotherapie hat stets lebendige zwischenmenschliche Begegnung zur Voraussetzung. Aber, so dachte ich mir – der «Unterstützung» von Simenon gewiß –, vielleicht könnte es für Schamgequälte doch etwas Befreiendes haben, wenn sie lesen, wie andere Menschen an so ähnlichen Qualen leiden. Nicht zuletzt ähneln sich ja die Menschen gerade darin, daß sie Beschämungen und Schaminhalte verbergen wollen. Aus Scham wollen wir bekanntlich in den Boden versinken, uns verkriechen. Und damit sind wir furchtbar allein.

Schon lange hatte ich mich gewundert, warum von tiefenpsychologischer Seite zum Thema der Scham so wenig publiziert ist. Solche Verwunderung hat auch Hultberg 1987 in einem grundlegenden Aufsatz ausgedrückt, der den bezeichnenden Titel trägt: «Scham – eine überschattete Emotion». Bei näherer Beschäftigung mit dem Thema habe ich dann allerdings entdeckt, daß im englischen Sprachbereich, vor allem in den USA, seit fast dreißig Jahren eine ganze Reihe einschlägiger Publikationen erschienen sind, die mir von großem Interesse zu sein scheinen und deshalb in meiner Literaturliste erwähnt werden sollen (Lynd 1987, Tomkins 1987, Lewis 1971, 1987, Miller 1985, Nathanson 1987, Izard 1977, Sidoli 1988, Wharton 1990 etc.). Ein psychoanalytisches Standardwerk von Léon Wurmser (1981) ist seit 1990 in deutscher Übersetzung erhältlich unter dem Titel: «Die Maske der Scham». Es enthält eine Fülle an tiefen und subtilen Einsichten in die unbewußte Dynamik der Schamsymptomatik, und ich möchte es jedem Kollegen, der mit psychoanalytischer Denkweise und Terminologie vertraut ist, bestens empfehlen.

Ein Buch in der Art, wie ich es hier vorlege, existiert aber noch nicht. Denn was die «Methode» meiner Darstellung betrifft, so wollte ich mich ganz bewußt von der Subjektivität meiner Interessen, von meiner «persönlichen Gleichung» leiten lassen. Nur was mich persönlich etwas angeht, mir persönlich Sinn macht, kann ich so weitergeben, daß sich vielleicht auch andere Menschen davon angesprochen fühlen. Auf jeden Fall wurde mir im Laufe meiner langjährigen Praxis als Psychotherapeut und Jungscher Analytiker evident, wie zentral die Scham in ihren verschiedensten Varianten unsere psychische Befindlichkeit beeinflußt. Somit habe ich über den Stellenwert der Schamemotion im Gesamt unserer psychosozialen Existenz oft nachgedacht. Ich habe Schamreaktionen in ihrer jeweiligen Gefühlsqualität an mir selber, meinem Freundeskreis und natürlich an den «Klienten» in meiner Praxis beobachtet. Zunächst habe ich sie erlitten oder zumindest einfühlsam mit-erlitten, bevor ich versuchte, sie zu analysieren und in einen weiteren psychologischen Zusammenhang zu bringen. Selbstverständlich habe ich auch die wichtigsten Arbeiten aus der einschlägigen Fachliteratur gelesen und mich davon anregen lassen. In der vorliegenden Arbeit möchte ich ausdrücklich aber nur diejenigen Gesichtspunkte erwähnen, die mir dabei in beruflicher wie persönlicher Hinsicht eingeleuchtet haben.

Scham hat sehr viele Varianten, es gibt eine ganze «Familie» verwandter Schamaffekte. Dazu gehören zum Beispiel Gefühle der Minderwertigkeit oder des Gedemütigtseins, aber auch Schüchternheit, «Hemmungen», Peinlichkeitsgefühle etc. Es ist dem Betroffenen nicht immer klar, daß diese Gefühle Varianten der Schamemotion sind. Neben akuten Scham- und Beschämungserlebnissen, die von den Betroffenen auch als solche benannt werden, sticht ein Phänomen hervor, das subjektiv als Angst und nicht als Scham imponiert. Es ist die Scham-Angst, das heißt, die Angst vor möglichen Schamerlebnissen oder Beschämungssituationen, die eintreten *könnten* – und zwar durch eigene «Schuld» oder Unachtsamkeit, durch widrige Umstände oder dadurch, daß man sich vor anderen zu sehr «exponiert». Ich glaube, daß uns diese Schamvariante im Alltag und auch in der psychotherapeutischen Praxis am meisten begegnet. Sie steht deshalb, wie der Titel des Buchs ankündigt, im Zentrum meiner Überlegungen. Das bedeutet aber keineswegs, daß andere Varianten des Schamerlebens nicht zur Sprache kommen sollen.

Scham steht weitgehend im Kontext unserer sozialen Bedingtheiten, sie dreht sich um die Frage, welches Ansehen ich in den Augen anderer Menschen genieße, welcher Wert meiner Person verliehen wird. Je mehr ich an meinem Selbstwert zweifeln muß, um so wichtiger ist mir die Wertschätzung anderer, und um so empfindlicher bin ich für kleinste Anzeichen von Ablehnung und Beschämung. An der Wurzel von Schamanfälligkeit liegt also ein Mangel an Selbstvertrauen und Selbstwertgefühl. Psychotherapie von Schamanfälligkeiten aller Art muß deshalb bei den Gefühlen mangelnden Selbstwertes ansetzen. Es war mir deshalb wichtig, mich erneut mit dem komplexen Problem des Selbstwertgefühls und dessen Entstehung zu befassen. Dabei fiel mein Interesse vorwiegend auf die moderne Säuglingsforschung, die einmal mehr – und auf sehr differenzierte Art – «beweist», wie stark das Gefühl für den eigenen Selbstwert mit dem Wert, der uns von den frühen Bezugspersonen verliehen wird, zusammenhängt. Im übrigen haben mich die so lebendig beschriebenen Formen der Mutter-Kind-Interaktion auf Schritt und Tritt an meine Praxis erinnert und daran, wie meine Analysanden und ich miteinander umgehen. Ich habe daraus geschlossen, daß aus den Beobachtungen der Säuglingsforscher einiges über den therapeutischen Umgang mit Menschen, die an Selbstwertstörungen leiden, «gelernt» werden kann. Hier möchte ich Frau Dr. Lotte Köhler, München, herzlich dafür danken, daß sie mich auf diese Forschungen, vor allem auch auf das Buch von D. Stern, aufmerksam gemacht hat.

Noch ein Wort zu meiner Darstellungsweise: Ich bin Jungscher Analytiker und teile mit Jung die Auffassung, daß eine Wissenschaft von der Seele den unzähligen Kombinationsmöglichkeiten der Formen des Menschseins immer weit hinterherhinkt. Und so leidet jede psychologische Aussage darunter, daß sie solcher Komplexität niemals gerecht werden kann. Selbstverständlich habe ich mich um möglichste Klarheit und Anschaulichkeit bemüht. Aber all die Ausdrücke, wie «könnte», «möglicherweise», «vielleicht», «öfters», «es scheint mir» etc., die sich allzu häufig in meinem Text vorfinden, sind, der psychologischen Wahrheit zuliebe, nicht wirklich zu vermeiden. Denn viele seelische Zusammenhänge, von denen die Rede ist, «könnten» «unter Umständen» in «gewissen Situationen» auch ganz anders sein, anders gesehen werden. Außerdem habe ich den unzeitgemäßen Entschluß gefaßt, zugunsten besserer Lesbarkeit darauf zu verzichten, immer wieder von neuem zu bestätigen, daß ich stets auch an meine Analysand/innen, Kolleg/innen, Leser/innen denke und auch sie ansprechen will. Das ist für mich so selbstverständlich, daß ich es nicht augenfällig im Text immer wieder demonstrieren muß. Ich hoffe, man werde mir deshalb nicht vorwerfen, in patriarchalen Vorurteilen befangen zu sein.

Es bleibt mir noch, meinen Analysanden herzlichen Dank auszusprechen. Ohne daß ich in wechselseitiger Beziehung auch von ihnen hätte lernen können, wäre es mir nicht möglich gewesen, das Buch auf diese Weise zu schreiben. Natürlich bin ich besonders dankbar, daß ich von einigen Analysanden die Erlaubnis erhalten habe, gewisse Vignetten aus ihrer Psychotherapie darzustellen, wobei alle unnötigen Data weggelassen oder verändert wurden, so daß Anonymität gewahrt bleibt. Unschätzbare Hilfe verdanke ich meiner Frau, Doris Jacoby-Guyot. Ganz im Sinne dieses Buches möchte ich hier falsche Scham überwinden, um die besondere Herzlichkeit und Privatheit meines Dankens auch vor der Öffentlichkeit zu «exponieren». Schließlich gilt mein Dank auch Frau Helga Egner vom Walter-Verlag für die einfühlsame Lektorierung meines Manuskripts.

So hoffe ich, daß es mir durch diese «Mitteilungen» – eingedenk der Worte Simenons – gelungen ist, etwas Verständnis dafür zu wecken, wie sich Scham und Scham-Ängste anfühlen, womit sie etwa zusammenhängen und wie mit ihnen psychotherapeutisch umgegangen werden kann.

Zur Phänomenologie der Scham und der Scham-Angst

Zur Unterscheidung von Scham und Schuldgefühlen

Es ist wohl realistisch, von der Annahme auszugehen, daß Scham- und Schuldgefühle allgemeinmenschliche, das heißt archetypische Erfahrungsgegebenheiten sind, wobei es nicht leicht ist, sie deutlich auseinanderzuhalten. Sie haben manchmal die Tendenz, in gegenseitiger Vermischung aufzutreten, und so wird es zu einer Frage der Interpretation, ob man die jeweilige Erfahrung dem Scham- oder dem Schuldgefühl zurechnen will. Auf einen einfachen, erlebnisnahen Nenner gebracht, ist zu ihrer Unterscheidung wohl folgendes zu sagen: Schuldgefühle bewirken, daß ich mir als «schlechter Mensch» vorkomme, weil ich etwas getan, vielleicht auch nur gedacht oder beabsichtigt habe, was ich nicht hätte tun *sollen*. Ich kann mir aber auch als schlecht vorkommen, weil ich etwas, was ich hätte tun sollen, *unterlassen* habe. Es geht hier um ethische oder moralische Prinzipien, die in der philosophischen Ethik auch «Sollensgesetze» genannt werden. Interessanterweise wird das Verb «sollen» etymologisch aus dem althochdeutschen bzw. gotischen «sculan» abgeleitet, was «schuldig sein», «sollen», «müssen», bedeutet (Duden 1963). Ich bleibe also einem «Soll» gegenüber etwas schuldig, wobei das Erfüllen dieses Solls allgemein als «gut» angesehen wird. Damit ist die komplexe Frage von Gut und Böse angesprochen, die ihrerseits das Gewissen einbeziehen muß, nämlich diejenige innerseelische Instanz, die für solche Unterscheidung zuständig ist.
Wie zeigt sich uns demgegenüber die Scham? Ist sie einigermaßen stark, so zeichnet sie sich dadurch aus, daß sie uns mit Haut

und Haar als ganze Person zu entwerten und zu erniedrigen vermag, ohne daß wir unbedingt etwas Schlechtes getan haben müssen.

Auch hier ist es wiederum interessant, der Herkunftsgeschichte des Wortes «Scham» nachzugehen. Das Einbeziehen der Etymologie ist meist von großem psychologischem Interesse, weil dadurch Assoziations- und Bedeutungszusammenhänge sichtbar werden. So ist aus der Etymologie ein altgermanisches Substantiv «scham» oder «scheme» bekannt, das auch dem englischen «shame» zugrunde liegt, was ursprünglich Beschämung und auch Schande bedeutet. Es geht zurück auf die indogermanische Wurzel *kam/kem* = «zudecken», «verschleiern», «verbergen». Die Vorstellung des Sich-Verbergens ist dabei spezifisch vom Schamkonzept untrennbar (Wurmser 1981, S. 42). Später bezeichnete man mit Scham in verhüllender Weise auch die Geschlechtsteile. Scham ist also mit Schande verbunden, wird in der Literatur – so zum Beispiel bei Shakespeare – auch in der Bedeutung von Ent-Ehrung angewendet. Wenn man in Schande fällt, also der Ehre verlustig geht, so erleidet man eine «Schmach». Allerdings ist «Schmach» mit Scham und Schande nicht abstammungsmäßig verwandt. Vielmehr existiert das Wort schon im Althochdeutschen und bedeutet «Kleinheit», «Geringfügigkeit», wurde aber auch im Sinne von «Verachtung», «Kränkung», «Unehre» verstanden. Kleinmachen heißt also auch verachten. Mit «Schmach» ist im übrigen auch «schmachten», «verschmachten» und «schmächtig» verwandt. Jedenfalls wird daraus ersichtlich, daß schon im Altgermanischen das Phänomen der Scham durchaus bekannt war und mit Entwertung, Erniedrigung, Kränkung assoziiert wurde. Als Beschämter fühlt man sich von jeher «klein».

Wie erwähnt, gibt es zwischen Scham- und Schuldgefühlen viele Überschneidungen. So kann man durch eine Schuld, die man auf sich geladen hat, durchaus der Schande beschämender Entehrung verfallen. Man kann sich seiner eigenen Schlechtigkeit wegen auch schämen. Spezifisch für Schamgefühle ist es allerdings, daß sie nicht notwendigerweise eine Reaktion auf ethische Verhaltensweisen sind. Man schämt sich unter Umständen auch, weil man rote Haare hat, weil man von zu kleinem Wuchs oder übermäßig groß oder beleibt ist. Mögliche Verachtung von seiten der Umwelt beschränkt sich nicht auf kriminelle Taten oder unverantwortliche Unterlassungen. Rassen- oder Familienzugehörigkeit zum Beispiel kann Minderbewertung, Diskriminierung und damit auch Beschämung hervorrufen. Scham bezieht sich also weitgehend darauf, wie meine Person in ihrem gesamten Dasein bewertet oder – genauer – entwertet wird, und zwar nicht nur von anderen, sondern auch von mir selbst. Schuldgefühle treten gewöhnlich dann auf, wenn ich anderen Menschen irgendeinen Schaden zugefügt und/oder gewisse Normen nicht eingehalten habe. Beschämung *kann* sich aufgrund ethisch anstößigen Verhaltens ereignen, *muß* aber nicht, denn ich kann mich beispielsweise auch wegen linkischen Benehmens schämen. Auf jeden Fall ist mit dem Gefühl der Scham jeweils ein Verlust an Selbstachtung verknüpft, während der Schuldige auf Wiedergutmachung seines Verstoßes hoffen kann.

Bei genauerer Beobachtung zeigt es sich, daß in manchen Fällen Scham im Vergleich zur Schuld als gravierenderes Übel empfunden wird, so daß in der Folge Schuldgefühle zur Abwehr von Scham eingesetzt werden. Als Beispiel dafür ist die Reaktion mancher Menschen anzusehen, die von ihrem Liebespartner abgelehnt und/oder verlassen werden: Neben dem Schmerz um den Verlust der Liebe des Partners bedeutet es eine verwundende Einbuße an Selbstwertgefühl, eine «Schmach», so «verschmäht» zu werden. Die Vorstellung, als Person zu wenig Anziehung oder erotische Ausstrahlung zu besitzen, mag dann viel unerträglicher sein als die Suche nach eigenen Verfehlungen, welche die Schuld am Scheitern der Beziehung tragen könnten. Der Verlassene, falls er in seiner Gekränktheit nicht alle Schuld dem ablehnenden Partner zuschiebt, zieht es meist vor, sich der Gelegenheiten zu erinnern, bei denen er den Liebespartner gekränkt, im Stich gelassen oder abweisend behandelt haben könnte. Bei Schulderkenntnis ist zudem die Hoffnung lebendig, gewisse Verfehlungen vielleicht wiedergutmachen zu können. Wenn man aber als ganze Person nicht oder nicht mehr liebenswert ist, so greift das unter Umständen ans innerste Mark. Das mag ein Grund sein für die Tatsache, daß so viel mehr von Schuldgefühlen geschrieben und gesprochen wird als von Scham.

Schuldgefühle werden im allgemeinen durch projektive Schuldzuweisung an andere oder durch kompensatorisches «Auf-seinem-Recht-Beharren» abgewehrt. Man trifft aber gelegentlich auch auf Abwehr von Schuldgefühlen durch Schamreaktionen und zwar vor allem dann, wenn Schuldgefühle mit Bestrafungsängsten verknüpft sind. In einem solchen Fall wird für die spezifischen Inhalte, auf die sich das Schuldgefühl bezieht, keine Verantwortung übernommen. Man setzt sich nicht mit ihnen auseinander, sondern fällt gleich in eine allumfassende Zerknirschung. Dies ist eine Art «Demutshaltung», die der Umwelt den Wind aus den Segeln und die Waffen aus der Hand nimmt und statt dessen Mitleid bewirkt. Wenn nun jemand die begangene Schuld sanktionieren will, wird er bald selber Schuldgefühle verspüren, falls er darauf beharrt, einen so durch und durch reuigen, zerknirschten Menschen weiterhin anzuklagen. Solches Verhalten läuft oft unbewußt ab als eine Form neurotischer Abwehr. Es kann aber auch ganz bewußt als Taktik eingesetzt werden zwecks Entwaffnung des Anklägers. Ein klassisches Beispiel aus der Politik war die demonstrative Zerknirschung Nassers nach dem verlorenen Sechstagekrieg. Er lamentierte so lange und so mitleiderheischend über seine Schuld an der Schmach Ägyptens, bis er «die Herzen» seines Volkes wieder gewonnen hatte und man ihm weiterhin zujubelte.

Wie erwähnt, stellt sich Scham dann ein, wenn unsere Selbstachtung, das Gefühl unseres Selbstwertes, angegriffen oder in Zweifel gezogen wird – sei es von seiten der Umwelt oder von uns selber. Wir haben ein zum Teil unbewußtes Bild in uns, wie wir sein und auf welche Weise wir gesehen werden wollen – das sogenannte Ichideal. Je höhere Anforderungen an unsere Selbstvollkommenheit von diesem Bild des Ichideals ausgehen, um so leichter neigen wir zu Minderwertigkeits- und Schamgefühlen, steigt doch die Erreichbarkeit dieses Idealwertes in immer unerreichbarere Fernen.

Damit ist eine Problematik angesprochen, deren Implikationen noch ausführlich diskutiert werden sollen. Vorläufig sei als eine Art Kurzformel das folgende gesagt: Schamgefühle sind Signale, in denen sich die Forderungen unseres Ichideals in kränkender Weise bemerkbar machen, während Schuldgefühle «Gewissensbisse» sind, also schmerzende Signale, die von unserem Gewissen, dem sogenannten «Über-Ich», ausgehen. Schamgefühl hängt mit der Phantasie zusammen: Ich bin der Erniedrigung preisgegeben und fühle mich von anderen oder/und von mir selbst verachtet. Im Schuldgefühl ist demgegenüber das Bild wirksam: Ich habe anderen etwas angetan, habe ein Unrecht begangen.

Nun gibt es auch psychische Zustände, in denen Schuldgefühl und Scham miteinander im Konflikt stehen. Zum Beispiel denke ich an einen jungen Mann, für den jegliche sexuelle Aktivität mit Schuld- und Versündigungsängsten verknüpft war. Er litt manifest an der Unfähigkeit, im Sexualverkehr zum Orgasmus zu kommen. Aus diesem Grund vermied er nach Möglichkeit jegliche Form von Intimbeziehung. Diese Problematik war offensichtlich eine Auswirkung seiner ambivalenten Bindung an eine extrem prüde Mutterfigur. Psychotherapie suchte er vor allem deshalb auf, weil er unter dem Symptom des Errötens litt, und zwar überfiel ihn die Errötungsangst jedesmal dann, wenn Studienkollegen auf sexuelle Themen zu sprechen kamen. In diesem Erröten verbargen sich, wie die Analyse zeigte, zwei gegensätzliche Vorstellungen peinigender Art. Einerseits hatte er Angst, die Gesprächspartner könnten denken, er beschäftige sich ständig mit diesem (von der Mutter) verteufelten und verpönten Sex. Andererseits befürchtete er, man könnte seine Unerfahrenheit und Unmännlichkeit in Sachen Sex durchschauen. Dazu kam noch die Scham, sich durch Erröten zu exponieren. Jedenfalls verbarg sich in seinem Symptom der folgende Konflikt zwischen Schuldgefühl und Scham: Phantasien und Handlungen, welche die Sexualität betreffen, sind sündhaft – so will es das heilige Prinzip der streng religiösen Mutter. Wenn er es nicht einhält, versündigt er sich an ihrem Gebot. Wenn er sich aber daran hält, gelingt es ihm zwar, Schuldgefühle zu vermeiden, er verdrängt aber nicht nur ein Stück Triebhaftigkeit, sondern wird dazu noch von Scham überflutet bei der Vorstellung, kein vollwertiger Mann und deshalb seinen Altersgenossen unterlegen zu sein.

Auch Wurmser weist auf das «Schuld-Scham-Dilemma» hin (Wurmser 1988, S. 288). Schuld hängt mit der Trennung von den Elternfiguren und ihren zum Teil internalisierten Geboten zusammen, eine Trennung, die für die Persönlichkeitsentwicklung von zentraler Bedeutung ist. Im Gegensatz zu Trennung und Autonomiestreben steht das Gefühl von Ohnmacht, von Ausgeliefert- und Ausgesetztsein. Man fühlt sich minderwertig, dem Leben nicht gewachsen und muß sich deshalb vor andern, aber auch vor sich selbst schämen. So faßt Wurmser Schuld und Scham als ursprünglich antithetisch auf. Schuld bezieht sich auf Stärke und Macht, Scham auf Schwäche und Ohnmacht.

Um auf den erwähnten jungen Mann zurückzukommen, so verfällt er Gefühlen von Schuld immer dann, wenn er sich innerlich stark machen und sich in autonomer Weise über die Gebote der Mutter hinwegsetzen will. Da solche Schuldgefühle seine Ich-Erstarkung wiederum verhindern, fühlt er sich ohnmächtig («impotent» in latinisierter Ausdrucksweise) und muß sich seiner Schwäche schämen.

Mit diesem Beispiel bin ich bereits zum Thema der psychischen Störungen vorgedrungen, welches an späterer Stelle eingehend diskutiert werden soll. Hier ging es vor allem um einige Gedanken zur Abgrenzung zwischen Scham- und Schuldgefühlen.

Angst und Scham

Neben der Abgrenzung der Scham vom Schuldgefühl muß auch die Angst in Betracht gezogen werden. Auch sie spielt in bezug auf Scham eine große Rolle, spricht man doch von der Angst, sich lächerlich zu machen, sich zu exponieren, also von der Angst, in beschämende Situationen zu geraten. Freud hat keine ausgebaute Theorie der Scham aufgestellt, hat sich aber ausführlich mit dem psychologischen Hintergrund der Schuldgefühle befaßt, die er zugleich dem Phänomen der Angst unterordnet. Es ist die moralische Angst, die vom Gewissen, dem sogenannten Über-Ich, ausgeht (Freud 1923, S. 265 ff.). In dieser Sicht ist Angst der Überbegriff, dem das Schuldgefühl, aber schießlich auch die Scham untergeordnet wird. Schuldgefühl und Scham sind demnach spezifische Aspekte der Angst. In der Tat ist die Angst ein äußerst vielschichtiges Phänomen. Die Frage ist aber berechtigt, ob man Schuldgefühl und Scham in ihrer je eigenen, so spezifischen Erlebensqualität nicht von der Angst als solcher unterscheiden sollte.

Es seien hier zunächst einige Gedanken zum Phänomen der Angst angebracht. Sie ist wohl eine «Erfindung» der Natur, die den Zweck hat, Leben zu beschützen. Zwar wissen wir nicht, ob beispielsweise eine Fliege die Emotion der Angst «kennt». Wenn wir aber einer lästigen Schmeißfliege nach dem Leben trachten, versucht sie unseren Angriffen geschickt zu entfliehen und verhält sich so, als ob sie Angst kennen würde. Dadurch erweckt sie unter Umständen Mitleid in uns, und es ist wohl projektive Einfühlung in ihre «Angst», wenn man «keiner Fliege etwas zuleide tun kann». Jedenfalls hat sie denselben Fluchtmechanismus eingebaut, der auch unseren menschlichen Reaktionsmustern entspricht und bei uns mit Angstemotionen verknüpft ist. Angst steht offensichtlich an der Schwelle von Leben und Tod. Wie oft schon haben depressive und lebensmüde Menschen geäußert, daß sie ihrem Leben gerne ein Ende bereiten würden, wenn sie nur nicht so viel Angst davor hätten.

Im menschlichen Bereich hat die Angst bekanntlich nicht nur eine Wächterfunktion zur Erhaltung unserer konkret-physischen Existenz, sie tritt auch dann deutlich in Erscheinung, wenn der Bereich unseres Ichbewußtseins in seiner Autonomie und in seinem Kontrollbedürfnis bedroht ist. Tiere, die noch in freier Wildbahn leben, kennen nur bei realer Bedrohung ein Verhalten (z. B. Flucht), das wir üblicherweise als Angstreaktion interpretieren. Demgegenüber können wir Menschen die vielfältigsten Angstsituationen in der Vorstellung vorwegnehmen, schließt doch unser Bewußtsein die Kategorie Zeit mit ein und damit die Ungewißheit der Zukunft. Schon Aristoteles definierte die Angst als «Unlust oder Unruhe, die aus der Vorstellung eines zukünftigen vernichtenden oder eines Unlust bereitenden Übels entspringt» (zitiert in: Blaser/Pöldinger 1967, S. 12). Letztlich steht Angst im Zusammenhang mit dem Wissen um unser Ausgeliefertsein an all das Unwägbare, das dem «Risiko Leben» inhärent ist. Trotz der vielfältigsten kollektiven und individuellen Absicherungsmaßnahmen zum Schutz unseres Lebens und unserer Gesundheit, trotz der materiellen «Ver-sicherungen» gegen Krankheit, Alter, Arbeitslosigkeit und sonstige Eventualitäten behält der Psychiater Kurt Schneider im Grunde recht, wenn er schreibt: «Bedenkt man das menschliche Dasein, so ist es viel erklärungsbedürftiger, daß der Mensch meist keine Angst hat, als daß er manchmal Angst hat» (Schneider 1959, S. 28). Nur nebenbei sei hier die Bemerkung gestattet, daß wir unsere Kultur mit ihren Licht- und Schattenseiten weitgehend dem Versuch kreativer Angstbewältigung verdanken.

Schamgefühle können qualitativ von der Angst als solcher unterschieden werden. Mit gewissem Recht kann man sie aber auch als eine spezielle Form von Angst ansehen. Und zwar spielt Angst immer dann eine Rolle, wenn Beschämungssituationen, die vielleicht auftreten könnten, in der Vorstellung vorweggenommen werden. Hier ist an Prüfungsängste zu denken und an das sogenannte «Lampenfieber», auch an Ängste vor

Begegnungen mit wichtigen Menschen oder an gewisse Formen von Sexualangst etc. Es geht also um die Angst, in beschämende Situationen zu geraten, die in naher oder ferner Zukunft eintreten könnten.

Worum geht es zum Beispiel bei der Prüfungsangst? Sicherlich kann Nicht-Bestehen von Prüfungen reale Konsequenzen haben und die Berufschancen beeinträchtigen. Dies ist aber nur der eine Aspekt. Die Angst, man könnte als Versager dastehen und müßte sich «klein und häßlich» fühlen, spielt meist eine ebenso große Rolle. Es ist die Angst, die an sich selbst gestellten Erwartungen sowie die Erwartungen des Prüfers zu enttäuschen, was peinlichen Selbstentwertungserlebnissen gleichkommen kann. Immerhin sind uns Prüfungen im allgemeinen auferlegt, wir müssen uns dabei zwar exponieren, aber das geschieht meist nicht ganz freiwillig.

Um einiges schlimmer kann sich das sogenannte «Lampenfieber» auswirken, da es Menschen betrifft, die sich selber ins «Rampenlicht» stellen wollen. Man setzt sich als Diskussionsleiter, Festredner, Schauspieler, Musiker, Vortragender etc. der Erwartung aus, einem Publikum etwas Hörens- oder Sehenswertes bieten zu können. Falls dies mißlingt, wird die Blamage doppelt schwer wiegen, denn zu allem Schaden kommt noch auf peinliche Weise «ans Licht», wie sehr man sich überschätzt hatte.

Ängste in bezug auf Impotenz oder Frigidität sind nicht deshalb so quälend, weil sie den sexuellen Genuß beeinträchtigen. Vielmehr sind sie mit der Vorstellung verbunden, in den Augen des Partners als Versager dazustehen und sich nicht als vollwertiger Mann bzw. als vollwertige Frau zu fühlen.

Bei der Scham-Angst geht es also immer um die Frage: Werde ich den an mich gestellten Erwartungen gewachsen sein und «Erfolg haben», das heißt, werde ich beim jeweiligen Prüfer oder Vorgesetzten, Gesprächs- oder Liebespartner, beim jeweiligen Publikum ankommen, oder werde ich eine beschämende «Nieder»-Lage einstecken müssen?

Angst vor möglichen Schamerlebnissen kann auch zu einer Reaktionsbildung führen, die zum Beispiel als exzessive Schüchternheit oder Gehemmtheit auffällt. Hinter dieser Haltung liegt meist die Tendenz, auf minimste als «peinlich» registrierte Anlässe mit Schamgefühlen zu reagieren. Folglich werden Gelegenheiten, die Anlaß zu Beschämung sein könnten, nach Möglichkeit vermieden. So ist es besser zu schweigen, als ein unangebrachtes Wort zu riskieren, das beschämende Aufmerksamkeit auf sich ziehen könnte. «Si tacuisses, philosophus fuisses» – hättest du geschwiegen, wärst du Philosoph geblieben, ist ein berühmtes lateinisches Sprichwort, das zur Rechtfertigung dieser Abwehrform dienen kann. Man hat Angst, sich zu exponieren, aufzufallen, Initiative zu ergreifen, besteht doch die Gefahr, sich damit Blößen zu geben und einen Verlust an Selbstachtung und Geachtetsein einzustecken. Zugleich mag es sehr unangenehm sein, als Gehemmter vor der Umwelt dazustehen, als ein Mensch, der nichts zu sagen weiß und sein Licht unter den Scheffel stellt. Es kann auch beschämend sein, nicht beachtet zu werden, im Schatten stehen zu müssen, sich als einflußloses Nichts zu fühlen. So entsteht ein Teufelskreis: Angst vor beschämendem Exponiertsein macht schüchtern, und weil man so schüchtern ist, fühlt man sich wiederum beschämt.

Die Analyse zeigt, daß sich hinter solchen Ängsten und schüchternen Gehemmtheiten oft ein besonders großes Bedürfnis nach Gesehen-, Geliebt-, ja Bewundertwerden verbirgt. Dies Bedürfnis ist meist deshalb so groß, weil es in der Kindheit nicht erfüllt, abgelehnt oder gar verlacht wurde. Und somit ist es mit seelischem Schmerz assoziiert und mit dem Risiko erneuter Verletzung behaftet: Das Ich hat Angst vor der Stärke seiner Bedürfnisse, und zugleich lehnt es diese ab und verweigert ihnen ihre Daseinsberechtigung. Das heißt, solche Bedürfnisse werden vom Ich so abgewertet, wie sie einst von den entscheidenden Bezugspersonen entwertet worden waren. Ich spreche hier von der inneren Dynamik seelischer Leiden, die heute zu den sogenannten «narzißtischen Störungen» gerechnet werden. In einem späteren Kapitel soll darauf zurückgekommen werden.

Der Schamaffekt und seine Folgen

Wir haben bis jetzt von Scham-Angst gesprochen, der Angst vor Beschämungssituationen und vor dem akuten Schamaffekt. Dabei ist es meist solch ängstliche Erwartung, die das beschämende Ereignis des Errötens, Zitterns, der Sprechhemmung, Impotenz usw. geradezu herbeiruft. Ängste «engen» unsere Freiheit ein, beeinträchtigen die Fähigkeit, uns flexibel auf die jeweiligen Gegebenheiten einzustellen. Statt dessen zwingen sie uns, die Aufmerksamkeit ständig uns selber zuzuwenden. Zum Beispiel lenkt die ängstliche Erwartung, impotent oder frigid zu sein, die Aufmerksamkeit vom Partner ab, hin zu den eigenen Funktionen, die gerade dadurch in ihrem Ablauf empfindlich gestört werden. Auch ängstliche Selbstbeobachtung, ob wir uns nicht lächerlich benehmen, ob uns die Stimme nicht versagt, die Hände nicht zittern, blockiert jegliche Spontaneität. Man wird befangen, gehemmt, unsicher im Sinne des englischen «self-conscious»[1]. Somit kann der akute Schamaffekt hervorgerufen werden, das Erlebnis, in den «Abgrund der Scham» zu fallen und dabei in seiner Erbärmlichkeit gesehen und mit Hohnlachen bedacht zu werden – jedenfalls in der eigenen Vorstellung.

Akute traumatische Schamerlebnisse finden meist in der Kindheit statt und hinterlassen oft lebenslänglich ihren seelischen Niederschlag. So hat ein 55jähriger Mann eine starke Abneigung gegen Kirschen, sie erinnern ihn noch heute an ein traumatisch beschämendes Ereignis, das sich im Alter von zehn Jahren auf einer sommerlichen Schulreise zugetragen hatte. Damals hatte ihm seine unbezogene Mutter als Reiseproviant ausgerechnet Kirschen mitgegeben, die bekanntlich in Kombination mit Brunnenwasser oftmals Diarrhöe auslösen – was sich bei ihm während der Heimreise im Eisenbahnwagen überfallartig bemerkbar machte. Die verfügbaren WCs waren im Moment äußerster Bedrängnis gerade besetzt, und so geschah das Unglück – es platzte aus seinen kurzen Hosen heraus, mitten auf den Korridor des Eisenbahnwagens. Fluchtartig verschwand er in eine nun freigewordene WC-Kabine, schloß sich dort ein und war selbst an der Endstation der Heimreise trotz Klopfen, Drohen und Versprechungen des Lehrers nicht dazu zu bewegen, die Tür aufzuschließen, geschweige denn herauszukommen. Dieses Kunststück brachte nur der mit einem Schlüssel bewaffnete Eisenbahnschaffner zustande, und so blieb dem Jungen am Ende das gefürchtete Spießrutenlaufen nicht erspart. Die versammelte Klasse wartete auf ihn und brüllte: «Hosenscheißer». Seine Mutter, als sie ihn in seinen verschmutzt-stinkenden Hosen in Empfang nahm, brach sogleich in üble Beschimpfungen aus, klagte über die Schande, die er der ganzen Familie antue, und steckte ihn verächtlich ins Bad. Am nächsten Tag weigerte er sich, zur Schule zu gehen. Inzwischen hatte der Lehrer den Klassenkameraden verboten, ihn «Hosenscheißer» zu titulieren. Wenn in der Klasse aber aus irgendeinem Grund Gelächter ausbrach, wähnte er sofort, man mache sich auf seine Kosten über dies peinlichste aller Ereignisse lustig. Bald kam er in eine neue Schule und konnte sich dort den Kameraden gegenüber unbefangener fühlen. Im Hintergrund blieb aber die Furcht bestehen, die neuen Schulkollegen könnten von einem ehemaligen Schüler aus der «wissenden» Klasse in seine Schande eingeweiht werden. Noch heute ist die Erinnerung an jenes Ereignis mit Gefühlen erniedrigender Peinlichkeit verknüpft. Auch das Bild seiner selbst, eigentlich ein «Hosenscheißer» zu sein, blieb in selbstwertuntergrabender Weise noch sehr viele Jahre bestehen.

Ein 45jähriger Mann kann das folgende Schamereignis aus seinem 14. Lebensjahr nicht mehr vergessen: Damals wurde er, als Sohn «besserer Leute», in einen Tanzkurs geschickt, fühlte sich aber in seinem Linkischsein von den Tanzpartnerinnen abgelehnt. Allerdings hatte es ihm ein blondes Mädchen angetan, an das er unablässig denken mußte und deren Gunst er erwerben wollte. In seiner Schüchternheit wagte er aber nicht, sie direkt anzusprechen. Statt dessen schickte er ihr – nach vielem Zögern – in einem Brief eine gefühlvolle Liebeserklärung. Kaum war der Brief aber abgeschickt, litt er Qualen der Scham bei der Vorstellung, sie werde beim Lesen seines Gefühlsergusses in schallendes Hohngelächter ausbrechen. Es war, als ob die Tortur solcher Schamvorstellung seine Liebesgefühle bereits zum Erlöschen gebracht hätte. Erwartungsgemäß kam von ihr keine Antwort, und so wich er jeglicher Begegnung aus, denn er konnte sie sich nur noch hohnlachend vorstellen. Zwar trieb es ihn manchmal, ihre Wohngegend aufzusuchen, um sie vielleicht in unauffälliger Weise zu beobachten. Wenn er sie aber von weitem beim Spiel mit anderen Mädchen lachen hörte, war er überzeugt, es sei soeben von seinem Brief die Rede.

Bei diesen beiden beschriebenen Erlebnissen handelt es sich um sensible Bereiche, in denen Schamanfälligkeit besonders groß und schmerzhaft ist. Der erste Fall betrifft die anale Sphäre und ist mit der Erziehung zur Sauberkeit verknüpft, die in unseren Sozialisationsbemühungen einen hohen Stellenwert einnimmt. Erreichung der Sphinkterkontrolle bedeutet für das Kind ein Stück Autonomie, das mit Stolz besetzt ist. Der Verlust der Kontrolle – und dies erst noch vor den Augen Gleichaltriger – bedeutet deshalb Regression und furchtbare Demütigung. Man ist vor aller Augen nicht nur auf die Stufe des Säuglings, sondern eines «Schweinigels» und «Hosenscheißers» gesunken.

Im zweiten Fall geht es um Preisgabe der zart-verletzlichen Phantasien und der ersten erotischen Gefühle eines Pubertierenden. Mit der Beschreibung seiner Gefühle in einem Brief ist er – in Anbetracht seines kritischen Alters – ein allzu großes Wagnis eingegangen. Zwar fordert der erotische Bereich letztlich geradezu «Entblößung», erzeugt aber dementsprechend auch Verwundbarkeit.

Hier noch ein Beispiel unauslöschlicher Erinnerung an ein Schamerlebnis ethischer Natur: Als 13jähriger Junge hatte ein Analysand ein seiner Mutter gehörendes Fünffrankenstück, das auf dem Tisch herumlag, gestohlen. Für diesen«Diebstahl» wurde ein blutjunges Dienstmädchen verantwortlich gemacht, das natürlich darauf bestand, unschuldig zu sein. Er hatte aber nicht den Mut, zu seiner Tat zu stehen, und leugnete sie hartnäckig ab, so daß in der Folge dem Dienstmädchen wegen Diebstahls die Stelle gekündigt wurde. Er erinnert sich nach drei Jahrzehnten noch immer des Blicks, den sie vorwurfsvoll und zugleich flehentlich auf ihn richtete, als sie die Stelle zu verlassen hatte. Es war ein Blick, der ihm noch lange seine Schuldgefühle widerspiegelte und zugleich seine Scham, ein solcher Feigling gewesen zu sein.

Solche Ereignisse akuter Beschämung lassen also oft quälende Spuren zurück, und es war der englische Dichter John Keats, der einmal trefflich geschrieben hat, daß «die unglücklichsten Stunden in unserem Leben diejenigen sind, in denen wir uns an die Vergangenheit erinnern und dabei erröten – falls wir unsterblich sind, muß so die Hölle sein» (zitiert bei Hultberg 1987).

Viele Menschen kennen jene schlaflosen Nächte, in denen Scham überhand nimmt bei der Erinnerung, sich unangenehmste Blößen gegeben zu haben: Wie konnte ich mich nur so unmöglich benehmen, so sehr die Selbstkontrolle verlieren? Wie konnte ich so viel sprechen über Dinge, die niemanden etwas angehen usw.? Die Schamschwelle ist natürlich individuell verschieden hoch. Wie leicht wir mit Schamgefühlen reagieren und wieviel Intensität sie annehmen, hängt letztlich von dem Maß an Toleranz ab, das wir dem eigenen Schatten gegenüber aufzubringen vermögen. Doch dies gehört bereits ins Gebiet der Möglichkeiten zur Schambewältigung und soll in einem späteren Kapitel diskutiert werden.

Die Nacktheitsscham

Schon in der biblischen Paradiesesgeschichte, auf die wir später noch ausführlich zurückkommen werden, ist die Rede davon, daß Adam und Eva sich voreinander schämten, sobald sie ihrer Nacktheit gewahr wurden. Die Frucht vom Baum der Erkenntnis hatte ihnen gegenseitig die Augen für ihre Nacktheit geöffnet, und damit war die erste Erfahrung von Scham verknüpft. Es war auch Scham, die sie dazu motivierte, sich Feigenblätter zusammenzuheften, um ihre körperliche Blöße hinter den Schurzen zu verbergen.

In diesem Zusammenhang stellt sich die Frage, ob es archetypisch zum Wesen des Menschen gehört, seine Geschlechtsorgane – in vielen Sprachen auch «Schamteile» genannt – hinter einem wie immer gearteten Lendenschurz zu verhüllen. Ist solche Schamhaftigkeit für unsere spezifische Menschennatur paradoxerweise «natürlich», unserer Art gemäß, vielleicht sogar angeboren? Oder werden wir durch prüde gesellschaftlich vermittelte Sitten dazu erzogen? Der Biologe J. Illies meint dazu in seinem Buch «Zoologie des Menschen» (1971), daß sich das Feigenblatt in Form des Lendenschurzes oder verhüllender Artefakte bei fast allen Völkern, auch bei den sogenannt primitivsten finde. Er sieht hinter diesem Verhüllen den Antrieb des Schamgefühls. Auch meint er, die heutige Kinderpsychologie könne nachweisen, daß ein Drang zum Verbergen der eigenen Nacktheit beim jungen Menschen als normaler Reifungsschritt auftrete, sowie die Geschlechtsrolle bewußt erfaßt werde. Er setzt den Zeitpunkt, in dem Kinder beginnen, sich des direkten körperlichen Ausdrucks ihres Geschlechts zu schämen, bereits am Ende der ödipalen Phase an, mit etwa fünf Jahren. Man könne zwar diesen Antrieb mit Erziehung verdrängen. Nacktheit habe aber, sobald die Bewußtseinsstufe der Fünfjährigkeit überschritten ist, mit natürlicher Unschuld nur noch wenig gemein. Unbefangenheit beim Anblick der erwachsenen Nacktheit des andern Geschlechts ist, nach seiner Ansicht, kein Zei-

chen für befreite Natürlichkeit unserer sexuellen Antriebs-
strukturen, sondern für ihre Einengung durch Abstumpfung
oder Verdrängung. Wörtlich schreibt Illies:

«Würde man Kinder allein auf einer einsamen Insel aussetzen, damit sie in
nackter Natürlichkeit, von allen repressiven Einflüssen der Gesellschaft be-
freit, unserer Art gemäß aufwüchsen, so würden sie im Alter von 5 Jahren den
Lendenschurz neu erfinden, den sie so dringend brauchen, um in seinem Schutz
seelisch gesund zu der Pubertät heranzureifen, in der sie in der Lage sein werden, ihn abzulegen, wenn in einer personalen Begegnung die Scham der wohl-
behütete Besitz ist, den man aufgeben will, um ihn dem Partner zu schenken»
(Illies 1971, S. 134).

Illies, der zwar Biologe und Verhaltensforscher ist, scheint mir
mit dieser Ansicht doch allzu weltfremd und moralistisch zu
sein. Die «personale Begegnung», in welcher die Scham für den
Partner aufgegeben wird, ist vielleicht ein Desideratum, wird
aber meist nicht auf Anhieb erreicht. Entwicklungsprozesse bis
hin zur Integration von Sexualität und Liebesfähigkeit sind erfahrungsgemäß komplizierter und sehr leicht störanfällig.
Sicherlich kann man sich die Frage stellen, wie es wäre, wenn
Kinder, unbeeinflußt von gesellschaftlichen Konventionen, auf
einer einsamen Insel aufwachsen würden. Es ist die Frage nach
der Artgemäßheit jeweiliger Verhaltensweisen, die Frage nach
dem Wesen des Menschen und seinen archetypischen Gegebenheiten. Allerdings kommt man mit der Vorstellung von der
einsamen Insel kaum weiter in der Beantwortung dieser Frage.
Denn es gehört zur menschlichen Artgemäßheit, daß Men-
schenkinder gerade nicht allein und unbeeinflußt auf einer einsamen Insel aufwachsen können, da sie ja dringendst dazu der
Fürsorglichkeit und der leitenden Funktionen Erwachsener bedürfen. Und damit sind gesellschaftliche Einflüsse immer auch
vorprogrammiert. Wir sind unserer «Natur» gemäß gesell-
schaftsbildende und in Gesellschaft lebende Wesen.
Wenn wir im folgenden der Frage nachgehen wollen, inwiefern
die Nacktheitsscham in archetypischer Weise zum Menschen

gehört oder inwiefern sie durch gesellschaftliche Sitten jeweils vermittelt und vom einzelnen verinnerlicht wird, ist es nützlich, die von Jung empfohlene Amplifikationsmethode zu verwenden. Diese Methode der Anreicherung oder Erweiterung eines Vorstellungsinhalts mit parallelen Vorstellungen aus verschiedensten Zeiten und Kulturen diente Jung ursprünglich zur Beweisführung und Erhärtung seiner Hypothese des kollektiven Unbewußten und der Archetypen. Wenn zu verschiedensten Zeiten und in verschiedenen, voneinander unbeeinflußten Gesellschaften ähnliche Inhalte in ähnlicher symbolischer Bedeutung zu finden sind, so spricht diese Tatsache dafür, daß es sich dabei um allgemeinmenschliche seelische Gegebenheiten handeln dürfte. Jedenfalls ist dies eine Methode, die zwar die Frage nach jeweiliger Artgemäßheit des Verhaltens nicht mit beweiskräftiger Vollgültigkeit beantworten kann, aber den Horizont für erstaunliche Bedeutungszusammenhänge zu erweitern vermag.

Im folgenden möchte ich also einigen Vorstellungen und Verhaltensweisen nachgehen, die im Verlauf der Menschheitsgeschichte bis hin zur Gegenwart um das Thema der körperlichen Nacktheit und der menschlichen Geschlechtsorgane kreisen. Vielleicht kommen wir damit auch der psychologischen Bedeutung der Nacktheitsscham näher.

In Träumen kommt Nacktheit bekanntlich häufig vor, was vom Träumer in der Mehrzahl der Fälle als unangenehm und peinlich erlebt wird. Dies ist besonders dann der Fall, wenn es im Traum nicht um einen manifesten sexuellen Inhalt geht, sondern um nacktes Ausgestelltsein. Auffallenderweise steht auch bei kollektiven Vorstellungen, die sich um Nacktsein und Entblößung der Genitalien drehen, die sexuelle Sphäre nicht immer im Vordergrund, jedenfalls nicht manifest. Hingegen wird den Genitalien immer eine besondere Bedeutung zugeschrieben, sie sind mit Phantasien des Besonderen umwoben. Eine rein selbstverständliche Natürlichkeit gegenüber der Geschlechtssphäre ist in der Kulturgeschichte nicht anzutreffen.

Falls solche «Natürlichkeit» als Kennzeichen unzivilisierter Naturvölker angesehen werden sollte, so hat es zumindest innerhalb der letzten vierzigtausend Jahre weder Wilde noch Naturvölker, weder Primitive noch unzivilisierte Völker gegeben (Duerr 1988, S. 12). Es scheint also von jeher zur «Natur» des Menschen zu gehören, daß er sich gegenüber seiner körperlichen Naturhaftigkeit nicht vollständig natürlich verhält.

Wenn ich nun die Einstellung zu körperlicher Nacktheit amplifizieren möchte, so nehme ich unter anderem das «Handwörterbuch des deutschen Aberglaubens» (Bächtold-Stäubli 1927ff.) zu Hilfe, welches für diesbezügliche Vorstellungen und Phantasien eine Fundgrube ist. Dort umfaßt der Artikel unter dem Stichwort «Nacktheit» allein ca. fünfzig eng gedruckte Seiten. Daneben habe ich auch den «Kleinen Pauly. Lexikon der Antike» (1979) befragt sowie das erwähnte Buch «Nacktheit und Scham» von Duerr, welches eine Fülle von Material liefert. Selbstverständlich kann ich im folgenden nur einige aufschlußreiche Kostproben geben.

Nacktes Ausgestelltwerden wurde oft als Strafe für Ehebruch eingesetzt. So spannten in Rußland die Bauern ihre ehebrecherischen Frauen nackt vor den Pflug, um zu ackern. Wörtlich heißt es bei Bächtold-Stäubli:

«Die Bestrafung von Ehevergehen mit beschämender Entblößung der aidoia geht auf den uralten Brauch zurück, den Gegner durch Entblößung zu erniedrigen und zu schänden.»

(Es spricht zugleich für das Schamgefühl des Verfassers dieses Artikels, daß er das Wort Geschlechtsorgan nur in griechischer Verfremdung auf die Zeile bringt; «aidoia» sind in wörtlicher Übersetzung die Schamteile, von «aidos» = die Scham.) Auch in Babylonien und Ägypten hat man auf Denkmälern aller Art die Feinde entblößt dargestellt. Bei den alten Juden galt es als furchtbares Verbrechen, die Scham vor Jahwe zu entblößen, dasselbe betont auch die Vita Mohammeds. (Hier wäre hinzuzufügen, daß es noch heute nicht gestattet ist, eine Synagoge ohne Kopfbedeckung zu betreten. Auch sieht es bekanntlich der Christengott – besonders katholischer Prägung – nicht gern, wenn Touristinnen in unziemlicher Bekleidung, das heißt in kurzen Shorts und mit nackten Armen, seine Kirchen besuchen.) In Kultprozessionen hingegen kann Nacktheit Zeichen von Demut sein. Allerdings wurde bei Wallfahrten im christlichen Raum schon früh vollständige Nacktheit durch nackte Füße und aufgelöstes Haar ersetzt.

Bei antiken Frühlingsfesten hingegen ging es auch zu Ehren der Götter erotisch-orgiastisch zu. Nun sind ja in Griechenland für den erotischen Bereich spezielle Götter zuständig, man denke an Aphrodite, Dionysos, Hermes und Priapos, der als Phallos galt und auch so dargestellt wurde. Zur homerischen Zeit allerdings schämte man sich offensichtlich seiner Nacktheit und trug auch beim Sport eine Kleidung, wobei man später, in der nachhomerischen Zeit, bei gemeinsamem Baden von Männern und Frauen sogar eine Art Badehose trug. Hingegen setzte sich in archaischer Zeit, von Sparta oder Kreta ausgehend, Nacktheit im Sport der griechischen Männer durch. Offensichtlich ist diese Nacktheit Ausdruck der stolzen Freude am eigenen Körper. Den bildenden Künstlern hat die sportliche Nacktheit jene unmittelbare Anschauung des funktionalen Körpers geschenkt, die eine der Voraussetzungen war für die Blüte der griechischen Kunst. Man denke zum Beispiel an Praxiteles im 5. Jahrhundert vor Christus. Dies gilt aber nur für den männlichen Körper; soweit im 4. Jahrhundert weibliche Körper nackt dargestellt wurden, lagen kultische Gründe vor.

Was nun den berühmt schamfreien nackten griechischen Athleten in seinem «Gymnasion» (von gymnos = nackt) betrifft, so hat Duerr anhand verschiedenster Dokumente festgestellt, daß Schamgefühle auch da gewisse Verhaltensregeln bestimmt haben. So war es in hohem Maße unschicklich, die Eichel des Penis sehen zu lassen, sie mußte stets von der Vorhaut bedeckt sein. Deshalb banden sich Männer bei athletischen Übungen die über die Eichel gezogene Vorhaut mit einer Schnur zu. Eine kurze Vorhaut erschien den Griechen als sicheres Kennzeichen eines ausschweifenden Geschlechtslebens. Als später auch Juden mit ihrem beschnittenen Penis in den Gymnasien erschienen, galt das als schwerste Peinlichkeit. In der Folge wurde eine Verfügung erlassen, daß nur diejenigen Juden an den olympischen Spielen von Tyros teilnehmen durften, die sich wieder eine Vorhaut zugelegt hatten. (Es gab dafür spezielle Operationen, wie der Arzt Galen berichtet; Duerr 1988, S. 19.) Auch ist zu bedenken, daß es Frauen verwehrt war, den nackten Sportlern zuzusehen, und man fand es schockierend, daß den Etruskerinnen dies angeblich erlaubt war (Duerr 1988, S. 18). Die sogenannte «Nacktheit» der spartanischen jungen Mädchen ist den Athenern stets ein Skandalon gewesen. In Wirklichkeit waren sie gar nicht nackt, sondern trugen beim Sport einen kurzen Chiton (eine Art Leibrock), der allerdings ihre Schenkel und eventuell eine der Brüste nicht bedeckte, worüber sich die Athener bereits empörten. Eine Ausnahme scheint lediglich die «rituelle Nacktheit» der Arktoi, der jungen Bärinnen, gewesen zu sein, also der kleinen, aber auch der älteren Mädchen, die an der Schwelle des Erwachsenwerdens standen und die während eines Reiferituals ihren «Chiton» zu Boden gleiten ließen. Nichts deutet aber darauf hin, daß diese Entblößung in Anwesenheit von Männern geschah (Duerr 1988, S. 21). Duerr kommt zum Schluß, «daß auch das klassische Griechenland – vom homerischen ganz zu schweigen – kein Arkadien schamfreier männlicher Nacktheit war, wie es idealisierend seit der Renaissance immer wieder behauptet wird» (Duerr 1988, S. 19). Bei den Römern blieb Nacktheit im Sport stets anstößig, und nach Plutarch hat Romulus für den, der in der Öffentlichkeit nackt erscheint, die Todesstrafe angesetzt.

Im weiteren führt Duerr aus, daß auch dort, wo die Sitte des Nacktbadens herrscht (Japan im letzten Jahrhundert, finnische Sauna etc.), die Schamschranken nicht unbedingt niedriger sind. Es galt nämlich, sich vor dem «indiskreten Blick» zu hüten, das heißt vor allem die Geschlechtspartien anderer Badegäste nicht offen zur Kenntnis zu nehmen und den Blick davon abzuwenden. Ähnliches gilt bei Stämmen sogenannter «Naturvölker», deren Sozialleben in völliger Nacktheit stattfindet. So werden bei den nacktgehenden Kwoma in den Peilungua-Bergen nördlich der Sepik bereits die kleinen Buben bestraft, wenn man sie dabei erwischt, daß sie den Frauen oder Mädchen auf den Genitalbereich schauen. Die Vulva wird von der Frau mit einem Ausdruck benannt, der genau der englischen Bezeichnung «private parts» entspricht. Wenn ein Mann einen deutlichen Blick darauf wirft, gilt das als Annäherungsversuch und wird von den Verwandten der Frau geahndet (Duerr 1988, S. 135).

Dies sind nur einige Beispiele, welche die Auffassung bestätigen, daß gängige Nacktheit noch lange nicht Schamfreiheit bedeutet.

In alten Traumbüchern wird Nacktheit im Traum als etwas Bedrohliches gedeutet, sie kann sogar Todesgefahr anzeigen. Nach indischer Lehre heißt es: Wenn jemand träumt, wie er plötzlich entblößt wird und wie seine Scham von jedermann gesehen wird, dessen Geheimnis wird offenbar werden, und er selbst wird geschmäht werden und geplagt. Nach der «Persianer und Egypter Lehre» wird gedeutet: Wenn ein Weib träumt, daß sie sich nackt ausgezogen habe, diese wird ihren Mann betrügen und dabei ertappt werden (Bächtold-Stäubli 1927 ff.).

Ein weiterer Aspekt der Vorstellungen, die um das männliche Glied kreisen, wird von Wickler (1973, S. 248) beschrieben. Es ist dem Verhaltensforscher aufgefallen, daß einige der höheren Affen andere damit zu beeindrucken versuchen, daß sie Penis und Skrotum in auffälliger Weise vorzeigen. Dieses Vorzeigen ist sowohl als Demonstration ihres Rangs als auch als Drohgeste gemeint. Bei den Pavianen zum Beispiel übernehmen einige männliche Gruppenmitglieder Wächterrollen. Während die Gruppe frißt, sitzen sie mit gespreizten Beinen, den Rücken zur Gruppe gewendet, am Rande. Nähern sich Mitglieder einer anderen Gruppe, präsentiert der Wächter seinen erigierten Penis in der Absicht, die Eindringlinge zu verscheuchen und seine eigene Gruppe zu schützen. In diesem Zusammenhang meint Wickler auch, daß phallische Figuren, die in Griechenland und Indonesien gefunden werden, nicht nur Fruchtbarkeitssymbole sind, sondern auch eine Wächterfunktion gegen böse Geister ausüben.

Sicherlich hat auch die «kriegerische Nacktheit», die man noch lange vor allem in Sparta, aber auch in Korinth und teilweise bis in die Tage Alexanders des Großen vorfand, eine ähnliche Bedeutung. Auch Krieger aus anderen Gegenden kämpften nackt oder zumindest mit entblößtem Unterleib. Ein gefundenes Reiterfigürchen läßt nach Ansicht Duerrs den Gedanken aufkommen, daß es den Kriegern gerade auf die Entblößung des Penis ankam, mit dem der Feind bedroht wurde. Auf einem mykenischen Silberrhyton aus dem 16. Jahrhundert vor Christus sind auch nackte achaische Krieger dargestellt, die eine Stadt belagern.

Für Duerr scheint diese «kriegerische Nacktheit» zu bedeuten, daß die Betreffenden aus dem Verband der Zivilisation ausgegliedert sind – sie sind jetzt «Wilde», die Blut vergießen und damit auch «unrein» geworden sind. Man könnte aber dieses Phänomen ebensogut als «phallisches Imponiergehabe» deuten. Der Penis ist in der Phantasie mit magischer Allmacht ausgestattet, dessen Anblick den Feind das Fürchten lehrt. Hierher gehört auch, daß einige archaische Völker ihr männliches Geschlechtsteil zwar nicht nackt präsentieren, es aber in Stulpen kleiden, so daß es besonders groß, auffällig und bedrohlich wirkt. Europäische Soldaten pflegten ihr Schwert, das stolze Attribut männlichen Kampfesmutes, so zu tragen, als wär es ein erigierter Penis.

Bei modernen Protestaktionen kann die «Erregung öffentlichen Ärgernisses» dadurch provoziert werden, daß man seine Nacktheit demonstriert. Sogar im biederen Zürich gab es vor ein paar Jahren Demonstrationen Jugendlicher, die splitternackt durch die berühmt gepflegte Bahnhofstraße zogen. Vor allem wird das Präsentieren des nackten Hinterteils als Verachtungsgeste eingesetzt, und natürlich gehören hierher die vielen verbalen Ausdrücke, die um den analen Bereich, den «Arsch», kreisen.

Zusammenfassend läßt sich sagen, daß körperliche Nacktheit stets eine besondere Bedeutsamkeit einnimmt, die von diametraler Gegensätzlichkeit sein kann. So wird Nacktheit einerseits als erniedrigende Entblößung angesehen, andererseits aber auch als machtvolles Obenaufsein. Im jüdisch-christlichen Raum gilt Entblößung vor Gott als schamlose Lästerung. Wenn es aber um Buße geht, kann Blöße ursprünglich auch Demut und Reue signalisieren. Wo immer es sich um frühe Initiationsriten handelt, die ja meist die Bedeutung einer symbolischen Wiedergeburt haben, ist kultische Nacktheit wiederum erforderlich. Auch den griechischen Mysteriengöttern war es wichtig, daß Teilnehmer am Kult nackt waren, und so glaubte man auch, daß der indische Shiva Tänze von Nackten wünsche (Bächtold-Stäubli 1927 ff.).

Körperliche Nacktheit ist jedenfalls nicht ausschließlich mit sexuellen Inhalten und den Partialtrieben des Voyeurismus oder Exhibitionismus assoziiert – wenigstens nicht manifest. Selbstverständlich spielt aber die potentiell sexuelle Anziehung nackter Körperlichkeit eine der wichtigsten Motivationen zur Konstellierung des Schamgefühls, gilt es doch von jeher, ungezügeltes Ausleben der sexuellen Triebhaftigkeit einzudämmen, Sexualität in zivilisierte Bahnen zu lenken. Die Schamgrenzen werden dabei durch jeweilige Sitten und Gebräuche bedingt, in denen sich die kollektive Einstellung zur Sexualität niederschlägt. Diese Grenzen zu überschreiten ist scham-los und gilt als Schande.

Die Sitten und Gebräuche, welche sexuelles Verhalten des einzelnen regeln sollen, sind häufig mit dem kultischen Bereich verknüpft, wobei die Interpretation naheliegt, daß für animalisches Lustverhalten die «Erlaubnis» der Gottheit eingeholt werden muß. Eine solche Interpretation greift aber insofern zu kurz, als sexuelle Vereinigung auch als ein Mysterium erlebt werden kann, gleichsam als kosmisches Einswerden der Gegensätze. Hierher gehört zum Beispiel die altorientalische Institution der «heiligen Prostituierten», mit der ein Fremder den Tempelschlaf vornehmen konnte, was als «heilige Hochzeit» galt (Qualls-Corbett 1988). Demgegenüber war die profane Prostituierte, die ihren Körper gegen Entgelt zur Verfügung stellt, stets der Schande bezichtigt und in allen Gesellschaften diskriminiert (Qualls-Corbett 1988, S. 37 ff.; Duerr 1988, S. 300). Im jüdisch-christlichen Raum muß eine Ehe vor Gott geschlossen werden, damit Sexualität in erlaubter Weise gelebt werden kann und nicht als «schändliche Sünde» gilt. Im Katholizismus muß sie gar zum Sakrament erhöht werden. Bei den Griechen wurden Liebe und Sexualität auch direkt von Göttern bewirkt. Allerdings herrschten die Götter in einem jeweils zugeteilten Bereich und konnten mit anderen Göttern in Konflikt geraten. Sie waren nie schrankenlos mächtig. Themis, die «gute Sitte», hatte dabei auch ihr Sagen.

Die Manifestation einer «Schwelle», bei deren Übertretung Schamreaktionen wirksam werden, gehört wohl archetypisch zur menschlichen Spezies. Wie sich diese Schamschwelle auswirkt, welche Sanktionen mit ihr verbunden sind, ob sie starr oder flexibel, niedriger oder höher ist, hängt jeweils von der kollektiven und individuellen Einstellung und der Toleranz des Zeitgeistes ab. So ist zum Beispiel das Phänomen der Nacktkörperkultur heute im Westen mehr oder weniger liberal geduldet. Das heißt nicht, daß an gewissen Orten die Nudisten von der ansässigen Bevölkerung auch scheel angesehen werden und daß sogar tätliche Angriffe vorkommen. Nudisten sind ursprünglich Sonnenanbeter, sie erlebten ihr «Zurück zur Natur» als Kult. So waren sie der Ansicht, «daß durch die Betrachtung reiner, keuscher Nacktheit rohe sinnliche Triebe abgetötet werden» (Duerr 1988, S. 150). Allerdings steht dazu die Aussage in Widerspruch, daß sich Nudisten strengster Selbstzucht befleißigten, um jegliche geschlechtliche Erregung zu vermeiden (Duerr 1988, S. 150), und es fragt sich, ob dies wirklich eine Rückkehr zu «natürlicher» Lebensweise bedeuten kann. Heute hat sich auch diesbezüglich einiges liberalisiert, und das ängstlich-verkrampfte Auseinanderhalten von Nacktheit und Erotik ist immer seltener anzutreffen. So kommt es, daß gewisse Nacktstrände auch zum Tummelplatz für Menschen mit exhibitionistischen oder voyeuristischen Neigungen geworden sind. Allerdings wirkt eine Nacktheit, welche dem hellen Tageslicht und der prallen Sonne ausgesetzt ist, erotisch meist weniger aufreizend als beispielsweise eine im schummrigen Licht arrangierte Striptease Show. Dort wird nicht nur Körperlichkeit nackt ausgestellt, sondern dort geht es um das allmähliche Fallenlassen aller Bekleidungsstücke. Es ist also vielmehr das Spiel mit der Schamschwelle und der Prozeß ihrer Überschreitung, was einen gewissen Kitzel hervorzurufen scheint.

Aus diesen Ausführungen dürfte hervorgegangen sein, daß mit der Entblößung körperlicher Nacktheit ein archetypisch vorgegebenes Schamgefühl verbunden ist. Dazu ist aber folgende Bemerkung besonders wichtig: Wenn ich von archetypischer Vorgegebenheit spreche, heißt das keinesfalls, daß eine bewußte individuelle Einstellungs- und Handlungsweise dadurch vollständig eingeschränkt ist. Im Gegenteil macht die persönliche Auseinandersetzung sowohl mit den archetypischen als auch mit den gesellschaftlichen Gegebenheiten geradezu das Wesen des Reifungs- und Individuationsprozesses aus.

Zur psychologischen Bedeutung der Scham

Die Scham in der biblischen Paradiesesgeschichte

Im letzten Kapitel war davon die Rede, daß das Schamgefühl auf archetypischer Grundlage beruht. Scham gilt als angeborener Affekt (Izard 1977), und damit ist impliziert, daß sie im seelischen Haushalt ihren Sinn und ihre Bedeutung haben muß. Die Bedeutung archetypischer Erlebens- und Verhaltensweisen manifestiert sich von jeher in mythischen Vorstellungen. Folglich weisen Mythen einen Ausdrucksreichtum auf, der in seiner Symbolik, seiner Sinn-Bildhaftigkeit immer wieder zu Besinnung motiviert, aber nie zu Ende ausgedeutet werden kann. Zu Recht schreibt der Indologe Heinrich Zimmer:

«Wer [Symbole] bereden will, sagt erklärend mehr die eigene Grenze und Befangenheit aus, gerade wenn er sich an ihrem Sinn entzündet, als daß er dessen Tiefe ausschöpfen könnte» (Zimmer 1938, S. 11).

Trotzdem kann ein «Befragen» des Mythus immer wieder den Verstehenshorizont erweitern, die Erkenntnis neuer Zusammenhänge anregen.

Der für unseren Kulturkreis wichtigste Mythus, welcher – zusammen mit dem Schuldgefühl – die Scham zum Thema hat, ist die biblische Paradiesesgeschichte (Genesis; 1. Mose 1–3), ein Bericht, der vom sogenannten «Jahwisten» stammt und wahrscheinlich aus dem 10.–9. vorchristlichen Jahrhundert datiert. Er geht also ungefähr auf die Zeit der salomonischen Aufklärung zurück, eine Zeit, in der viele alte sakrale Überlieferungen in eine Krise geraten waren. Jedenfalls handelt die Paradie-

39

sesgeschichte vom Ursprung sowohl der Schuld- als auch der Schamgefühle. Beide entstehen als Folge des Ungehorsams gegenüber Gott, der es den Menschen strikt verboten hatte, eine Frucht vom Baum der Erkenntnis zu essen. Bevor diese schuldhafte Übertretung geschehen war, hieß es vom Menschen und seinem Weib: «Sie waren beide nackt und schämten sich nicht.» Nach dem Genuß vom Baume der Erkenntnis aber gingen beiden die Augen auf, «und sie wurden gewahr, daß sie nackt waren; und sie hefteten Feigenblätter zusammen und machten sich Schurze» (1. Mose 3,7). Als dann Gott in der Abendkühle wanderte, versteckten sie sich, so daß er rufen mußte: «Adam, wo bist du?» Adam hatte sich also versteckt, weil er seine Nacktheit wahrgenommen hatte. «Ich fürchtete mich, weil ich nackt bin, und verbarg mich.» «Wer hat dir gesagt, daß du nackt bist?» war Gottes fragende Antwort. Dies Wissen um seine Nacktheit hat Adams Übertretung von Gottes Gebot verraten, es war der Beweis dafür, daß er vom Baum der Erkenntnis gegessen hatte; und von Stund an weiß er, was gut und böse ist. Damit ist die paradiesische «Einheitswirklichkeit» (Neumann 1963) verwirkt.

Es ist hier zu vermerken, daß nicht nur in diesem jüdisch-alttestamentlichen, vom Christentum übernommenen Schöpfungsbericht die ursprünglich paradiesische Einheitswirklichkeit verlorenging. So kennen beispielsweise viele afrikanische Mythen ein Versäumnis oder eine Gebotsübertretung als Ursprung solch schwerwiegenden Verlustes. Auch das «Goldene Zeitalter» der Griechen ging durch menschliche Schuld verloren, nämlich durch «Hybris». Hybris – in wörtlicher Übersetzung Übermut oder Anmaßung – ist die Bezeichnung für ein Verhalten, welches die von göttlicher Ordnung gesetzten Grenzen übermütig und anmaßend überschreitet. Ein klassisches Beispiel für Hybris wird im Mythus vom Feuerraub des Prometheus erzählt. Der Mensch raubt etwas, was zum Bereich der Götter gehört, und eignet sich damit göttliche Vorrechte an. Darauf verweist auch der biblische Gott, wenn er sagt:

«Siehe, der Mensch ist geworden wie unsereiner, daß er weiß, was gut und böse ist» (1. Mose 3,22; vgl. auch Jacoby 1980).

Auf solcher Fähigkeit zur Unterscheidung von Gegensätzen beruht menschliches Bewußtsein, das paradoxerweise als ein Vergehen gegen Gottes Schöpfung und zugleich als gottgewollte Chance dargestellt und erlebt wird. Diese Unterscheidungsfähigkeit macht geradezu das Wesen des Menschen aus. Nach Herder ist der Mensch ein von der Natur freigelassenes Wesen. Er ist nicht – wie alle übrigen Lebewesen – durch seine Instinktausstattung vollständig in die Natur eingebunden, sondern kann und muß sich sogar über und gegen sie stellen. Das ist seine Anmaßung und zugleich seine Verlorenheit und Desorientiertheit. Adolf Portmann sah das Wesen des Menschen in dessen «Weltoffenheit» und «Entscheidungsfreiheit», was ihn fundamental vom Tier unterscheidet, das durch «Umweltgebundenheit» und «Instinktgesichertheit» charakterisiert ist (Portmann 1958).

Menschliche Entscheidungsfreiheit und Weltoffenheit bedeuten aber zugleich den Verlust an instinktiver Sicherheit. Zwar ist der Mensch weltoffen und entscheidungsfrei. Trotzdem kann er sich seiner biologischen Voraussetzungen und – wenn auch nur rudimentären – Instinktgrundlagen nicht entledigen. Ein Naturlebewesen zu sein und sich zugleich dieser eigenen Natur gegenüber bewußt-reflektierend verhalten zu müssen ist wohl eine der am schwersten zu bewältigenden Gegensatzspannungen. Es ist deshalb verständlich, daß wir unsere Bewußtseinsmöglichkeiten als zweischneidiges Schwert erleben, als «Erbsünde» sozusagen.

Die eigentliche Lehre von der Erbsünde, wie sie im allgemeinen heute verstanden wird, ist mit dem Namen Augustinus verbunden, der 354–430 nach Christus gelebt hat. Er war es vor allem, der diese Urschuld auf Sexualität reduziert hat. Sicherlich war er dabei nicht unbeeinflußt von damaligen Zeitströmungen des Neuplatonismus und der Gnostik, wo es darum ging, den Geist, der zu seinem Unglück in die Materie gefallen war, aus ihr wiederum zu befreien, ihn aus seinem Gefängnis im Leiblichen und Triebhaften zu erlösen. Augustin selbst hat bekanntlich in seiner Jugend ein erotisch sehr bewegtes Leben geführt und hat nach seiner Bekehrung zum Christentum gleichsam den Teufel Sex mit dem Beelzebub der Intoleranz austreiben wollen. Für ihn ist mit dem Sündenfall vor allem eine Veränderung der Geschlechtlichkeit einhergegangen, er ist der Anfang aller Geschlechts*begierde*. Demgegenüber wollte Augustinus beweisen, daß ein Beischlaf ohne Geschlechtslust denkbar wäre, und damit begründete er eine Theorie der Paradiesesehe, die er in allen Einzelheiten beschrieben hat (Grimm 1972). Die Interpretation des Sündenfalls erhält also durch ihn ihre vorwiegend sexuelle Betonung, was im biblischen Text keine notwendige Grundlage hat. Meines Erachtens hat Augustinus mit seiner einflußreichen Autorität großen Schaden gestiftet, denn seine Theorie der Paradiesesehe als eines Wunschbilds beherrschbarer Sexualität wurde weitgehend zur Grundlage triebfeindlicher und die Frauen verteufelnder Sexualethik.

Ich habe in meinem Buch «Sehnsucht nach dem Paradies» (Jacoby 1980) viele Aspekte der Paradiesesgeschichte vom psychologischen Standpunkt aus reflektiert, so vor allem auch die Vorstellung der Erbsünde im Zusammenhang mit der Psychogenese von Gewissen und Schuldgefühl. Auf das ebenfalls angesprochene Schamgefühl bin ich dort nicht eingegangen, was an dieser Stelle nachgeholt werden soll: Offensichtlich entstand das Schamgefühl dadurch, daß Adam und Eva nach dem Genuß der Erkenntnisfrucht «die Augen aufgingen», wobei sie ihrer Nacktheit gewahr wurden. Vor diesem Ereignis waren sie zwar nackt gewesen – eine Tatsache, die ihnen aber, weil sie etwas Selbstverständliches war, nicht weiter aufgefallen war. Und so hatten sie sich auch nicht geschämt. Schamreaktion steht demnach mit Bewußtwerdung im Zusammenhang.

Ferner ist folgendes psychologisch interessant: Offensichtlich wurden diese Schamgefühle so unerträglich, daß «der Mensch und sein Weib» sich veranlaßt sahen, etwas dagegen zu unternehmen. Sie fanden eine Lösung darin, daß sie sich aus Feigenblättern verhüllende Lendenschurze bastelten. Dies war ein durch die Scham motivierter kreativer Akt im Sinne der Zivilisation. Die Frage bleibt aber bestehen, warum sich die ersten Menschen voreinander und selbst vor Gott schämen mußten, sobald sie ihrer Nacktheit *gewahr* wurden – ein Faktum, von dem der Bericht mit größter Selbstverständlichkeit erzählt. Und damit ist, wie schon erwähnt, die Annahme berechtigt, daß dem Menschen die Scham, sich in voller Blöße zu präsentieren, in archetypischer Weise anhaftet. Es scheint, als ob dies geradezu ein artgemäßes Merkmal wäre, ein Ursymptom sozusagen für die Tatsache, daß er aus der Natur herausgefallen ist. (Man spricht sinnigerweise vom Sünden-*Fall.*) Er ist nicht mehr imstande, sich zu Natürlichem natürlich zu verhalten. Gerade daran erkennt ja Gott, daß die «Sünde» der Bewußtwerdung eingetreten ist.

Selbstverständlich ist es nicht allzu abwegig, die Geschichte vom Genuß der Erkenntnisfrucht auch als ersten Liebesakt zu deuten, was oft getan wird. Dieser Deutung kommt der Umstand entgegen, daß im Alten Testament der Beischlaf oft mit «Erkennen» in Zusammenhang gebracht wird. Immer wieder steht zu lesen, daß Abraham, Isaak, Jakob – oder wie immer der Urvater heißen mag – sein Weib in der Nacht «erkannte», worauf es ihm einen Sohn gebar. Auch bei uns wird der erste Liebesakt oft als «Verlust der Unschuld» bezeichnet.

Im sumerisch-babylonischen Gilgameschepos wird menschliche Bewußtwerdung noch direkter mit sexueller Begegnung in Zusammenhang gebracht, als dies in der Paradiesesgeschichte der Fall ist. Enkidu, der als Naturmensch mit den Tieren lebt und deren Sprache versteht, wird durch eine «Hierodule», das heißt durch eine heilige Prostituierte, zum Liebesakt verführt, worauf er aus seiner natürlichen Ursprünglichkeit ausgeschlossen ist und die Sprache der Tiere nicht mehr versteht. In solcher Symbolik ist wohl angedeutet, daß der menschliche Liebesakt nicht ein rein «triebhaft-animalisches» Ereignis ist, sondern subjektive Erlebensqualität beinhaltet, die Vorstellungen, Phantasien, Gedanken miteinschließt, also eine gewisse seelische Bedeutsamkeit aufweist.

Somit ist es menschlicher Daseinsweise artgemäß, daß körperliche Nacktheitsscham auch eine seelische und damit symbolische Bedeutung hat. Wenn die ersten Menschen erkennen, daß sie nackt sind, so ist das zugleich auch eine erste Wahrnehmung ihres eigenen Körperbildes oder Körperschemas. Damit ist zugleich eine Abgrenzung gesetzt. Neben dem Wissen um Gut und Böse entsteht auch die Unterscheidungsfähigkeit von Ich und Du, Subjekt und Objekt. Adam und Eva sind nicht mehr eins – sie werden gewahr, daß sie zwei verschiedene Menschen sind. Es gibt seinen nackten und ihren nackten Körper. Beide spüren das Bedürfnis, die Blöße voreinander zu verbergen, was zu gegenseitiger Abgrenzung und damit zu Individualisierung führt.

Zugleich wird sich Adam bewußt, daß auch Gott eine von ihm abgegrenzte Instanz ist, vor der er sich zwar verbirgt, die ihn aber trotzdem auffindet. Von ihr vernimmt er den Ruf: «Adam wo bist du?» Psychologisch gesehen ist Differenzierung zwischen dem im Ich zentrierten Bewußtsein und dem «Größeren in uns» möglich geworden. (Dieses Größere in uns wird von Jung bekanntlich mit «Selbst» bezeichnet, es ist das unanschauliche Zentrum der Gesamtpersönlichkeit, das Bewußtsein und Unbewußtes umfaßt. Das Selbst ist vom jeweiligen Gottesbild in der Psyche nicht zu unterscheiden.)

Im Paradiesesmythus wird an dieser Stelle das wesentlichste Paradox menschlicher Bewußtwerdung dargestellt. Von Gott aus gesehen, ist der Mensch geworden «wie unsereiner», der «weiß, was gut und böse ist». Dieses Wissen bewirkt in ihm ein Stück Gottähnlichkeit. Vom Gesichtspunkt des Menschen aus ist es hingegen gerade diese Bewußtwerdung, welche ihn seine Begrenztheit und «Blöße» vor Gott wahrnehmen läßt; solche Bewußtwerdung bewirkt Gottesfurcht, Furcht vor dem Ausgeliefertsein an dieses Größere. «Ich fürchtete mich, weil ich nackt war.»

Bescheidung und Bewußtheit über die Grenzen des eigenen Ich ist eine der wichtigsten und zugleich schwierigsten Errungenschaften seelischer Entwicklung. Um der psychischen Gesundheit willen darf sich das Ich nicht mit dem übergeordneten Selbst identifizieren und damit illusionärer oder wahnhafter Größenphantasie verfallen. Im besten Fall steht das Ich mit dem Größeren in uns, dem Selbst, in Beziehung und kann daraus ein gewisses Vertrauen schöpfen – das «Selbst-Vertrauen» im tiefsten Sinne, auf das wir noch zu sprechen kommen werden.

Jedenfalls führt die in der Erkenntnisfrucht symbolisierte Bewußtwerdung zum Verlust paradiesischer Einheitswirklichkeit, in der die Polarisierung in Innen und Außen, Subjekt-Ich und Objekt, Ich und Selbst noch keine schmerzhaften Konflikte verursachte (Neumann 1963). Das in unserem Ich zentrierte Bewußtsein basiert jedoch auf der Unterscheidung und dem Erleiden dieser polaren Gegensätze.

Man mag sich zum sprichwörtlichen «Feigenblatt» stellen, wie man will, und dazu all die Hypokrisie aufzählen, die sich hinter seinem verbergenden Schutz immer wieder einstellt. Doch scheint mit ihm – wenn ich in der Symbolik des Paradiesmythus bleiben will – der erste kreative Akt des Menschen verbunden zu sein. «Sie hefteten Feigenblätter zusammen und machten sich Schurze.» Das Schamgefühl motivierte sie, durch eine *Erfindung* der beschämenden Blöße Abhilfe zu schaffen. Sie blieben also nicht hilflos ihrer Scham ausgeliefert, sondern versuchten, sie zu bewältigen, und entdeckten dabei die spezifisch menschliche Fähigkeit, das Naturgegebene zu verändern. Scham kann somit, zusammen mit der Angst, auch als ein Motor unserer Zivilisationsentwicklung angesehen werden.

Grundfunktionen der Scham

Die Frage, warum wir uns überhaupt schämen, ist von großer psychologischer Bedeutsamkeit. Was haben wir denn, wenn es zum Beispiel um Nacktheitsscham geht, schamhaft voreinander zu verbergen? Wenn man bedenkt, daß die körperliche Beschaffenheit, getrennt nach Geschlecht, bei allen Menschen grundsätzlich gleich ist. Und doch schämt man sich mehr oder weniger, seinen nackten Körper sehen zu lassen, man könnte damit sogar «öffentliches Ärgernis» erregen[2]. Jedenfalls bergen nackte Körper an sich kein großes Geheimnis und könnten ruhig auch gesehen werden.

«Tu doch nicht so blöd und schamhaft, ich weiß doch, wie ein Mädchen, wie ein Bub aussieht», hört man zum Beispiel Pubertierende zueinander sagen, die damit ihre Scham, sich gegenseitig zu betrachten, überwinden wollen. Auch Körperausscheidungen, das Urinieren und Defäzieren, ist allen Menschen gemeinsam und natürlich, findet aber auf dem Klosett (geschlossener Raum, von lateinisch clausus = geschlossen) statt. Es ist, als ob solch animalische Notwendigkeit etwas Entwürdigendes hätte, und als Kompensation solcher Erniedrigung gibt es Redensarten wie: «Jetzt muß ich das Örtchen aufsuchen, zu dem auch der Kaiser (oder der Papst) zu Fuß hingeht.» Aktivitäten sexueller Natur finden im allgemeinen in abgeschlossenem, privatem Bereich statt. Sexualpartner fühlten sich peinlichst gestört, wenn sie beim Liebesspiel beobachtet würden. (Das kommt manchmal störend in Träumen vor, wo der Beobachtende oft in Gestalt von Vater oder Mutter auftritt!) Umgekehrt hat auch aktive Beobachtung dieser so natürlichen Tätigkeit eines Liebespaares etwas Peinliches.

Es liegt nahe, solche Schamreaktionen als Abwehrsymptome exhibitionistischer oder voyeuristischer Neigungen zu deuten, wobei diese Tendenzen gar keine so knisternde Attraktivität hätten, wenn sie nicht ein kollektives Tabu berührten. Izard ist der Ansicht, daß Scham – evolutionär-biologisch betrachtet –

wahrscheinlich das fundamentale Motiv sei, das Menschen dazu veranlaßt, für sexuelle Beziehungen Ungestörtheit zu suchen, und daß die Beachtung von Regeln bezüglich solcher Ungestörtheit von jeher auch im Interesse von sozialer Ordnung und Harmonie gelegen hätte. In vielerlei Hinsicht diene Scham diesen Funktionen in der modernen Gesellschaft noch immer (Izard 1977, S. 447).

Somit ist es offensichtlich, daß die Scham in ihrer vielschichtigen Ausprägung – bei allem mit ihr verbundenen seelischen Schmerz und allen neurotischen Begleiterscheinungen – eine wichtige Bedeutung in unserer seelischen und sozialen «Ökonomie» einnimmt. Sie «wirft uns gleichsam auf uns selbst zurück» – um einen Ausdruck Heideggers zu verwenden. Man grenzt sich ab, verbirgt Anteile seiner selbst vor anderen Menschen, will sie für *sich selbst* behalten, wie die Sprache es anschaulich ausdrückt. «Es geht niemanden etwas an», was sich in mir, in meiner Phantasie, meinen Gedanken, meiner Intimität abspielt. Die Scham beschützt gleichsam diesen Innenraum und vermittelt ein Gespür dafür, was ich von mir zeigen und mit-teilen und was ich für mich selbst behalten will. Zwar sind, global gesehen, alle Menschen gleich in ihrer biopsychischen oder archetypischen Ausstattung, doch birgt die jeweilige Individualität ihr spezifisches Geheimnis, das unter anderem mittels Scham geschützt wird. Damit ist natürlich auch die jeweilige Schamschwelle individuell verschieden, höher oder niedriger, starrer oder flexibler.

Es sind also die Schamgefühle, die uns dazu motivieren, Dinge des eigenen Gefühls- und Intimlebens für uns und bei uns zu behalten, wenn sie die Umwelt «nichts angehen». Damit wird Abgrenzung und das Gefühl eigener Identität gefördert. Falls die Neigung zu Schamreaktionen exzessiv wird, führt sie allerdings zu Kontaktstörungen und zu sozialer Isolation. Zugleich geht von der Scham ein starker sozialer Anpassungsdruck aus, sie stellt sich ja dann ein, wenn man unangenehm auffällt und von der Umgebung entwertende Reaktionen zu befürchten hat. Die Funktion der Scham ist also höchst komplex, dient offensichtlich Individualisierung und sozialer Anpassung zugleich.

Die Frage ist, ob solche Widersprüchlichkeit nicht notwendigerweise zu Konflikten im einzelnen Menschen führen muß. Dazu wäre zunächst zu sagen, daß es ja gerade die Gesellschaft ist, die ein jeweiliges Maß an individueller Abgegrenztheit fordert, und daß deshalb Scham in der kindlichen Entwicklung als wichtiger Sozialisationsfaktor dient. Die Gesellschaft bestimmt, was sich für den einzelnen «schickt» und sich der Sitte entsprechend «geziemt». Sie schränkt das Ausstellen körperlicher Nacktheit ein, duldet sexuelle Betätigung nur in privater Sphäre und ahndet die «Erregung öffentlichen Ärgernisses». Auch in psychischer Hinsicht erzeugt Preisgabe privater Gefühle in der Öffentlichkeit oft peinliche Reaktionen oder «betretenes Schweigen». Es ist, als ob es von Schamgefühlen bewachte Grenzen gäbe, deren Überschreitung gesellschaftliche Sanktionen mit sich bringt und persönliches Risiko fordert. Die Sozietät erwartet also vom einzelnen einen bestimmten Grad an Individualisierung, und Scham steht hier im Dienste gesellschaftlicher Anpassung. Es geht dabei um die üblichen, mehr oder weniger zugespitzten Konflikte zwischen individuellem Wünschen und Wollen und den Erwartungen der Gesellschaft.

Konflikte innerhalb des Scham-Erlebens als solchem entstehen im einzelnen Menschen erst, wenn die Funktionen der Scham – als «Hüterin» der Individualisierung einerseits und der sozialen Anpassung andererseits – als unvereinbar erlebt werden. Aristoteles hat in dieser Hinsicht eine wichtige Unterscheidung vorgenommen, nämlich zwischen dem Empfinden von Scham in bezug auf Dinge, die anstößig sind *«nach allgemeiner Auffassung»,* und dem Empfinden von Scham in bezug auf Dinge, die anstößig sind *«nach der reinen Wahrheit»* (Lynd 1961, S. 239; Izard 1977, S. 449). Bei einem Stamm in Neuguinea etwa kennt man die Unterscheidung zwischen «Haut-Scham» und «Tief-

Scham», worauf Hultberg (1987, S. 94) verweist. Wird man zum Beispiel beobachtet, während man uriniert oder sexuellen Verkehr hat, empfindet man Hautscham; kränkt man aber die Geister der Vorfahren, reagiert man mit Tiefscham. Scham ist hier in der ersten Form eine emotionale Reaktion darauf, daß man gesellschaftlichen Erwartungsnormen nicht entspricht. Die zweite Form der Scham stellt sich ein, wenn ein inneres, mit dem Ichideal verbundenes Wertsystem verletzt wird.

Solche Gegensätzlichkeit der Schamfunktion kann zu Schamkonflikten führen. Zum Beispiel schäme ich mich, in einer Gruppe meine abweichende, den anderen vielleicht nicht genehme Meinung zu äußern, weil ich Angst habe, abgelehnt, nicht ernst genommen oder lächerlich gemacht zu werden. Kaum bin ich zu Hause, könnte ich mir aus Scham über meine Feigheit, meine Unfähigkeit, zu mir und meiner Ansicht zu stehen, «alle Haare ausreißen». Ich empfinde eine Einbuße an Selbstachtung, weil ich meine innere Wahrheit nicht vertrete, vielleicht sogar verleugne. Solche Schamkonflikte sind häufig, auf ihnen beruht beispielsweise der sogenannte «Mangel an Zivilcourage». Scham ist somit einerseits der Anwalt eines ungeschriebenen, vom einzelnen zum Teil verinnerlichten gesellschaftlichen Sittenkodexes, andererseits aber auch Verbündeter unserer inneren Echtheit und tiefen Überzeugungen.

Eine der ergreifendsten Stellen im Neuen Testament erzählt von diesem Konflikt. Ich denke an Petrus, der dreimal leugnete, daß er ein Jünger Jesu sei – um sich dieser Jüngerschaft vor den Umstehenden nicht schämen zu müssen. Und dann, nachdem der Hahn gekräht hatte (d. h. nachdem er sich über sein Tun bewußt geworden war), gedachte er der Worte Jesu und ging hin und weinte bitterlich – aus Scham über seine von Jesus prophezeite Feigheit (Matthäus 26). J. S. Bach hat für dieses Geschehen in seinen Passionen eine Musik geschaffen, die uns betroffen teilnehmen läßt an den Tränen solch bitterer Reue und Scham.

Zu Recht schreibt Hultberg (1987, S. 94), daß diese zwei

Formen der Scham sehr wesensverschieden sind und eigentlich entgegengesetzte Funktionen haben. Wie erwähnt, dient die eine Form der sozialen Anpassung und die andere der Wahrung persönlicher Integrität. Die eine sichert normalerweise Zugehörigkeit zur Gesellschaft, die andere versucht, die individuelle Persönlichkeit vor dem Eindringen des Kollektivs zu schützen. Darin liegt ein Konfliktpotential, das wohl dem menschlichen Wesen artgemäß inhärent ist.

Jedenfalls ist Scham in jenem Grenzbereich angesiedelt, der sich zwischen der eigenen Person und der Umwelt, zwischen dem Ich und dem Du befindet. Sie kann zur Regulierung der zwischenmenschlichen Nähe oder Distanz wesentlich beitragen und ist einem feinen Gradmesser vergleichbar, der meinem Gefühl anzeigt, wie nahe ich einen anderen Menschen an mich heranlassen und wie weit ich mich ihm gegenüber öffnen kann und will.

Dies ist weitgehend eine Frage des Vertrauens. Ich muß darauf vertrauen, daß der andere Mensch meinen Selbstwert und meine Integrität respektiert, wenn ich darauf verzichten will, meine «nackte Eigentlichkeit» durch Abkapselung oder Distanz vor ihm zu schützen. Die Angst davor, durch Intimität sich auszuliefern, hat wohl mit der Befürchtung zu tun, vom anderen dafür bloßgestellt, klein gemacht und auf gröbere oder feinere Weise beschämt zu werden – wenn auch nur in dessen Gedanken. Jedenfalls ist im Kontakt zwischen Menschen ein feines Gespür für den «richtigen» Grad jeweiliger Nähe oder Distanz vonnöten, und dazu kann das Schamgefühl entscheidende Hilfe leisten. Wie oft quält mich Scham bei dem Gefühl, ich hätte zuviel von mir gezeigt gegenüber einem Menschen, der mein Vertrauen nicht verdient – ob das nun der Realität entspricht oder nicht.

Das Sprichwort «Trau, schau wem» birgt trotz seiner banalen Offensichtlichkeit einen tieferen Sinn, allein schon deshalb, weil Vertrauen etwas höchst Komplexes und leicht Störbares ist. Vor allem in den vielen Situationen offener oder versteckter

Rivalität kann unkritisches Vertrauen schädliche Naivität bedeuten; es ist vielmals Vorsicht am Platz. Vertrauensseligkeit im Offenlegen seiner Blößen kann sich zum eigenen Nachteil auswirken, wenn sie von anderen zu offenem oder heimlichem Triumph ausgenützt wird. Es ist also lebenswichtig, ein Gespür dafür zu entwickeln, wem Vertrauen zu schenken ist und wem nicht.

Die Fähigkeit zu vertrauen und in realistischer Weise zu mißtrauen hat immer auch eine Kindheitsgeschichte, die entscheidenden Einfluß auf ihren jeweiligen Differenzierungsgrad ausübt. Sie kann aber auch Ursache verschiedenster Störungen im Bereich des Vertrauens sein, worauf an späterer Stelle im Zusammenhang mit den Schamkomplexen und deren Therapie zurückgekommen werden soll. Wesentlich dabei ist immer auch die Frage nach dem Vertrauen in die eigenen Kräfte und den eigenen inneren Wert, also die Frage nach dem sogenannten Selbstvertrauen. Je weniger Selbstvertrauen und Selbstwertgefühl man hat, desto leichter wird man zur Beute quälendster Scham und Beschämungsängste. Es ist hier deshalb der Ort, den psychologischen Hintergründen des Selbstwertgefühls einige Aufmerksamkeit zu schenken.

Das Selbstwertgefühl

Menschliche Würde

Jedermann «weiß», wovon beim Stichwort «Selbstwertgefühl» die Rede ist. Sobald wir aber darüber nachdenken, wodurch sich das Selbstwertgefühl auszeichnet und wie es entsteht, wird die Vielschichtigkeit dieses Themas evident. In der Tat ist darüber auf psychoanalytischer Seite viel Literatur entstanden, zumal sich die Narzißmusforschung seiner bemächtigt hat. Störungen des Selbstwertgefühls gehören in psychoanalytischer Sicht zum Bereich der narzißtischen Störungen. Auch die Forschungen und Reflexionen zum Thema «Selbst» sind ins Unüberschaubare gewachsen. Ich kann an dieser Stelle nicht auf eine ausführliche Diskussion der verschiedenen Auffassungen eingehen, sondern möchte mich auf einige für unser Thema wesentliche Gesichtspunkte beschränken.

Selbstwertgefühl hat mit dem Wert zu tun, den wir unserer eigenen Person gefühlsmäßig zuschreiben. Der Begriff «Wert» wiederum ist etymologisch mit «Würde» verwandt (Duden 1963), was im Zusammenhang mit unserer Thematik der Scham-Angst von Bedeutung ist, denn man könnte Scham geradezu als den Wächter bezeichnen, der unsere menschliche Würde bewacht. Scham-Angst versucht, uns vor «entwürdigendem» Verhalten und vor entwürdigenden Situationen zurückzuhalten. Sie ist es, die registriert, ob wir eine Begebenheit als «entwürdigend» erleben.

Der Ausdruck Würde hat heute einen etwas altmodisch hochtrabenden Klang, denkt man doch an «Würdenträger», die in «Amt und Würden» sind, oder an «Hochwürden», die sich «würdevoll» verhalten müssen. Auch ein Ausdruck wie «Es ist unter meiner Würde» (mich auf eine bestimmte Sache einzulassen, mich mit gewissen Menschen herumzuschlagen etc.) klingt leicht etwas hochnäsig.

Würde war ursprünglich mit dem äußeren Rang, den jemand in der Gesellschaft einnimmt, verknüpft. Mit dem Einfluß der Aufklärung und des ästhetischen und sittlichen Idealismus Kantischer oder Schillerscher Prägung wandelte und verinnerlichte sich der Begriff der Würde. Er nahm die Bedeutung an von «Selbstgefühl, Gefühl des Selbstwertes, Selbstachtung, d. h. Gefühl und Bewußtsein dessen, was man sich schuldig ist, was man tun muß bzw. nicht tun darf, wenn man seinen Wert als Person nicht mindern oder einbüßen will» (Grimm 1960, Stichwort «Würde»). Es geht hier um ethische Würde, von der auch Goethe spricht:

«Hier [in meiner Brust] fühle ich etwas, das sich regt, das mir sagt: Rameau, das tust du nicht. Es muß doch eine gewisse Würde mit der menschlichen Natur innig verknüpft sein, die Niemand ersticken kann» (Goethe 1873).

Die Vorstellung von Würde ist hier verknüpft mit der Ethik des eigenen Verhaltens. Bei Nichtbeachtung dessen, was man ihr «schuldig» ist, wird man von Schamreaktionen befallen, denn dies wird als Herabminderung des eigenen Selbstwertes empfunden. Man kann seiner Menschenwürde auch durch Gewalttätigkeit und unmenschliches Verhalten anderer Menschen beraubt werden, wofür sich in unserem Jahrhundert der Konzentrationslager, des Ausgeliefertseins an totalitäre Staatsmacht etc. die Beispiele erübrigen. Seelische, körperliche und sexuelle Vergewaltigungen können das Gefühl der eigenen Würde so sehr traumatisieren, daß tiefe Scham die Menschen daran hindert, überhaupt davon zu sprechen. Harmlosere Verletzungen dessen, was wir für unsere persönliche Würde halten, erleben wir fast täglich; sie können Anlaß sein für die schmerzhaften Gefühle der Beschämung, des Abgelehnt-, Abgewertet- und Gekränktseins. Manche Menschen sind dafür besonders anfällig, «empfindlich», das heißt verletzlich.

Einerseits ist das Gefühl für die eigene Würde existentiell bedeutsam. Andererseits aber gilt es als «unwürdig», allzu demonstrativ auf den eigenen Selbstwert hinzuweisen, ihn gar lobend beim Namen zu nennen. Auf solcher Taktlosigkeit lastet die Sanktion der Beschämung. Man bekommt den Stempel «Aufschneider» oder Wichtigtuer, was bereits in der Schulklasse mit Unbeliebtheit geahndet wird. Es ist «unwürdig», seinen Selbstwert hervorzustreichen, dies gilt als Prahlerei.

Die Bewahrung der persönlichen Würde, einschließlich der Würde all dessen, was wir als zu uns gehörend erleben (Ehepartner, Familie, Clan, vielleicht auch Religion und Nation), nimmt, archetypisch gesehen, einen sehr hohen Stellenwert in der Psyche ein. Was wir jedoch im einzelnen als Würde erleben und wo jeweils Scham die Grenze zum Würdelosen setzt, ist inhaltlich sehr variabel und mit der entsprechenden gesellschaftlichen, familiären und individuellen Werthierarchie verknüpft. Jahrhunderte lang waren wir Abendländer stolz darauf, daß wir dank unserer Vernunft *über* den anderen Lebewesen der Schöpfung stehen, uns die Erde untertan machen dürfen und sollen. Zwar können wir uns unserer Tier- oder Instinktseele und unserer animalischen Körperfunktionen nicht entledigen, es galt aber als unwürdig, davon viel Aufhebens zu machen. Sie gehören zu einem von Scham umgebenen Tabubereich, über den man nicht spricht.

Dazu paßt als Beispiel die Äußerung einer jungen Frau, die eine starke Neigung zu symbiotischen Liebesbeziehungen hatte. Sie sagte mir in den frühen fünfziger Jahren, daß es für sie ein Mittel gäbe, sich von einer unerwünscht übermäßigen Liebe zu heilen. Sie müsse sich dazu ihren Angebeteten nur in langen Unterhosen vorstellen. Und wenn er vor ihrem inneren Auge auf dem Klo sitze und seinen Hintern abwische, fühle sie sich gänzlich abgestoßen und desillusioniert. (Ich meine, daß ein solch naturalistisch wiedergegebenes Beispiel bis weit in die fünfziger Jahre hinein «unter der Würde» eines wissenschaftlichen Sachbuchs gewesen und von einem seriösen Verlag zensuriert worden wäre. Heute wäre es unter der Würde, wenn Verlag oder Autor die Wahrheit unterdrücken müßten und sich nicht erlauben dürften, «das Kind offen bei seinem Namen zu nennen». Die Schamgrenze hat sich deutlich verschoben.) Für viele besteht aber nach wie vor eine gewisse Scham mitzuteilen, daß sie sich einer Hämorrhoiden- oder Prostataoperation oder einem gynäkologischen Eingriff zu unterziehen hätten. Eine in der Öffentlichkeit recht bekannte alte Dame starb an einem Herzversagen, während sie auf der Toilette saß, wobei vom Darminhalt noch einiges sicht- und wahrscheinlich riechbar war. Von der Familie wurde (begreiflicherweise?) diese Tatsache zensuriert und der Ort, an dem man sie tot aufgefunden hatte, in den Wohnungskorridor verlegt. Es wäre sonst ein «unwürdiger» Tod gewesen, und man hätte vielleicht die Dame nicht in «würdigem» Andenken behalten können. Solche Schamgrenzen sind einfühlbar. Im ganzen sind aber mehr oder weniger erfolgreiche Bestrebungen im Gange, zu den natürlichen Körperregionen ein unbefangeneres Verhältnis zu gewinnen.

Wenn wir untersuchen wollen, auf welche Inhalte sich das Gefühl unserer Würde bezieht, so ist sicherlich die Frage von Nutzen, worauf wir unmittelbar «stolz» sind, gefolgt von der Frage, welche Eigenschaften oder Verhaltensweisen wir lieber vor uns selber und vor anderen verbergen wollten. Es geht dabei zunächst um die Selbstrepräsentanz, das heißt um das Bild meiner selbst, das ich bewußt und unbewußt in mir trage. Und ferner geht es um die Bewertungen, die ich diesem Bild gebe, was meist unreflektiert geschieht, indem ich gewisse Anteile davon spontan ins Spiel bringe, während andere Anteile abgewehrt und verborgen bleiben. Solche Bewertung ist also meist durch ein jeweiliges Wertsystem bestimmt, das in seiner Selbstverständlichkeit nicht hinterfragt wird, sich also unbewußt auswirkt. Mit welchen Inhalten auch immer wir bewußt oder unbewußt das Gefühl unserer Menschenwürde verknüpfen, ihr Verlust ist stets von Schamreaktionen begleitet.

Das Selbstkonzept – Ichgefühl und Selbstbewußtsein

Wie schon erwähnt, ist im letzten Jahrzehnt das vielschichtige Thema des Selbst und der verschiedenen Formen des Selbstkonzepts zunehmend auf Interesse gestoßen und wurde in unzähligen Büchern und Aufsätzen diskutiert (vgl. zum Beispiel Fordham 1986, Gordon 1985, Jacoby 1985, Kohut 1971, 1977, Redfearn 1985). Ich möchte davon nur einige für unser Thema relevante Gesichtspunkte erörtern.

Beginnen wir mit dem Selbstkonzept der Psychoanalyse. Sie versteht unter dem Selbst «mich selbst», wie ich mich unmittelbar als ganze Person erlebe und welche Vorstellungen ich bewußt oder unbewußt von mir habe (Hartmann 1950, S. 132). Man spricht deshalb von «Selbst-Repräsentanz», also davon, wie meine Person in meiner Vorstellung gleichsam repräsentiert ist. Diese Vorstellung meiner selbst kann einigermaßen realitätsgerecht sein und dabei in flexibler, produktiver Weise zu Selbsterkenntnis und Selbstkritik beitragen. Sie kann aber auch ein verzerrtes, überwertiges, minderwertiges, schwankendes oder labiles Bild meiner selbst beinhalten. Dabei ist es immer eine Frage, ob ich dieses Bild in seinen schwarzen und manchmal auch allzu rosaroten Farben einigermaßen realitätsgerecht sehe, oder ob eine Verzerrung oder Störung im Akt der Bewertung selbst liegt. Mit anderen Worten: Ist die Selbst*wahrnehmung* und Selbst*bewertung* gestört, oder liegt der Minder- bzw. Überwert tatsächlich in der Beschaffenheit des Selbst, der eigenen Person? Wer beurteilt und bewertet wen? Ist der beurteilenden Instanz eine gewisse «Objektivität» des Urteils zuzutrauen? Nach welchen Kriterien wird von ihr bewertet?

Solche Fragen stellen sich zum Beispiel in psychotherapeutischen Sitzungen, wo öfters abqualifizierende Bemerkungen zur eigenen Person geäußert werden, die sich destruktiv anhören und dem Bild des Analysanden, so wie ich es als Analytiker wahrnehme, nicht entsprechen. Meine Frage, *wer* denn ein solches Urteil fälle und nach welchen Kriterien, bringt oft zum Bewußtsein, daß solche Bewertungen von früheren Bezugspersonen stammen und vom Analysanden unbewußt übernommen worden sind. Die «Identifizierung mit dem Angreifer» ist ein bekannter Abwehrmechanismus, der unbewußt eingesetzt wird, um unter anderem der Umwelt (auch dem Analytiker) den Wind aus den Segeln zu nehmen. Man erwartet ein entwertendes Urteil und nimmt es schon selber vorweg. Die Bewußtmachung solcher Zusammenhänge ist natürlich nützlich und entspricht auch dem, was wörtlich unter «Analyse» zu verstehen ist: Auflösung unbewußter Verschmelzungen in ihre einzelnen Bestandteile, zum Beispiel Unterscheidung zwischen der eigenen Bewertung und der unbewußten Übernahme von Werturteilen von seiten früherer Bezugspersonen. Eine solche Analyse und die damit gewonnene Einsicht können nützlich sein. Wenn es sich aber um Störungen des Selbstwertgefühls handelt, wird differenzierte Einsicht bald wieder im globalen Gefühl totaler Minderwertigkeit untergehen. Die Wurzeln solcher Gefühle liegen meist viel zu tief, als daß sie durch mehr oder weniger einleuchtende Einsichten sofort beeinflußbar wären. Das Auseinanderhalten von Selbstbild und bewertender Instanz geht schnell wieder verloren; denn das negative oder positive Bild, das bewertend konstatiert wird, wirkt auf die Gestimmtheit und die jeweilige Sichtweise des bewertenden «Ichs» zurück und umgekehrt.

Ich möchte also zunächst unterscheiden zwischen dem Ich- oder Selbstgefühl als solchem und dem Selbst*wert*gefühl. Das heißt: Ich möchte zunächst einige Gesichtspunkte zum Selbst- oder Ichgefühl und dessen Entstehung diskutieren, ohne zugleich auf die Bewertung einzugehen, die diesem Selbst jeweils zufließt. Das Ichgefühl wurde von Mahler et al. als früheste

Wahrnehmung eines Daseinsgefühls, einer Einheit beschrieben. Es ist nicht das Gefühl, *wer* ich bin (was bereits den Vergleich mit anderen und eine Bewertung einschließen würde). Es ist das Gefühl, *daß* ich bin (vgl. Mahler et al. 1975, S. 19). Zugleich muß ich vorausschicken, daß ich die Begriffe Ichgefühl oder Selbstgefühl im allgemeinsprachlichen Sinne – also synonym – verwende. Ich ziehe nach Möglichkeit den Ausdruck Ichgefühl sogar vor, weil er der unmittelbaren Erfahrung von «Ich reagiere, handle, fühle, denke» am nächsten kommt. Wenn es sich aber um die wichtige Auseinanderhaltung der theoretischen Konstrukte des «Ich» und des «Selbst» handelt, werde ich gesondert darauf eingehen.

Zumindest theoretisch ist eine Unterscheidung möglich zwischen dem Gefühl, *daß* ich bin, und dem Gefühl, *wer* oder *wie* ich bin und welchen Wert ich mir zumesse. Auf dem Gefühl, daß ich bin, dem Ichgefühl, beruhen die Ichfunktionen und die bewußten Intentionen, und somit erscheint es mir für unser Thema wichtig, den Beobachtungen seiner Entstehung und seiner frühen lebensgeschichtlichen Entwicklung nachzugehen.

Mich interessieren dabei vor allem die Gesichtspunkte der modernen Säuglingsforschung, die entdeckt zu haben glaubt, daß ein subjektives Ichgefühl schon kurz nach der Geburt auftaucht, längst bevor ein Bild oder eine Repräsentanz meines Selbst vorhanden ist. Ich beziehe mich dabei vor allem auf Daniel Stern (1985), der seine eigenen Forschungen und klinischen Erfahrungen mit den Ergebnissen manch anderer amerikanischer Forscher zu intergrieren versucht. Stern stellt aufgrund dieser Forschungen Hypothesen zur Entstehung des Ich- oder Selbstgefühls (sense of self) auf. Es handelt sich dabei um ein Ichgefühl, das mit *reflektiertem Bewußtsein* meiner Person noch lange nichts zu tun zu haben braucht. Jedenfalls sind Selbst- oder Ichgefühle zu beobachten, längst bevor sich Selbst*bewußtsein* und Sprache entwickelt haben. So möchte ich im folgenden kurz diejenigen Gesichtspunkte in Sterns

Ausführungen darstellen und diskutieren, die mir für unser Thema besonders relevant erscheinen.

Organisationsformen des Ichgefühls nach D. Stern

Es geht hier um das entwicklungsmäßig abgestufte Auftauchen verschiedener Organisationsformen des Ichgefühls (sense of self). Dabei schließt das Ichgefühl von allem Anfang an den «anderen» mit ein, es ist stets «self with other». Der «andere» ist für den Säugling selbstverständlich durch dessen wichtigste Pflegeperson, meistens durch die Mutter repräsentiert. Während aber die heute akzeptierten psychoanalytischen Entwicklungstheorien, die sich vor allem auf die Ergebnisse M. Mahlers stützen (Mahler et al. 1975), davon ausgehen, daß der Säugling nach einer kurzen Phase anfänglichen «Autismus» ein Stadium symbiotischer Verschmelzung mit der Mutter durchlebt (zwischen dem 2. und dem 7. Monat), aus dem er sich erst langsam als getrennt lebende Person herausdifferenziert, glauben D. Stern und andere Säuglingsforscher beobachtet zu haben, daß Kleinkinder schon sehr früh – beginnend mit der Geburt – zwischen sich selbst und anderen Personen unterscheiden können. So sind zum Beispiel Säuglinge gleich nach der Geburt imstande, den Geruch der Milch ihrer eigenen Mutter von «fremder» Milch zu unterscheiden (Stern 1985, S. 39ff). Sie ziehen auch deutlich menschliche Gesichter anderen visuellen Mustern vor. Zudem kann man experimentell in einen Dialog mit Säuglingen treten, wobei entsprechendes Kopfdrehen, Saugen, die Augen zu- oder abwenden als antwortende Reaktionen beobachtbar sind. Einige solcher interessanten Experimente führten zu einer Reihe von Einsichten, zumindest von Hypothesen in bezug auf das psychische Erleben und Funktionieren des Säuglings, die eine Herausforderung an die psychoanalytische Entwicklungstheorie darstellen.
In der Zeit von der Geburt bis zum 2. Monat lebt der Säugling

nach Daniel Stern (1985) im Bereich des «*auftauchenden Selbst*». Die einzelnen Erfahrungen und Wahrnehmungen in dieser Vorstufe sind zwar in sich global, spielen sich aber noch unverbunden nebeneinander ab, ohne aufeinander bezogen zu sein. Aus dieser Beobachtung wurde in der Psychoanalyse geschlossen, daß sich Säuglingskinder, denen die Verbindungsglieder zwischen einzelnen Ereignissen fehlen, noch in einem undifferenzierten Zustand befinden. Im subjektiven Erleben des Kindes jedoch gibt es viele einzelne Erfahrungen, die möglicherweise sogar sehr klar und lebendig sind. Es fehlt ihm aber zunächst noch an «Wissen», daß so etwas wie ein Zusammenhang zwischen verschiedenen Erfahrungen überhaupt existieren könnte. Aber bald erlebt der Säugling, wie sich Einzelerfahrungen sukzessive zu einem größeren Zusammenhang organisieren, er erfährt das, was Stern – wie erwähnt – als Gefühl des auftauchenden Ich (sense of «emergent self») bezeichnet. Damit findet im Säugling die früheste Erfahrung eines kreativen Prozesses statt, der in einem ersten Bereich von organisierter Icherfahrung mündet.

Dieser erste Bereich von organisierter Icherfahrung wird von Stern als *Kernselbst* (sense of a core self) bezeichnet. Beobachtungen haben gezeigt, daß bereits vom 2. Monat an ein Ichgefühl herausgebildet ist mit der Fähigkeit, Handlungsimpulse und Intentionen als zu sich selbst gehörend zu erleben. Auch ein Gefühl für die Grenzen und die Kohärenz des eigenen Körpers ist bereits aktiviert. Gleichzeitig wird das Mitsein des «anderen», das heißt der Pflegeperson, erlebt, jedoch nicht in symbiotischer Verschmelzung. «Verschmelzungserlebnisse in diesem Alter sind lediglich eine Art und Weise, mit einem anderen zu sein, der als ein ‹das [eigene] Selbst regulierender anderer› handelt» (Stern 1985, S. 105). Es wird erlebt, daß durch den «anderen» eine Änderung der eigenen Befindlichkeit geschieht, beispielsweise beim Stillen, Baden, Trockenlegen etc. Auch Ichgefühle, die mit Bedürfnissen nach Sicherheit und Bindung, nach gegenseitigem Anschauen, nach Anschmiegen und Gehaltenwerden einhergehen, sind nur in Verbindung mit der Pflegeperson möglich. Trotz solcher Erfahrungen des sich verändernden Zustands bleibt das Gefühl der Abgrenzung des Selbst vom anderen erhalten. Es läßt sich als Bezogenheit zu dem «das Selbst regulierenden anderen» charakterisieren und nicht als Verschmelzung, wobei es in dieser Phase vorwiegend um Körpergefühle und den Bereich des Austauschs von körperlicher Intimität geht.

Zwischen dem 7. und dem 15. Monat entwickelt sich die Fähigkeit zu eigentlicher zwischenmenschlicher Bezogenheit. Säuglinge entdecken, daß ihre subjektiven Erfahrungen potentiell mit einem anderen geteilt werden können. Stand in der letzten Phase noch die Regulierung der subjektiven Erfahrung durch die Mutter im Mittelpunkt, so geht es jetzt um die Bedürfnisse nach Gemeinsamkeit des Erlebens. Das Kind entdeckt, welche Aspekte seines Erlebens mitteilbar sind und welche nicht. Am einen Ende der möglichen Skala steht seelische Gemeinsamkeit, am anderen Ende psychische Isolierung bis zu «kosmischer Einsamkeit» (Köhler 1988, S. 61). Nach Sterns Ansicht wird in gewisser Weise seelische Verschmelzung erst jetzt möglich, während sie nach psychoanalytischer Auffassung mit 7 bis 9 Monaten aufzuhören beginnt. Für die Weiterentwicklung des in dieser Phase auftauchenden «*subjektiven Ichgefühls*» und dessen Bereich der «*Intersubjektivität*» ist es entscheidend, inwieweit ein «affect attunement» stattfindet, das heißt wie weit sich Mutter und Kind gefühlsmäßig aufeinander einzustimmen vermögen. Im optimalen Falle ist es die einfühlende Haltung der Mutter, die dem Kind eine wichtige Bestätigung gibt, die – wenn sie vom Kind in Worte gekleidet werden könnte – lautete: «Ich weiß, daß du weißt, wie es mir zumute ist» (Köhler 1988, S. 64). Das menschliche Bedürfnis, sich auszudrücken, gesehen, gehört und verstanden zu werden, wird in dieser Phase der kindlichen Entwicklung zum ersten Mal zentral.

Im Alter von 15–18 Monaten beginnt mit dem *Spracherwerb* eine neue Organisationsstufe des Ichgefühls und der Bezogenheit zum anderen. Dieser Entwicklungsschub ist einer Art Revolution vergleichbar. Es ist der Beginn der Fähigkeit, sich selbst zum Objekt der Reflexion zu machen, und somit entsteht ein «objektives Selbst» gegenüber dem «sujektiven Selbst» der früheren Phasen. Daß Kinder sich selbst nun im Spiegel erkennen, ist dafür ein deutliches Anzeichen. Es entwickelt sich auch die Fähigkeit zu symbolischen Handlungen im Spiel und zur weiteren Differenzierung des Spracherwerbs. Durch die Sprache werden Lebensthemen wie Bindung, Autonomie, Trennung, Intimität usw. auf einer zuvor noch nicht zugänglichen Ebene mit der Bezugsperson durchexerziert.

Aber Sprache ist ein zweischneidiges Schwert. Sie bereichert einerseits das Gebiet gemeinsamer Erfahrungen, übt aber zugleich eine verengende Wirkung aus. Nur ein Teil des ursprünglichen globalen Erlebens kann in Worten ausgedrückt werden. Das globale Erleben kann ein fehlbenanntes und schlecht verstandenes Dasein fristen, und manche früheren Bereiche bleiben unverbalisiert und führen eine namenlose, aber nichtsdestoweniger sehr reale Existenz. Die Sprache treibt also einen Keil zwischen zwei Formen von Erfahrung, nämlich zwischen die unmittelbar gelebte und die verbal repräsentierte. Indem Erleben an Worte gebunden wird, entsteht zunächst Isolierung vom spontanen Fluß der Erfahrung, wie er im vorsprachlichen Zustand stattfand. Einerseits gewinnt das Kind Zutritt zu seiner Kultur, verliert dabei aber die Stärke und Ganzheit des ursprünglichen Erlebens. Stern formuliert das folgendermaßen:

«Das Selbst wird zum Rätsel, es kommt zu einer Krise im Selbstverständnis. Das Kind merkt, daß es Schichten und Ebenen des Selbsterlebens gibt, die in gewissem Ausmaß den offiziellen, durch Sprache ratifizierten Erlebensweisen entfremdet sind» (Stern 1985, S. 272 ff.).

Diese Krise des Selbstverständnisses ereignet sich, weil sich das Kind zum ersten Mal als entzweit erlebt und ganz zu Recht das

Gefühl hat, daß niemand diese Teilung aufheben kann. Das Kind hat nicht seine Omnipotenz verloren, sondern die Ganzheit seines Erlebens (Stern 1985, S. 272 ff.).

Stern hat also vier Organisationsformen des Ichgefühls in ihrer Entwicklung beschrieben: den Bereich des auftauchenden Selbst, des Kernselbst, des subjektiven und des verbalen Selbst. Er betont aber – und dies scheint mir von besonderer Bedeutung zu sein –, daß es sich bei den beschriebenen Kristallisationspunkten kindlicher Entwicklung nicht um abgegrenzte Phasen oder Stadien handelt. Die verschiedenen Formen des Ichgefühls entwickeln sich zwar nacheinander, wobei jeder dieser Bereiche eine formative, sensitive Periode hat. Jedoch wird mit Eintreten der höheren Stufe die vorangehende nicht ersetzt. Wenn sich die jeweilige Qualität des Ichgefühls einmal herausgebildet hat, bleibt sie während des ganzen Lebens bestehen. Mit anderen Worten: Es handelt sich um vier grundlegende Weisen des In-der-Welt-Seins, die sich entwickeln, differenzieren, erneuern oder anreichern. Sie können aber auch undifferenziert bleiben, verkümmern und zum Teil abgespalten werden.

Stern gibt für diese miteinander koexistierenden vier Bereiche des Erlebens ein Beispiel: Im erwachsenen Geschlechtsverkehr ist sowohl das Gefühl vom Kernselbst als auch von der «Kern-Bezogenheit» (core-relatedness) aktiv. Das Selbst und der andere werden als zwei verschiedene körperliche Ganzheiten erlebt, mit eigenem Willen und eigenen Aktivitäten. (In Ergänzung zu Stern möchte ich hier anfügen, daß die Partner auch gegenseitig die Befindlichkeit ihres körperlichen Selbsterlebens beeinflussen und verändern.) Gleichzeitig wird die subjektive Verfassung des andern erfaßt. Wünsche, Intentionen, wechselseitige Erregung werden gespürt und geteilt – was alles zum Bereich der intersubjektiven Bezogenheit gehört. Durch Worte wird auch der Bereich der verbalen Bezogenheit aktiviert. (Hier möchte ich anfügen, daß Liebespaare ihre besondere private Interaktionssprache schaffen, die manchmal mit dem Mutter-Kind-Dialog eine gewisse Ähnlichkeit hat. Es ist offensichtlich, daß diese Art der Sprache ganz instinktiv den Gefühlsaustausch fördert, während eine Sprache mit hohem Abstraktionsniveau hinderlich wäre, da sie sich nur an den «Kopf» richtet.) Das «auftauchende Selbst» und dessen Bezogenheitsumfeld drücken sich nach Stern etwa aus im Gefühl, daß man sich in den Augen des andern verliert, als wäre das Auge für einen Moment nicht Teil des anderen, im nächsten Moment hingegen doch wieder dem anderen zugehörend (Stern 1985, S. 30f.).

Zur Entstehung menschlicher Interaktionsmuster

Wenn sich Erfahrungen des Kleinkindes mit dem «das Selbst regulierenden anderen» wiederholen, so werden sie in seiner Erinnerung festgehalten und in mehr generalisierter Form zu Vorstellungen und Erwartungshaltungen verinnerlicht. Mit anderen Worten: Sie werden zu innerseelischen Repräsentanzen, die Stern in amerikanischer Weise mit dem Kürzel «RIG» bezeichnet, den Initialen von «Representations of Interactions that have been Generalized». Es handelt sich bei diesen RIG nicht um isolierte Mutter- oder Vaterbilder, nicht um «Selbst-» oder «Objektrepräsentanzen», sondern um Vorstellungen und Erwartungen der *Interaktion* zwischen dem signifikanten «anderen» und der eigenen Person. Für das Kind geht es auch um ein inneres, aus Erfahrungen gewonnenes «Wissen» darüber, wie die jeweiligen Handlungen des anderen (der Pflegeperson) die eigene Befindlichkeit verändern – stimulieren, befriedigen, ängstigen, schmerzen etc. Da es sich um zwar nicht verbalisierte, aber doch wirksame Vorstellungen (Repräsentanzen) handelt, kann das Kind, auch wenn es allein ist, den anderen evozieren («evoked companion»). Hat sich zum Beispiel bei früheren Gelegenheiten die Mutter zusammen mit dem Kind an dessen Spielen gefreut, und das Kind spielt nun allein und drückt Freude aus, so ist das die «historische Auswirkung ähnlicher Augenblicke, bei denen ein anderer anwesend war, der das Gefühl der Freude beim Kind verstärkt hatte» (Stern 1985, S. 113). Die Reaktion, die sich ursprünglich nur im Beisein des anderen ereignete, kann sich nun auch ohne ihn wiederholen. So schreibt Stern:

«Das Leben des Säuglings ist so durchgehend sozial, daß das meiste, was ein Kind tut, fühlt, wahrnimmt, sich in den unterschiedlichen Arten von Beziehungen ereignet. Ein evozierter Partner [. . .] oder ein phantasiertes Einssein mit der Mutter ist nicht mehr und nicht weniger als die Geschichte spezifischer Beziehungsarten oder das Produkt eines primären Gedächtnisses vom vielfältigen Zusammensein mit der Mutter» (Stern 1985, S. 118).

Selbstverständlich hat auch die Mutter ihre subjektiven Interaktionsvorstellungen und Erwartungshaltungen. Der evozierte Partner der Mutter ist in diesem Fall nicht nur das Kind, sondern unter anderem auch ihr eigener Erfahrungshintergrund an früheren Interaktionen mit der eigenen Mutter. Die mütterlichen Phantasien gehen in die Interaktion ein, es gibt Schnittstellen, wo sich die beiden subjektiven Welten von Säugling und Mutter treffen.

Jedenfalls ist nach Sterns Auffassung das subjektive Erleben weitgehend sozial, unabhängig davon, ob man in Wirklichkeit allein ist oder nicht. (Für die introvertierte Einstellung kann allerdings diese Aussage nur bejaht werden, wenn auch innerseelische Bilder und Ideen als «das Selbst regulierende andere» mit einbezogen werden, wie das zum Teil bei Kohuts «Selbstobjekten» der Fall ist.) Meines Erachtens muß nochmals betont werden, daß die Repräsentanzen eine mehr oder weniger generalisierte Form angenommen haben und nicht auf die evozierte persönliche Mutter beschränkt zu sein brauchen. Vom Jungschen Standpunkt aus wäre zu sagen, daß wir die Fähigkeit, aus unzähligen Einzelerfahrungen eine allgemeine «Repräsentanz», ein inneres «Bild» zu formen, der schöpferischen und anordnenden Wirkkraft verdanken, die mit Archetypus bezeichnet wird.

Soweit eine kurze Zusammenfassung der mir als relevant erscheinenden Hypothesen der modernen Säuglingsforschung, wie sie von Stern sehr anschaulich dargestellt wurden. Vielleicht ist es dem Leser ähnlich ergangen wie dem Schreibenden, dem viele Gesichtspunkte Sterns sehr einleuchtend vorkommen. Sie erinnern nicht nur daran, wie Mutter und Säugling miteinander umgehen, sondern lassen an die verschiedensten Beziehungsstrukturen denken, in die Menschen miteinander verwoben sind und die nicht zuletzt auch für die analytisch-therapeutische Situation ihre Gültigkeit haben. Das ist auch der Grund, warum relativ ausführlich auf sie eingegangen wurde. Der Leser aber, dem andere Modelle frühkindlicher Entwicklung psychoanalytischer oder auch Jungscher Provenienz (etwa Neumann 1963, Fordham 1969, 1976) bisher bekannt und auch überzeugend genug waren, wird sich mit mir fragen, wie sich diese Modelle zueinander verhalten, welches von ihnen wohl «stimmt» und welches nicht und ob sie überhaupt miteinander vereinbar sind.

Dies ist eine Frage, die mich selbstverständlich beschäftigt hat – und ich mußte bereits, ganz im Sinne Sterns, feststellen, daß ich mich im Bereich des «emerging self», des «auftauchenden Selbst- und Weltbezugs» befinde. Es ist ein Bereich, der sich dadurch auszeichnet, daß Zusammenhänge in einzelnen Teilgebieten gespürt werden. Diese einzelnen Teilgebiete sind aber Inseln vergleichbar, die danach streben, zu einem Kontinent zusammenzuwachsen. Im Bereich des «auftauchenden Selbst» hat sich, mit anderen Worten, noch nicht das Gefühl eines zentralen Kerns eingestellt, um den herum sich alles integriert. Das Bedürfnis nach Integration verschiedener Zusammenhangskomplexe ist jedoch archetypisch, und es ist eines der wesentlichsten menschlichen Anliegen, das eine zu suchen, welches der Vielfalt zugrunde liegt (Samuels 1989, S. 33 ff.; Spiegelman 1989, S. 53 ff.). Allerdings beruht der Schwerpunkt dieser Arbeit nicht auf einer theoretisch vergleichenden Abhandlung verschiedener Selbstkonzepte. Es geht vielmehr um das Selbst*wert*gefühl und dessen Zusammenhang mit der Scham-Angst. Für diejenigen Leser und Leserinnen, die sich für vergleichende Erörterungen und mögliche Integration verschiedener Selbstkonzepte interessieren, stelle ich aber im Anhang einige diesbezügliche Gedanken und Anregungen zur Diskussion. Weiterhin möchte ich auf ein entsprechendes Kapitel zu diesem Thema in meinem Buch «Individuation und Narzißmus» (Jacoby 1985) verweisen.

Zur Psychogenese des Selbstwertgefühls

Selbstwertgefühl ist die jeweilige Bewertung, die ich meiner Person zukommen lasse. Diese Bewertung entspringt aber tiefen, im Unbewußten liegenden Wurzeln und ist willentlich nur bedingt modifizierbar. Bei hohem Selbstwertgefühl hege ich ein gutes, zufriedenes, «liebendes» Gefühl gegenüber dem eigenen Selbstbild, der Vorstellung von mir selbst. Selbstverachtung und Minderwertigkeitsgefühl gründen in entsprechend negativen Bewertungen. Wie bereits erwähnt, hängt unsere innerpsychische Bewertungsinstanz in hohem Maße mit den Bewertungen und Urteilen zusammen, die uns von seiten der wichtigen Bezugspersonen von früh an entgegengebracht wurden.

Für die Psychogenese, die seelische Entstehung und Entwicklung der jeweiligen Ausprägung des Selbstwertgefühls scheinen mir deshalb die von Stern beschriebenen Vorstellungsmuster, in denen sich die Interaktionen zwischen dem Selbst und dem «das Selbst regulierenden anderen» niedergeschlagen haben (RIGs), von großer Bedeutsamkeit zu sein. Da das kindliche Selbst – bei all seiner Eigeninitiative und Abgegrenztheit – stets auf den «das Selbst regulierenden anderen» angewiesen ist, so hat dieser andere natürlich einen überaus entscheidenden Einfluß auf die jeweilige Befindlichkeit des Kindes. Für die Ausbildung eines «gesunden» Selbstwertgefühls kommt es des-

halb auf einen ausreichend guten «Fit» zwischen den Bezugspersonen an, auf ein geglücktes Aufeinander-Abgestimmtsein.
Im optimalen Fall vermag sich die Pflegeperson sensibel in die
jeweiligen Bedürfnisse des Kindes einzufühlen, vermag an
kleinsten Anzeichen zu spüren, wann und inwieweit das Kind
fürsorgliche Pflege (Trockenlegen, Fütterung etc.) oder anre-
gende Zuwendung benötigt. Sie nimmt aber auch Rücksicht
auf Zeiten, in denen der Säugling sich selbst überlassen sein
möchte, denn er braucht bereits einen «privaten Raum in der
Zeit» (Sander 1983), in dem er nicht von innen oder außen de-
terminiert ist, sondern *seinen* Interessen nachgehen kann, das
heißt: eine Wahlmöglichkeit hat. Damit kann er seine ersten
Handlungen in Gang setzen, Initiativen entwickeln und deren
Wirkung beobachten. Hier wird die Erkenntnis Winnicotts bestätigt:

«Die Grundlage der Fähigkeit, allein zu sein, ist ein Paradoxon. Es ist die Erfahrung, allein zu sein, während jemand anderes da ist» (Winnicott 1958,
S. 42). «Nur wenn er allein ist (d. h. in Gegenwart eines anderen Menschen),
kann der Säugling sein eigenes personales Leben entdecken. Die pathologische
Alternative ist ein falsches, auf Reaktionen und äußere Reize aufgebautes Leben» (Winnicott 1958, S. 42).

Durch Rücksichtnahme auf den «privaten Raum» des Säuglings dürfte sich meines Erachtens ein Interaktionsmuster nie-
derschlagen, das in späteren Lebensphasen verbal ungefähr so
ausgedrückt werden könnte: «Es ist mir Spielraum gegeben für
Eigeninitiative. Sie wirkt sich nicht unbedingt störend auf die
Umwelt aus, sondern wird begrüßt und anerkannt. Ich darf ich
selbst sein, auf mich hören, auch in Anwesenheit anderer Menschen.» Oder auch: «Ich kränke den andern nicht, wenn ich
mich nicht dauernd ‹kommunikativ› auf ihn einstelle. Es ist
auch nicht ‹peinlich› und herabmindernd, wenn ich einmal
nichts zu reden weiß.»
Oftmals können Pflegepersonen dem Kind diesen Spielraum
nicht gewähren, weil sie sich dauernd dessen Liebe versichern

müssen oder weil ihre ständig kontrollierende Obhut aus Ängstlichkeit nie nachlassen darf. Aufgrund solcher Erfahrungen werden sich in der Vorstellung andere Interaktionsmuster ausbilden, wie: «Ich bin nur akzeptiert unter der Bedingung, daß ich dem andern ständig meine Liebe und Zuwendung demonstriere, Spontaneität ist gefährlich, alles muß unter Kontrolle gehalten werden.» An dieses Interaktionsmuster ist wohl auch zu denken, wenn Menschen an Abhängigkeit, Passivität und Mangel an Initiative leiden, was in Jungscher Sprache meist der «Dominanz eines Mutterkomplexes» gleichkommt. Es gibt andererseits immer auch Pflegepersonen, die Ressentiments empfinden gegenüber der «Pflicht», stets für den «Schreihals» dazusein, und die sich in der Freiheit zur Verfolgung ihrer eigenen Interessen eingeschränkt fühlen. Dies beeinträchtigt je nachdem die Qualität der Zuwendung und wird im Kinde wahrscheinlich die Vorstellung einprägen: «Ich muß froh und dankbar sein, wenn sich jemand überhaupt mit mir abgeben will. Früher oder später werde ich allein gelassen. Im Grund bin ich meiner Umwelt im Wege und lästig.»

Alle Schattierungen des Zusammenseins von Pflegeperson und Kind kommen selbstverständlich vor, wobei die Version *Unzuverlässigkeit* relativ häufig ist: Je nach Stimmung schwankt die gegenseitige Bezogenheit. Es gibt Phasen einmütigen Wechselspiels, die von mehr oder weniger abrupten Unterbrechungen elterlicher Anwesenheit und Zuwendung abgelöst werden. Darauf beruhen Interaktionsmuster, die von Ängsten geprägt sind, plötzlich abgelehnt und fallengelassen zu werden. Natürlich sind gewisse Klimaschwankungen in der Atmosphäre von Übereinstimmung unabdingbar, gehören zum Prozeß der «optimalen Frustration», die für jegliche Reifung notwendig ist. Wenn das Kind aber, wie immer es sich auch aktiv darum bemüht, nicht auf eine gewisse Zuverlässigkeit an Anwesenheit und einfühlender Zuwendung vertrauen kann, so ist das Urvertrauen und damit das Selbstvertrauen geschädigt. Die Unzuverlässigkeit des «das Selbst regulierenden anderen» bewirkt starke Schwankungen im Selbstwertgefühl und ein allzu labiles Gleichgewicht.

Vor allem in der Phase des subjektiven Ichgefühls und dessen Bereich der Intersubjektivität manifestieren sich die ersten Wünsche nach Verstehen und Verstandenwerden. Wechselseitige Äußerungen subjektiver Erfahrung werden zum Bedürfnis, und jegliche Ablehnung dieses Bedürfnisses kann sich einschneidend auswirken. Bewußt oder unbewußt üben die Eltern bereits eine sozialisierende Funktion aus, indem sie auf gewisse (noch präverbale) Äußerungen des Kindes einfühlend reagieren, während sie andere unbeachtet lassen oder mit entsprechenden Gesten abweisen. Wie schon erwähnt, geht es für das Kind darum zu entdecken, welcher Aspekt der privaten Welt seines Erlebens mitteilbar ist und welcher nicht. Je nachdem kommt es zu weiten Bereichen psychischer Gemeinsamkeit oder zu isolierenden Gefühlen teilweisen oder gänzlichen Unverstandenseins. Die Frage also, welche Anteile des inneren Universums mit-geteilt werden können, gewinnt große Bedeutung. Die Erfahrung zeigt, daß mancher Austausch nicht stattfinden kann, weil irgendein Tabu, ein «Berühre-das-nicht» darauf lastet. «Davon spricht man nicht», ja: «Daran denkt man nicht» hat hier schon seinen präverbalen Ursprung.

Man könnte einwenden, daß es die Projektion der Phantasie Erwachsener sein muß, die einem noch nicht einjährigen Kleinkind schon so viel Gespür für die subjektive Wertskala seiner Bezugspersonen zuschreibt. Die hohe Wahrscheinlichkeit aber, daß Kinder in dieser Phase die Reaktionen der Pflegeperson wirklich spüren und sich darauf einstellen, kann aber unter anderem mit dem folgenden Versuch von Emde (Emde et al. 1983, in: Stern 1985, S. 132) erhärtet werden: Man bringt in einem Versuch das Kind an eine «künstliche Klippe», die durch eine optische Täuschung erzeugt wird und die bei ihm eine gewisse Angst hervorruft. Es zögert, ob es weiterkrabbeln soll, schaut auf die Mutter, nimmt deren affektiven Gesichtsausdruck selber an und macht dies zu seiner Richtschnur. Lächelt die Mutter, so krabbelt das Kind mit freudigem Ausdruck weiter, ist sie traurig, so bleibt es am Ort. Schon mit ca. 9 Monaten kann sich also bereits ein feines Gespür dafür entwickeln, ob Ausdrucksweisen und Aktivitäten erwünscht sind oder nicht.

Ich glaube, daß hier das erste Auftauchen von – möglicherweise neurotischen – Schamreaktionen zu orten ist, insofern «Mitteilungen» oder Tätigkeiten des Kindes auf zuviel Abweisung stoßen. Elterliche «Pfui-Reaktionen» auf die analen Ausscheidungsprodukte sind davon nur eine Variation. Das «Schäme dich» – deinen Kot anzufassen, im unpassenden Moment zu weinen, Angst zu haben, die Mutter mit deinem Jauchzen zu stören etc. – braucht nicht in Worte gefaßt zu sein, auch nicht seine Fortsetzung: «Auf diese Weise bist du kein ‹liebes Kind›, wie wir es gerne haben und von dir erwarten.» In solchen Fällen ist die Haltung der Pflegeperson zu sehr von der eigenen Subjektivität bestimmt, und die emotionale Einstellung auf die jeweilige Gefühlslage des Kindes (affect-attunement) bleibt allzu fragmentarisch. Daraus kann sich beispielsweise folgendes Interaktionsmuster ergeben: «Ich muß mich besonders fein auf den andern abstimmen, um nicht ‹ins Fettnäpfchen zu treten› – und dafür durch Ablehnung beschämt zu werden. Besser weiche ich dem aus, indem ich alle spontanen Äußerungen zurückhalte.» Oder bei krasseren Störungen der emotionellen Begegnung von Pflegeperson und Kind: «Wie ich bin und was ich zu sagen habe, befremdet die andern. Ich komme nirgends an, und wenn ich trotzdem Anschluß suche, folgt beschämende Abweisung auf dem Fuß.»

Ob ein gegenseitiges Einvernehmen im Bereich intersubjektiver Bezogenheit gelingt, drückt sich auch in dem Gefühl aus, eine Wirkung auf das Erleben anderer auszuüben. Menschen, die in diesem Bereich geschädigt sind, blenden oft die Tatsache aus, daß sie mit ihrem Dasein als solchem und aufgrund ihrer persönlichen Ausstrahlung für andere Menschen von Bedeutung sein könnten. In ihrer Vorstellung muß man sich mit Wohltaten und Geschenken der Liebe anderer versichern, zumindest bedarf es besonderer Leistungen, um akzeptiert zu werden. Daß aber jemand um ihrer selbst willen sie so lieben könnte, wie sie sind, ist ihrer Vorstellungswelt fremd – mag höchstens in unbestimmter Sehnsucht spürbar sein. Umgekehrt vermögen Störungen im Bereich präverbaler Intersubjektivität in kompensatorischer Weise manchmal dazu zu führen, daß die Betroffenen die eigene Präsenz den andern gleichsam aufzwingen, um sicherzustellen, daß sie von der Umgebung gebührend beachtet werden. Dazu werden Mittel eingesetzt, die von der demonstrativen «Leidensmiene» bis zu handfester Machtausübung reichen können.

Jedenfalls ist in diesem Bereich der Sitz jener Selbstwertstörungen zu finden, die letztlich auf emotionaler Verlassenheit beruhen (vgl. Asper 1987).

Im Bereich des verbalen Ichgefühls mit seinen entsprechenden Austauschmöglichkeiten entstehen künftige Interaktionsmuster beispielsweise daraus, daß die nahen Bezugspersonen besonders stolz sind auf die zunehmende Fähigkeit des Kindes, sich sprachlich auszudrücken. Dies mag auf die sprachliche Ausdrucksfreude eine stimulierende Wirkung ausüben. Es gibt aber manchmal ehrgeizige Eltern, welche die sprachliche Ausdrucksweise ständig korrigieren in der Absicht, dem Kind möglichst schnell eine gute Sprachbeherrschung anzuerziehen. Dies kann ein Interaktionsmuster verursachen, das von der Vorstellung begleitet ist: «Wenn ich spreche, wie mir der Schnabel gewachsen ist, stößt das auf Kritik. Ich muß den sprachlichen Ausdruck ständig kontrollieren.» Eine solche Vorstellung kann beim Erwachsenen – je nach sprachlicher Begabung – zu einer gewählten Rhetorik führen, kann aber genausogut als Überforderung erlebt werden und dadurch den spontanen sprachlichen Ausdruck hemmen und entsprechende Minderwertigkeitsgefühle erzeugen.

Viele Eltern freuen sich – durchaus zu Recht –, wenn im Bereich des verbalen Ichgefühls das Kind allmählich «Vernunft anzunehmen» beginnt. Je nach den elterlichen Vorstellungen besteht aber dabei die Gefahr, daß nun die Beziehung von einem Erziehungsstil vernünftiger Erklärungen dominiert wird. Das gefühlsmäßige Sich-aufeinander-Abstimmen weicht einseitiger Vernunftbetonung, durch die weite seelische Bereiche des Kindes ungehört bleiben und damit verlassen werden. Bei manchen Eltern, besonders wenn bei ihnen eine intellektuelle Ausrichtung dominiert (oder auch wenn sich narzißtische Einfühlungsstörungen bemerkbar machen), sind die Geschehnisse im Bereich der Intersubjektivität von einer gewissen Ratlosigkeit begleitet. Sie sind dann begreiflicherweise froh, wenn sie mit ihrem Kind endlich einigermaßen «vernünftig» sprechen können. Diese Situation führt beim Kind unter Umständen zu folgendem Interaktionsmuster: «Mein Bedürfnis nach seelischem Austausch, nach gefühlsmäßigem oder intuitivem Erfassen von Selbst und Welt stößt auf taube Ohren, auf Ablehnung – also ist dieser Bereich wertlos. Was zählt, ist Vernunft und vernünftiges Aushandeln aller Angelegenheiten. Gefühle zu spüren, oder gar vor anderen Menschen zu äußern, kann beschämend sein.» Jedenfalls hegt ein solches Kind die mehr oder weniger bewußte Erwartung, daß es unverstanden bleibt, was einer Ablehnung und Entwertung gleichkommt.

Ich habe bei diesem Versuch, der frühkindlichen Entstehungsgeschichte des Selbstwertgefühls nachzugehen, vor allem auf mögliche Schwierigkeiten hingewiesen, die sich im Verlauf dieses Prozesses ergeben können. Vielleicht beruht dies auf einer «déformation professionelle» des Psychotherapeuten, der vor allem den Störungen des Selbstwertgefühls begegnet. Zugleich läßt sich aber anhand von Mangelerscheinungen des seelischen Einvernehmens zwischen Kind und Pflegeperson auch erschließen, wie es bei ausreichend günstigen Voraussetzungen zum Aufbau eines mehr oder weniger realistischen Selbstwertgefühls kommen kann. Selbstwertgefühl entsteht jedenfalls dadurch, daß unser frühkindliches Dasein, wie es sich seelisch und körperlich ausdrückt, vornehmlich Gefühlen von Liebe, Wertschätzung und Verständnis begegnet.

Etwas Wichtiges ist hier aber hinzuzufügen: Selbstverständlich betont auch Stern, daß gegenseitige Übereinstimmung nicht nur vom guten Willen der Pflegeperson abhängt. Mir scheint es überhaupt unberechtigt, wenn sich Mütter durch die Lektüre psychologischer Literatur allzusehr verunsichern lassen. Die Angst, es mit dem Kind nicht «richtig zu machen», läßt gerade die gefühlsmäßig-intuitiven Interaktionen oft steif und unnatürlich werden. Das Ideal der «perfekten Mutter» wirkt sich nicht selten kontraproduktiv aus. Christa Rohde-Dachser postuliert zu Recht den «Abschied von der Schuld der Mütter» (Rohde-Dachser 1989). Gelegentlich sind es denn auch grundlegende Temperamentsunterschiede, die es den Partnern erschweren, sich aufeinander einzustellen, ein «affect attunement» zu erreichen. Säuglinge bringen anlagemäßig auch unterschiedliche Ausstattungen an Vitalität mit. Die Begabung, sich die benötigten Zuwendungen «holen» zu können, ist verschieden ausgeprägt, und nicht jedes Kind kann seinen instinktiven Lebenswillen so zum Ausdruck bringen, daß die Pflegeperson mit Freude darauf einzugehen vermag.

Im allgemeinen scheinen mir aber für das Verständnis des Selbstwertgefühls und seiner psychologischen Hintergründe die dargestellten Grundvorstellungen, in denen sich frühe Interaktionen zwischen Kind und Pflegeperson niedergeschlagen haben, von einiger Bedeutung zu sein. Zugleich darf nicht übersehen werden, daß es sich dabei um Simplifizierungen handelt, denn beim Erwachsenen liegen die Dinge meist allzu komplex, als daß sie befriedigend mit ein paar inneren Grundmustern erklärt werden könnten, zumal die verschiedenartigsten Kompensationen und Abwehrvorgänge noch dazukommen und die jeweilige Befindlichkeit mitbeeinflussen.

Inwiefern Interaktionsmuster aus den verschiedenen Bereichen des Selbstwertgefühls archetypische Qualität besitzen, also Grundgegebenheiten interpersonaler, aber auch intrapsychischer Kommunikation (zwischen dem Ich und den «Gestalten» des Unbewußten) ausmachen, wäre eine interessante theoretisch-psychologische Frage, die hier aber nicht erörtert werden kann. Es sei aber an E. Neumann erinnert, der die «archetypische Stadienentwicklung» zu beschreiben versucht hat. Das Selbst (im Jungschen Sinne) ist für ihn das dirigierende Zentrum, welches die verschiedenen archetypischen Stadien kindlicher Entwicklung steuert. Zu Recht fügt er aber hinzu:

«... die [...] Auslösung artgemäß angelegter psychischer Entwicklungen ist nicht ein innerpsychischer Prozeß, sondern geschieht in einem *Innen und Außen umschließenden archetypischen Wirklichkeitsfeld*, das immer auch einen auslösenden ‹Außenfaktor›, einen Weltfaktor, enthält und voraussetzt» (Neumann 1963, Hervorhebung M. J.).

Diesen «Weltfaktor» sieht Neumann zunächst in der Mutter der «Urbeziehung», und vom Gelingen dieser Urbeziehung hängt es letztlich ab, ob es zur Entwicklung eines «integralen Ichs» kommen kann, das heißt zu einer «positiven Toleranz des Ich, das auf der Basis der Sicherheits- und Vertrauensbeziehung zur Mutter imstande ist, die Welt und sich selber ‹anzunehmen›, weil es die dauernde Erfahrung der positiven Toleranz und des Angenommenseins durch die Mutter am eigenen Leibe erlebt» (Neumann 1963, S. 63). Mit andern Worten: Es entsteht dadurch ein Interaktionsmuster mit der Grundvorstellung: «Ich werde geliebt, bekomme Zuwendung, bin in meinem So-Sein von Wert für den anderen.» Dies ist die Grundlage zur Entwicklung «gesunden» Selbstvertrauens und zur Ausbildung einer «positiven Ich-Selbst-Achse» (Neumann 1963).

Allgemein wird in der Tiefenpsychologie ein ausreichend realistisches Selbstwertgefühl mit genügend guter Bemutterung in Beziehung gebracht. Die Säuglingsforschung betont vornehmlich die «interpersonale Welt» und hebt auch den aktiven Einfluß hervor, den bereits der Säugling auf die Beziehungsgestaltung mit der Mutter ausübt. Die Perioden, in denen sich die verschiedenen Formen des Selbsterlebens zum ersten Mal manifestieren, haben natürlicherweise einen prägenden Einfluß auf die Art und Weise, wie später Selbst und Welt erfahren werden. In allen Bereichen finden aber stets neue Entwicklungen statt, die sich über das ganze Leben erstrecken können. Somit muß sich die Therapie nicht darauf versteifen, den Ausgangspunkt von Störungen stets unbedingt in diesen frühesten sensitiven Perioden zu orten. Neu-Erfahrungen sind nötig und ständig möglich, wenn das Leben im Fluß bleiben soll. Die ursprünglichen inneren Muster können durch neue Erfahrungen modifiziert werden, sonst wäre Psychotherapie gar nicht möglich (Stern 1985, S. 273 ff.).

Spiegelung und Idealbildung

Von einem Phänomen, das großen Einfluß auf die jeweilige Qualität des Selbstwertgefühls ausübt, war bisher wenig die Rede, nämlich vom sogenannten «Ich-Ideal» oder «Ideal-Selbst». Bei Stern sind die Prozesse der Idealisierung nicht erwähnt, und es ist möglich, daß sie erst nach Beginn der verbalen Phase einsetzen und somit nicht in seinen Forschungsbereich gehören. Jedenfalls nehmen Idealisierungsprozesse in der Selbstpsychologie Kohuts zu Recht einen wichtigen Platz ein (Kohut 1971, 1977). Nach seiner Auffassung entsteht ein kohärentes Selbst einmal dadurch, daß die spontan «exhibitionistischen» Aktivitäten des Säuglings bei der Mutter auf Freude und einfühlende Spiegelung stoßen. «Der Glanz im Auge der Mutter» ist eine fast formelhaft immer wiederkehrende Satzprägung Kohuts für diesen Sachverhalt. Mit andern Worten: Optimale mütterliche Empathie legt den Grund zur Entwicklung eines gesunden Selbstwertgefühls, welches erlaubt, einen der Persönlichkeit entsprechenden «Platz an der Sonne» zu erobern und zu verteidigen ohne Ehrgeizbesessenheit, aber auch ohne Hemmung, Scham oder Schuldgefühl, dabei «gesehen» zu werden und sich in peinlicher Weise zu exponieren. Meines Erachtens läßt das Bedürfnis, «angesehen und ansehnlich zu sein» in dieser Welt, ein «Ansehen» zu genießen, an den ursprünglichen Bezug zum «Glanz im Auge der Mutter» denken.

Soweit decken sich im Grunde die Auffassungen Sterns, Neumanns, Kohuts (auch Winnicotts, Fordhams und manch anderer) über die entscheidende Bedeutung, die einer geglückten frühen Mutter-Kind-Beziehung für die Ausgestaltung eines «gesunden» Selbstwertgefühls zukommt. Für den Praktiker macht es im Grunde wenig Unterschied, ob nun die mütterliche Pflegeperson in ihrer Funktion als die «das Selbst regulierende andere» (Stern), als «inkarnierter Funktionsbereich des Selbst» (Neumann) oder als «Selbstobjekt» (Kohut) bezeichnet wird. Solche Begriffe weisen auf unterschiedliche Nuancen des jeweiligen Theorieverständnisses hin, die von gewissen entwicklungspsychologischem Interesse sind, in der Praxis aber nicht allzu schwer ins Gewicht fallen. Für den Praktiker ist es wohl entscheidend, inwiefern ihm integriertes Wissen um entwicklungspsychologische Zusammenhänge die Einfühlung in die Kindheitswunden seines Patienten erleichtert.

Nach Kohut geschieht bei der Ausformung des Selbst ein weiteres. Nicht nur will das sich etablierende Selbst vom «Selbstobjekt» (Pflegeperson) bewundert und empathisch verstanden werden, es erlebt umgekehrt das Selbstobjekt (Vater oder Mutter) als allmächtig und vollkommen. Da aber, nach Auffassung Kohuts, das Selbstobjekt von der Eigenwelt kaum unterschieden ist, bedeutet dessen Vollkommenheit eigene Vollkommenheit. Es findet also Verschmelzung mit dem idealisierten, als allmächtig und vollkommen erlebten Selbstobjekt statt. Die graduelle Enttäuschung darüber, daß die wirklichen Eltern gar nicht so allwissend, allmächtig und vollkommen sind, kann «umwandelnde Verinnerlichung» bewirken, Strukturen, welche die Matrix bilden für die sich entwickelnden Ideale. (In Jungscher Sprache wäre dies die Rücknahme von Projektionen.)

Mit anderen Worten: Selbstwertgefühl kann auch dadurch entstehen und aufrechterhalten werden, daß aus der Verschmelzung mit dem als vollkommen idealisierten «Selbstobjekt» Ideale entstanden sind, für die sich der Einsatz lohnt, die auch zum Leitbild eigenen Verhaltens gemacht werden können. Es ist dabei an Menschen zu denken, die sich für größere oder kleinere als wertvoll und sinnreich erlebte Aufgaben voll einsetzen, die in einem größeren oder höheren Anliegen vollständig aufgehen. Oft verhindert ein solches Ichideal das ehrliche Eingeständnis, daß dies durchaus *auch* zur Aufwertung der eigenen Person geschieht. Bewußt wird deshalb nur das Erleben «selbstloser Hingabe» an überpersönliche wissenschaftliche, künstlerische, religiöse oder soziale Ideen zugelassen, welche den Sinn eines Lebens ausmachen.

Hier wäre etwa an das berühmte «Helfersyndrom» zu erinnern: «Laß mich dir mit all meinen Kräften helfen, für dich dasein, das ist meine Lebensaufgabe.» Daß mit dieser Aufgabe das *eigene Selbstwertgefühl* steht und fällt, wird ausgeblendet, käme es doch einem Zulassen des «egoistischen Schattens» gleich, der sich in solchen Idealen einzunisten pflegt. Die Wirksamkeit dieses Schattens bleibt gern hinter der Schamschranke verborgen. In einem Selbstfindungsprozeß muß aber früher oder später die Einsicht zugelassen werden, daß das Ideal des reinen Altruismus stets an menschlicher Begrenzung scheitert.

Natürlich soll dies nicht als entmutigende Kritik an jeglichem Einsatz für überpersönliche Anliegen aufgefaßt werden. Solcher Einsatz ist heute mehr denn je von brisanter Notwendigkeit. Wenn dies auch dem Selbstwertgefühl zur Befriedigung gereicht, um so besser, ist doch darauf hinzuweisen, daß zwischen dem Ichideal und dem sogenannten «Größenselbst» die Übergänge sehr fließend sind.

Ein Beispiel dafür: Es liegt mir daran, mich in altruistischer oder aufopfernder Weise für ein überpersönliches Anliegen oder für das Wohl anderer Menschen einzusetzen, und merke nicht (oder muß es «in peinlichster Weise» wahrnehmen), wie großartig ich mir selber dabei vorkomme. Derartige Zusam-

menhänge lassen es als notwendig erscheinen, der Phänomeno-
logie und den Auswirkungen des Größenselbst einige Aufmerksamkeit zu schenken.

Selbstwertgefühl und Größenselbst

Das sogenannte «Größenselbst» in seiner meist unbewußten
Wirksamkeit ist ein Faktor, der verschiedensten Störungen des
Selbstwertgefühls zugrunde liegt. So sind es die beiden bedeu-
tendsten Forscher auf dem Gebiet des Narzißmus, Otto F.
Kernberg (1975) und Heinz Kohut (1971), welche diesen
Begriff geprägt, aber zu dessen Psychodynamik divergierende
Auffassungen vorgelegt haben.

Kohut ist der Ansicht, das Größenselbst stelle eine Fixierung
auf der Stufe eines archaischen, aber doch «normalen» kindlichen Selbst mit seinen Illusionen unbegrenzter Allmacht und
Allwissenheit dar. Es ist also eine frühkindliche innerseelische
«Struktur», um die sich Phantasien von Allwissenheit, Allmacht und grenzenloser Vollkommenheit ranken. Unter günstigen Umständen gewinnt das Kind in verschiedenen Rei-
fungsschritten die Fähigkeit, Begrenzungen in realistischer
Weise zu erkennen und zu akzeptieren. Damit werden Größenphantasien schrittweise durch ein mehr oder weniger realistisches Selbstwertgefühl ersetzt.

Wie schon erwähnt, hängt eine solch günstige Entwicklung
weitgehend von der einfühlenden Spiegelung durch nahe Bezugspersonen ab. Wenn die optimale Entwicklung und damit
die Integration des Größenselbst jedoch gestört ist, kann diese
psychische Struktur vom realitätsprüfenden Ich abgespalten
oder durch Verdrängung getrennt werden (Kohut 1971,
S. 132). Damit ist es nicht länger für Modifizierungen zugäng-
lich, sondern bleibt in seiner archaischen Form erhalten, übt
aber vom Unbewußten her in mancherlei Weise seine Wirksamkeit aus. «Ein fortdauernd aktives Größen-Selbst mit sei-

nen wahnhaften Erwartungen kann ein durchschnittlich ausgestattetes Ich schwer beeinträchtigen», meint Kohut, wobei er aber einräumt, daß sehr begabte Menschen durch die Forderungen eines kaum modifizierten Größenselbst zu ihren hervorragendsten Leistungen angetrieben werden können (Kohut 1971, S. 133). Das Größenselbst in der Auffassung Kohuts ist also nicht in jedem Fall eine pathologische Größe.

Für Kernberg hingegen ist das Größenselbst ein «pathologisches Verschmelzungsprodukt», das vor allem der Abwehr heftiger archaischer Neidgefühle dient.

Dieses Verschmelzungsprodukt besteht «aus bestimmten Aspekten des Real-Selbst (‹jemand Besonderes› zu sein, was schon durch frühe Kindheitserfahrungen bestärkt wurde), dem Ideal-Selbst (Phantasien und Selbstvorstellungen von Macht, Reichtum, Allwissenheit und Schönheit, die vom kleinen Kind kompensatorisch gegen Erfahrungen von schwerer oraler Frustration, Wut und Neid entwickelt worden sind) und Ideal-Objekten (Phantasien von einer unablässig gebenden, grenzenlos liebenden und akzeptierenden Elternfigur – im Gegensatz zu den wirklichen Eltern, wie das Kind sie erlebte; Ersetzung eines entwertenden realen Elternteils durch ein entsprechendes Wunschbild)» (Kernberg 1975, S. 303 f.).

Es ist offensichtlich, daß Kernbergs Beobachtungen und Hypothesen zum Größenselbst nicht unbedingt den gleichen seelischen Sachverhalt anvisieren wie diejenigen Kohuts. In Kernbergs Auffassung entstammt das Größenselbst der Abwehr, wobei die Identifikation des Ichs mit solchen Gefühlen eigener Größe jede nahe zwischenmenschliche Beziehung verhindert und isolierende Einsamkeit bewirkt. Diese Form des Größenselbst gehört also in ein Gebiet, das Kernberg als «pathologischen Narzißmus» bezeichnet. Es ist ein Selbstgefühl, das sich in der Illusion besonderer Großartigkeit wiegt und den «anderen» mißtrauisch von sich fernhält oder entwertet, insofern er nicht die Rolle des bewundernden Echos annimmt. Trotz Größenphantasien bleibt aber die Realitätsprüfung genügend intakt.

Das ganze Größenselbstproblem wird uns im Zusammenhang mit den Störungen des Selbstwertgefühls noch weiterhin beschäftigen. Es scheint mir, daß die meisten Menschen ihre geheimen Größenphantasien hegen, die aus dem Unbewußten verschiedenste Wirksamkeit entfalten. Oft sind sie aber mit Schamgefühlen behaftet, werden auch kaum ins Bewußtsein zugelassen und noch viel weniger geäußert. Man schämt sich, als jemand zu gelten, der «vor Einbildung strotzt», und als Abwehr dient oft das Bestreben, sich möglichst bescheiden zu geben.

Wie unterscheidet sich aber das «Größenselbst» vom Selbst im Jungschen Sinne? Hier einige Ausführungen: Ichentwicklung bedeutet unter anderem, die realen Grenzen der eigenen Person kennen und annehmen lernen. Es kommt zur schmerzlichen Vorstellung, von der auch M. Mahler spricht: «Ich bin nicht vollkommen oder allmächtig, ich bin klein und ‹abhängig›.» Das heißt aber nicht, daß «Vollkommenheit» oder «Allmächtigkeit», als zentrale archetypische Vorstellungen, ihre Wirksamkeit eingebüßt hätten. Sie werden aber von jeher auf ein Gottesbild projiziert. Indem Gott vollkommen und allmächtig ist, kann und muß sich das eigene Ich von diesen Wirkkräften unterscheiden. Es hat dem Göttlichen gegenüber demütig und bescheiden zu sein – eine Anforderung fast jeglicher Religion. «Hybris» – als Versuchung, gottähnlich sein zu wollen – gilt in den meisten Religionen als allerschlimmste Verfehlung, als Gotteslästerung. Wenn nun Jung – das muß immer wieder betont werden – das Selbst mit dem Gottesbild in der menschlichen Seele (nicht Gott an sich!) gleichsetzt, so ist es ihm stets ein zentrales Anliegen, das Ich vom Selbst zu unterscheiden. Um der psychischen Gesundheit willen darf das Ich sich keinesfalls in «Gottähnlichkeit» mit dem Selbst identifizieren, es fällt sonst in «Inflation».

Im frühkindlichen Größenselbst sind Ich und Selbst (im Jungschen Sinne) noch relativ verschmolzen. Das Ich hat sich noch nicht aus dem Selbst herausdifferenziert, ist noch nicht ein relativ autonomes Bewußtseinszentrum geworden. Wenn wir nun beim Erwachsenen von «Größenselbst» reden, so deuten wir damit an, daß auch bei ihm in einem Sektor seiner Persönlichkeit die Grenzen von Ich und Selbst nicht genügend differenziert sind. Das bewußte Ich hat dann die Tendenz, von Vollkommenheitsvorstellungen aufgesogen oder aber bedroht zu werden. Damit ist die Selbsteinschätzung bis zu einem gewissen Grade verzerrt. Wie schon erwähnt, gibt es aber wohl wenig Menschen, bei denen sich nicht in irgendeinem Persönlichkeitsbereich gelegentliche Verschmelzung von Ich und Selbst bemerkbar macht, was zu leichteren oder gravierenderen Selbstwertschwankungen führen kann (vgl. auch Jacoby 1985, S. 93).

Wie immer das Größenselbst in psychodynamischer Hinsicht auch interpretiert wird, es ist eine Erfahrungstatsache, daß es sich in hohem Maße auf die subjektive Befindlichkeit auswirkt. Menschen, die von sogenannter «narzißtischer Grandiosität» geplagt sind, identifizieren sich bis zu einem gewissen Grad mit ihrem Größenselbst, wobei allerdings die Realitätsprüfung und das fundamentale Ichgefühl (im Sinne D. Sterns) erhalten bleibt. (Vollständige Identifizierung mit dem Größenselbst bedeutet Größenwahn im psychotischen Sinne.) Vielen Menschen sind aber solche Größenselbstphantasien nicht nur lustvoll, sondern auch peinlich. Sie fühlen sich in die unangenehme Lage versetzt, hohe Wertschätzung und Bewunderung zwar zu ersehnen, zugleich aber zu fürchten. Der Umgang mit Lob und Komplimenten wird schwierig, ist doch die Gier nach Bewundertwerden zugleich mit Scham behaftet. Wenn andererseits aber anerkennende Bewunderung ausbleibt, stellt sich quälende Kränkung ein.

Die Auswirkungen des Größenselbst auf das Selbstwertgefühl möchte ich grob-schematisch etwa in die folgenden Erfahrungszusammenhänge einteilen: Identifizierung des Ichs mit dem Größenselbst; Größenselbst als Stimulans für Ehrgeiz und

Geltungsstreben; Größenselbst als unerreichbare Anforderung.

Die Identifizierung des Ich mit dem Größenselbst

Man fühlt sich dabei als ein ganz «besonderer» Mensch, als außergewöhnlich begabt, schön, intelligent usw. – je nachdem, was in der inneren Wertskala an oberster Stelle steht. Die Vorstellung, von aller Welt bewundert zu werden, spielt eine sehr wichtige Rolle. Manchmal findet sich die Überzeugung, daß gewisse Beschränkungen und Rücksichtnahmen, die sich normalerweise aus unserem Zusammenleben ergeben, für die eigene Person keine Gültigkeit zu haben brauchen. Man ist ein Ausnahme-Mensch, der auch das Anrecht hat, von der Umwelt als solcher behandelt zu werden. In der Sicht Jungscher Psychologie handelt es sich um einen Zustand von Inflation. Das Ich ist von einem archetypischen Bild «aufgeblasen».

Jedenfalls bewirkt solche Grandiosität eine Hochgefühl, das im Extremfall zu submanischem Verhalten stimuliert. Falls es gar zum Verlust der Realitätsprüfung kommt, muß je nachdem von Größenwahn oder von manischer Psychose gesprochen werden. Im Normalfall kommt es zu «Starallüren» aller Art, wie sie am besten aus der Welt von Film und Theater bekannt sind, aber auch im Sport, in der Politik, in den Wissenschaften auftreten können. Zugleich bereitet es vielen im Zenit des Ruhms stehenden Menschen Mühe, es seelisch zu verkraften, vom Publikum zu einem «Star» – einem leuchtenden Stern am hohen Himmel – emporgejubelt zu werden. Man denke an die Tragödien einer Marilyn Monroe, einer Maria Callas, aber auch eines «Gurus» wie Baghwan Raineesh. Die Identifikation mit dem Größenselbst muß stets von außen bestätigt werden, man kann ohne wirkliche oder (im Notfall) phantasierte Bewunderer sein Gleichgewicht nicht aufrechterhalten. Wenn sich die Identifizierung des Ichs mit dem Glanz des Größenselbst auflöst, bleibt nur ein Gefühl des Nichts übrig. Durch die geringste Kritik oder Infragestellung kann manchmal eine Größenvorstellung wie ein Kartenhaus in sich zusammenfallen. Natürlich ist es wesentlich zu sehen, inwiefern bestimmte Vorstellungen von der eigenen Größe auf einer gewissen Realität beruhen oder inwiefern sie mit der Realität vollständig auseinanderklaffen. (Es gibt ja auch in Wirklichkeit Ausnahmemenschen.) Auch beobachtet man vorübergehende Inflationen, die manchmal Energien zu bestimmten Leistungen verleihen und nachher vom realen Selbstwertgefühl wieder modifiziert werden. Aber oftmals beruht die Identifikation mit dem Größenselbst auf einer Kompensation der Befürchtung, nichts als «klein und häßlich» zu sein und sich bodenlos dafür schämen zu müssen.

Größenselbst als Stimulans für Ehrgeiz und Geltungsstreben

In diesem Fall ist sich das Ich bewußt, noch längst nicht am Ziel seiner Möglichkeiten zu sein. Vom Größenselbst geht dann ein Drang aus, seinen Forderungen nach Vollkommenheit mit aller Intensität zu folgen. Wie Kohut zu Recht schreibt, können solche Anforderungen begabte Naturen zu Höchstleistungen anspornen, meist aber haben sie eine überfordernde Wirkung. Unter dem vom Größenselbst ausgehenden Streß kann das Ich manchmal die Tatsache, daß «noch kein Meister vom Himmel gefallen ist», für sich selbst kaum akzeptieren. Man müßte von Anfang an alles können – und zwar viel besser als alle anderen –, sonst nehmen Scham- und Minderwertigkeitsgefühle überhand. Dies kann sich auf die mannigfachsten Bereiche beruflicher oder kreativer Natur beziehen und macht es oft schwierig, Toleranz und Geduld für die einzelnen Lern- und Entwicklungsschritte aufzubringen.
Das Größenselbst steckt also hinter dem Vervollkommnungseifer und ist somit eine treibende Kraft. Falls sich seine Ambi-

tionen auf realistische Ziele zu beschränken vermögen, kann es echter Leistung förderlich sein, wirkt sich aber destruktiv aus, sobald um jeden Preis in dranghafter Weise «Größe» erreicht werden muß. In pathologischen Fällen kann dies zu reiner Hochstapelei ausarten.

Größenselbst als unerfüllbare Anforderung

In diesem Fall geht vom Größenselbst, als Vorstellung eigener Vollkommenheit, niederschmetternde Kritik am eigenen Ungenügen aus. Ich habe in einem früheren Buch (Jacoby 1985) diese Form der Größenselbst-Auswirkung eingehend beschrieben, da sie zu den gravierenderen Fällen von narzißtischen Störungen gehört. Es herrscht hier eine meist unbewußt wirkende Vorstellung von Vollkommenheit, der gegenüber alles, was man in Wirklichkeit ist oder tut, als nichtswürdig erscheint. Die wenigsten von dieser Problematik Betroffenen sind sich darüber bewußt, daß solch eine unbarmherzige Selbstentwertung in ihren eigenen Größenvorstellungen wurzelt, sie spüren lediglich die Qual ihrer Minderwertigkeitsgefühle. Phantasien von eigener Größe, falls sie auftauchen wollen, können nur mühsam zugelassen, geschweige denn geäußert werden. Sie sind sehr schambesetzt, und ihre Deutung in der Analyse erfordert auch vom Therapeuten viel Fingerspitzengefühl. Leicht wird sie nämlich vom Patienten als entwertender Vorwurf aufgefaßt, in deren Folge er sich nicht nur minderwertig und unzulänglich fühlt, sondern sich auch noch lächerlicher Größenphantasien bezichtigt. Die grenzenlosen Anforderungen des Größenselbst wirken sich in allen Bereichen kreativer Tätigkeit blockierend aus, weil sie jeglichen Äußerungsversuch unerbittlicher Kritik unterwerfen. Minderwertigkeits- und Schamgefühle erlauben es nicht, eigenen Ideen Ausdruck zu verleihen.
Innerpsychisch kann dabei ein frühkindliches Interaktionsmu-

ster noch wirksam sein, in dem die Elternfigur bzw. die Elternfiguren mit idealisierten Erwartungen zu hohe Anforderungen
an «ihr Kind» stellten, und somit hat gegenseitige Enttäuschung das Klima beeinflußt. Die kindlichen «Allmachtsge-
fühle» stießen zu früh auf verständnisloses «Besserwissen» von
seiten der Elternfigur(en), und daraus resultiert das Grundgefühl: «Ich bin eigentlich den Anforderungen des Lebens nicht
gewachsen, und es ist hoffnungslos, diese Situation überhaupt
ändern zu wollen.»
Jeglicher Ehrgeiz wird als lächerlich verpönt, und jegliche Initiative ist mit Angst vor entwertenden Reaktionen verknüpft
und weitgehend gelähmt. Bei schwereren Fällen kann es zu Depressionen kommen in dem Grundgefühl, eigentlich kein Lebensrecht zu besitzen. E. Neumann, der diese psychische Verfassung mit gestörter «Urbeziehung» im Zusammenhang sieht,
fand dafür folgende Formulierung:

«Die Große Mutterfigur der Urbeziehung entscheidet als Schicksalsgottheit
nicht nur durch ihre Gunst oder Ungunst über Leben und Tod, positive oder
negative Entwicklung, sondern ihre Haltung ist darüber hinaus ein ‹Spruch›,
ein höchstes Gerichtsurteil, und ihr sich Abwenden ist mit einer namenlosen
Schuld des Kindes identisch» (Neumann 1963, S. 96).

Nach meiner Erfahrung handelt es sich bei der Auswirkung
einer so extrem abwertenden Omnipotenzinstanz nicht *nur* um
Gefühle namenloser Schuld. Mindestens so stark ist das Gefühl, sich auf Schritt und Tritt schämen zu müssen. Kein Lebensrecht zu besitzen heißt auch, sich nirgends «sehen lassen zu
dürfen». Man ist wie «aussätzig», muß sich schämen, überhaupt Teil der Menschheit sein zu wollen und Ansprüche an das
Leben und an andere Menschen zu stellen. Natürlich sind Ansprüche trotzdem lebendig, drücken sich aber sehr indirekt,
komplex, ambivalent aus und können deshalb von den Bezugspersonen auch kaum befriedigend erfüllt werden.
Damit habe ich das Phänomen narzißtischer Depression beschrieben, die als ein äußerstes Maß an Selbstwertstörung an-

zusehen ist, in der das Selbstgefühl gleichsam Opfer eines erbarmungslos ablehnenden, ja verstoßenden Größenselbst wird.

Das «Größenselbst» wird noch weiterer Erörterung bedürfen, vor allem im Zusammenhang mit der Frage, wie mit seinen verschiedenen Auswirkungs- und Erscheinungsweisen psychotherapeutisch umgegangen werden kann. Soviel über die Entstehung des Selbstwertgefühls und dessen Störungen.

Zur Psychogenese von Scham und Schamanfälligkeit

Zu Beginn dieses Kapitels, welches verschiedene, auch neurotische Aspekte der Scham und Schamanfälligkeit ins Zentrum rücken wird, sollen die wichtigsten bisher erörterten Gesichtspunkte zum Schamphänomen zusammengefaßt werden: Scham übt eine wichtige Funktion aus, denn selbst die rudimentärste Form von Zivilisation ist ohne sie und ihre entsprechenden Hemmschwellen schlechthin unvorstellbar. Sie ist insofern ein komplexes Phänomen, als sie sowohl der Anpassung an kollektive Normen und Sittenvorstellungen als auch der Abgrenzung eines jeweiligen Intimbereiches dient. Somit ist sie einem Grenzwächter vergleichbar, der Grenzüberschreitungen unliebsam ahndet, wobei die Grenzen vom jeweiligen Sittenkodex und dem entsprechenden Gefühl für «Würde und Anstand» abgesteckt sind. Jedenfalls bedeutet Überschreitung solcher Schamgrenzen zugleich Verletzung der «guten Sitte», was unter Umständen gesellschaftliche Sanktionen zur Folge hat. Zumindest ist mit einer gewissen Einbuße an «Ansehen» zu rechnen.

Scham setzt in zwischenmenschlichen Kontakten auch Grenzen, die dem Schutz der eigenen Individualität und Identität dienen. Sie ist ein feiner Gradmesser zur gefühlsmäßigen Regulierung jeweiliger Nähe und Distanz zu unseren Bezugspersonen.

Grundsätzlich übt Scham zwei Funktionen aus, die sehr wesensverschieden sind, gilt es doch – um mit Aristoteles zu sprechen – zu unterscheiden zwischen denjenigen Dingen, die «nach allgemeiner Auffassung» und denjenigen Dingen, die «nach reiner Wahrheit» als anstößig gelten und deshalb Scham hervorrufen. Im ersten Fall stellt sich also Scham ein, weil man gesellschaftlichen Erwartungsnormen nicht entspricht, im zweiten Fall wird ein innerseelisches Wertsystem verletzt, was auch Schamreaktionen zur Folge hat. Eine Form dient also der sozialen Anpassung und die andere der Wahrung persönlicher Integrität. Darin liegt ein Konfliktpotential, das artgemäß dem menschlichen Wesen inhärent ist und im Prozeß der Individuation zu Auseinandersetzungen führt.

Oft geht es darum, den unreflektiert übernommenen «Sittenkodex», die verinnerlichten kollektiven Wertmaßstäbe in Frage zu stellen, zu relativieren und damit auch die Schamschwellen zu verändern. In einem solchen Prozeß der Emanzipation wandeln sich auch die Inhalte, die als beschämend gelten. Im besten Fall findet eine Verlagerung zugunsten der persönlichen Integrität, der Suche nach der «reinen Wahrheit» statt, von der aus erst eine persönliche Auseinandersetzung mit der «allgemeinen Auffassung» ermöglicht wird.

Scham als angeborener Affekt

Wie erwähnt, ist Scham als Emotion zu bezeichnen, die artgemäß dem menschlichen Wesen inhärent ist und als archetypisch bezeichnet werden kann. Sie hat aber auch ihre Entstehungsgeschichte im Leben des einzelnen Menschen, der wir nun im folgenden nachgehen wollen. Zunächst ist sicher die Frage von Interesse, wie weit ihre Wurzeln im Leben des Kindes zurückverfolgt werden können. Und hier sind die Forschungen von Tomkins (1963) interessant, der bereits beim 6–8 Monate alten Säugling die ersten Anzeichen von Scham beobachtet zu haben glaubt. Auch Spitz (1965) hatte bei Säuglingen dieses Alters Reaktionen festgestellt, die er als Angst vor fremden Gesichtern, als sogenannte «Achtmonatsangst» beschrieben hat. Die Anzeichen solcher Angst schildert er folgendermaßen:

«Nähert sich dem Kind ein Fremder, so löst dies ein unverkennbares, charakteristisches und typisches Verhalten in ihm aus; es zeigt individuell verschiedene Grade an Ängstlichkeit, ja sogar Angst und lehnt den Fremden ab. Das Verhalten der einzelnen Kinder zeigt ziemlich große Verschiedenheiten; es kann ‹schüchtern› den Blick senken, die Augen mit den Händen zuhalten, das Gesicht mit dem hochgehobenen Kleid zudecken, sich im Bett auf den Bauch werfen und das Gesicht in der Bettdecke verstecken. Der gemeinsame Nenner ist eine Kontaktverweigerung, ein Sich-Abwenden, mehr oder weniger deutlich von Angst getönt» (Spitz 1965, S. 167).

Tomkins (1963) und mit ihm auch Nathanson (1987), die den menschlichen Affekten ihre Aufmerksamkeit widmeten, sehen nun alle Anzeichen von Kontaktverweigerung, die Spitz aufzählt und als Angst definiert, als typische Merkmale der Grundemotion Scham/Schüchternheit. Gerade anhand dieser Merkmale hat Tomkins die Scham als angeborenen Grundaffekt (innate affect, Nathanson 1987, S. 12) beschrieben, der sich vom ebenfalls angeborenen Grundaffekt der Furcht unterscheidet (vgl. auch Izard 1977). Das würde bedeuten, daß neben oder sogar anstatt der Angst im eigentlichen Sinne die ersten Anzeichen von Scham im Alter von 6–8 Monaten, eventuell noch früher, auftreten.

Nach Spitz ist die Achtmonatsangst auch ein Zeichen dafür, daß der Säugling die Fähigkeit erlangt hat, das Gesicht der Mutter von fremden Gesichtern zu unterscheiden – eine Differenzierungsfähigkeit, deren Beginn von verschiedenen Forschern heute noch früher angesetzt wird. Jedenfalls scheint mir die Angst- oder Schamreaktion des Säuglings einfühlbar zu sein, wenn man bedenkt, daß der Augenkontakt und das Aufeinander-Bezogensein von «Angesicht zu Angesicht» für die Entstehung jeglicher Bindung von entscheidender Bedeutung sind. Der Säugling zeigt normalerweise viel Interesse und Freude, das Gesicht der Mutter zu explorieren. Wenn nun das Kind mit Interesse und Freude sich dem Gesicht der Mutter zuwendet in der Erwartung, dem «Glanz im Auge der Mutter» (Kohut) zu begegnen, und statt dessen plötzlich ein fremdes

Gesicht wahrnehmen muß, so wird diese so interessiert-erwartungsvolle Zuwendung jäh unterbrochen. Dabei zeigt das Kind Reaktionen, die alle Merkmale des Beschämtseins, wie wir es von Erwachsenen kennen, aufweist.

Anhand dieser Beobachtungen stellt Tomkins die Hypothese auf, daß die ersten Anzeichen von Scham, als eines angeborenen Affekts, immer im Zusammenhang mit aktiviertem Interesse auftreten. Auch das Interesse und die Freude gehören zu den angeborenen Affekten, natürlich mit positivem Gefühlston ausgestattet – im Gegensatz zu den negativ getönten angeborenen Affekten, zu denen die Scham zu rechnen ist. Da Auslösung von Scham, nach Tomkins, vorausgehendes Interesse voraussetzt, lautet seine Hypothese, Scham habe primär die Aufgabe, dem Interesse sowie dem Explorationsbedürfnis, das leicht überborden kann, Grenzen zu setzen.

Ich muß gestehen, daß mir diese Hypothese zunächst einige Mühe bereitet hat, erklärt sie doch die ersten Auslöser angeborener Scham mit nichts anderem als mit dem «Lapsus» des Säuglings, ein fremdes Gesicht für das der eigenen Mutter gehalten zu haben. Wir kennen allerdings auch als Erwachsene die Peinlichkeit jener Erfahrung, daß wir jemandem freundlich zuwinken oder auf ihn zugehen, um dann festzustellen, daß es sich um eine Verwechslung handelt. Soll dieses Phänomen wirklich seinen Ursprung in solch frühen Auslösern angeborener Schamaffekte haben? Die Hypothese, daß dem Schamaffekt primär die Aufgabe zufalle, dem Affekt Interesse mit seinem Explorationsverhalten, aber auch der überschäumenden Freude, Grenzen zu setzen, wurde mir plausibler, sobald ich ihre Ähnlichkeit zu Winnicotts Beobachtung der frühkindlichen «Besorgnis» (concern) sah, die sich im gleichen Alter zum ersten Mal manifestiert und die Grundlage bildet zur Reifung sozialer Rücksichtnahme auf andere (Winnicott 1963).

Spitz hat in seinen Untersuchungen auch festgestellt, daß sich die Achtmonatsangst bei einzelnen Säuglingen sehr verschieden auswirkt und auch von größerer oder kleiner Intensität ist. Und somit stellt er die Frage: «Dürfen wir annehmen, daß die Unterschiede des individuellen Verhaltens irgendwie mit dem affektiven Klima zusammenhängen, in dem das Kind aufgewachsen ist?» (Spitz 1965, S. 167 f.). Auch Tomkins sieht es für selbstverständlich an, daß sich – je nach Umwelterfahrung – der angeborene Schamaffekt auf angeborene Reizauslöser zu einem erlernten und mehr generalisiertem Verhalten entwickelt. Von dem Moment an, wo das Kind lernt, das Gesicht der Mutter von dem eines Fremden zu unterscheiden, ist aber nach Tomkins «Scham unausweichlich für jeden Menschen, falls ein Wunsch hinreichend enttäuscht wird, und zwar zu dem Zweck, das Interesse abzuschwächen, ohne es dabei zu zerstören» (Tomkins 1963, S. 185, übers. in Izard 1977, S. 441).

In Ergänzung zu den Beobachtungen von Spitz und den Hypothesen von Tomkins muß zu Recht auch angenommen werden, daß die Angst- oder Schamreaktion des Säuglings nicht nur durch das Gesicht des «Fremden», sondern auch durch das «fremde» Gesicht der eigenen Mutter oder Pflegeperson bedingt sein kann[3]. Auch die «ausreichend gute» Mutter ist eigenen Stimmungen unterworfen, die sie wahrscheinlich daran hindern, dem Kind immer dasselbe vertraute Gesicht zuzuwenden. Dadurch würde der Zusammenhang verständlich, der oft zwischen der Unzuverlässigkeit mütterlichen Spiegelungsverhaltens und der kindlichen Schamanfälligkeit besteht. Wenn die Mutter das freudig angemeldete Interesse des Säuglings nicht aufnimmt und teilt, wirkt ihr Gesicht bis zu einem gewissen Grad «fremd» («befremdend» in unserer Erwachsenensprache!). Die Folge ist Kontaktabbruch, Abgelehnt- oder «Auf-sich-selbst-Zurückgeworfen-Sein» und kann sich als Beschämung auswirken. Letztere muß nicht immer in Worten ausgedrückt werden, um wirksam zu sein.

Damit wird meines Erachtens Tomkins' Hypothese vom Zusammenhang des frühesten Schamauslösers mit der «Fremdenangst» einleuchtender. Wer kennt nicht die Enttäuschung, wenn unsere wichtigsten inneren Anliegen bei nahen Bezugspersonen nicht auf Interesse stoßen, wenn wir also einsam damit zurückbleiben und der Zweifel aufkommt, ob sie überhaupt von Wert sind? In meiner Praxis mache ich die Erfahrung, daß Analysanden ein emotional wichtiges Thema immer dann nicht ansprechen, wenn sie bewußt oder unbewußt befürchten, es könnte mich «befremden» und dadurch «Spott und Schande» auslösen – wenn auch nur untergründig. Andererseits gehört es wesentlich zu unserem Sozialverhalten, «schamlose» Neugierde und triebhaftes Explorationsbedürfnis – auch überschäumende Freude – zu begrenzen, wenn es die Rücksicht auf andere erfordert. Die wenigsten Menschen möchten als aufdringlich, als taktlos neugierig oder als «rücksichtslos das Feld beherrschend» gelten. Für die meisten wäre dies mehr oder weniger beschämend.

Scham und die Organisationsformen des Ichgefühls

Ich glaube, durch diese Ausführungen wurde auch der Jungsche Gesichtspunkt bestärkt, daß Scham als eine Emotion zu bezeichnen ist, die dem menschlichen Wesen in archetypischer Weise inhärent ist. Die Frage aber, wie sie beim einzelnen Menschen in Wirksamkeit tritt, hängt weitgehend vom jeweiligen Selbstbild, der jeweiligen Selbstrepräsentanz ab. Mit anderen Worten: Die individuelle Geschichte des jeweiligen Schamerlebens ist eng verknüpft mit der Entwicklung des Selbst- und Selbst*wert*gefühls. Im biblischen Paradiesmythos taucht Scham zum erstenmal im Zusammenhang mit Bewußtwerdung auf. Es ist die Bewußtwerdung der Abgetrenntheit des eigenen Selbst vom anderen (Eva) und von Gott und hat den Verlust des Paradieses, als ursprünglicher Ganzheit, zur Folge.
Dieses Ereignis entspricht in der kindlichen Entwicklungsgeschichte der Organisationsstufe des «verbalen Ichgefühls» (Stern) und der dazugehörenden Krise im Selbstverständnis. Das Kind vermag es nun, sich selbst im Spiegel zu erkennen.

Damit ist auch die erste rudimentäre Fähigkeit erwacht, sich selbst zum Objekt zu machen, so daß ein «objektives Selbst» entsteht gegenüber dem bloß «subjektiven Selbst» früherer Phasen. Zum ersten Mal erfährt sich das Kind als entzweit und «trauert» um die Ganzheit seines Erlebens (Paradiesverlust). Die volle Fähigkeit zum Schamerleben tritt also zusammen mit der Bewußtwerdung auf, daß das eigene Selbst auch von außen gesehen werden kann. Das «subjektive» Ichgefühl beginnt nun, sich gleichsam ein Bild von sich selbst zu machen und – wenn auch vorerst ansatzweise – eine Einstellung zu dieser Selbstrepräsentanz zu gewinnen. Hierzu gehört, daß in dieser Phase Kinder von sich selbst in dritter Person sprechen und oft auch diejenigen Bewertungen hinzufügen, mit denen sie von ihren Bezugspersonen bedacht wurden. So hört man zum Beispiel ein Kind von sich selbst sagen: «Der Hansli ist lieb oder der Hansli ist bös.» Falls der Hansli «bös» ist, kann es vorkommen, daß das Kind ein Spielzeug, welches «den Hansli» repräsentiert, von sich wegwirft. Der Böse soll abgelehnt und nicht mehr beachtet werden. Hier ist in statu nascendi zu beobachten, wie es kommt, daß Menschen unbewußt oft so mit sich selbst umgehen, wie die wichtigsten Bezugspersonen in ihrer Kindheit mit ihnen umgegangen sind.

Aber auch wenn ein rudimentäres *Bewußtsein* von Scham erst auf der Organisationsstufe des verbalen Selbst aufzutreten vermag, so liegen die Wurzeln der Scham – wie Tomkins wohl zu Recht annimmt – schon im «subjektiven» Ichgefühl früherer Stufen. Bereits auf der Ebene des «Kernselbst», das weitgehend mit den Körperempfindungen zusammenhängt, spielt es eine Rolle, wie wir die frühen Bezugspersonen im Umgang mit den Bedürfnissen unseres Körpers erlebt haben. Je nachdem fühlen wir uns wohl in unserer Körperlichkeit, auch wenn wir weder dem Bild der Venus noch jenem des Adonis entsprechen. Oder – um die extreme Gegenposition zu nennen – wir schämen uns unseres Körpers so sehr, daß wir ihn gar nicht richtig «bewohnen» können. Scham im Bereich des Körperselbst ist bekanntlich weit verbreitet und oft mit verschiedensten seelischen Störungen verknüpft.

Auf der Ebene des «subjektiven Ichgefühls», in der es um gefühlsmäßigen Austausch geht, um das, was Christa Wolf treffend als «Übereinstimmungsglück» bezeichnet hat, ist Schamanfälligkeit weit verbreitet. Wir haben im Zusammenhang mit Tomkins' Hypothese bereits davon gesprochen, daß sich Scham gern dann bemerkbar macht, wenn unser Bedürfnis nach seelenverwandter Zweisamkeit auf Unverständnis oder gar Ablehnung stößt: Wir werden mit unseren Gefühlen, Gedanken und Intuitionen allein gelassen, finden weder Echo noch Spiegelung, fühlen uns «unverstanden» und dadurch entwertet. Folglich schämen wir uns vielleicht, solche Bedürfnisse überhaupt zu empfinden, geschweige denn, sie anderen mitzuteilen. Wenn Scham-Ängste dieser Art zum Dauerzustand werden, bilden sie einen Teil der sogenannten «narzißtischen Kränkbarkeit». Demnach kann wohl die von Narzißmusforschern aufgestellte Hypothese eine gewisse Wahrscheinlichkeit beanspruchen, ein solcher Befund lasse sich darauf zurückführen, daß die frühen intersubjektiven Bedürfnisse nicht einfühlend genug beantwortet wurden, und das Kind sich dadurch emotional verlassen fühlt (Kohut 1971, 1977; Asper 1987).

Selbst im Bereich des «auftauchenden Ichgefühls» sind Schamgefühle zu beobachten[4]. Ich denke da beispielsweise an Menschen, die bei Lernprozessen aller Art Mühe haben, die notwendigen Einzelschritte geduldig zu vollziehen. Statt dessen schämen sie sich, nicht alles bereits zu wissen, und möchten vor sich selbst und der Umwelt möglichst verbergen, daß sie erst am Anfang stehen. Ähnlich wie die Göttin Athene in voller Rüstung dem Haupt des Zeus entsprungen ist, sollten ihre Fertigkeiten von Anfang an ausgewachsen zur Verfügung stehen. Natürlich sind hier oft Größenselbstansprüche auszumachen, es ist aber durchaus möglich, daß solche Entwertungsängste auf ungeduldiges Überfordertsein durch frühe Bezugspersonen hinweisen können.

96

Es ist immer wieder wichtig zu betonen, daß die von Stern be-schriebenen vier Organisationsformen des Ichgefühls, die erst-mals an gewissen Reifungspunkten frühkindlicher Entwicklung in Wirksamkeit treten, letztlich grundlegende Themen unseres Selbstverständnisses ausmachen. Wie erwähnt hängt dieses Selbstverständnis von den frühen Beziehungsmustern ab, und zwar vornehmlich von den Vorstellungen, welche diese Inter-aktionen im Unbewußten hinterlassen haben. Die Vorstellun-gen davon, wie ich in meinem Dasein von andern erlebt und ge-sehen werde, spielen nun gerade in der Schamthematik eine entscheidende Rolle. Im Erleben des Erwachsenen entsteht oft eine Diskrepanz dadurch, daß seine Vorstellungen mit der ak-tuellen Realität nicht übereinstimmen, sind sie doch durch die Interaktionen mit den Figuren der frühen Kindheit geprägt. Besonders bei neurotischer Schamproblematik entsprechen die jeweiligen Vorstellungen des Beschämtwerdens meist nicht der aktuellen Wirklichkeit, was zum Beispiel an Vorgängen der Übertragung im therapeutischen Prozeß deutlich werden kann. Darauf wird noch zurückzukommen sein.

Die Qualität der Zuwendung, die den entscheidenden kind-lichen Bedürfnissen zufließt, ist natürlich von den seelischen Möglichkeiten und der «persönlichen Gleichung» der Eltern-figuren abhängig. Es wird zwischen Kind und Eltern kaum in allem Übereinstimmung herrschen, das wäre auch der Reifung zur Selbständigkeit nicht förderlich. Meist stimmen sie in ge-wissen Bereichen überein, während es in anderen an subtiler Einfühlung mangeln mag. Daraus erwächst die Tendenz zu re-lativer Selbstsicherheit auf manchen Gebieten, beispielsweise im Bereich des Kernselbst und der Körperlichkeit, während sich Gehemmtheit und Schamanfälligkeit auf die Ebene des Austauschs von Gefühlen beschränkt. Oft ist die verbale oder rationale Ebene deutlich betont auf Kosten der Spontaneität im körperlich-instinktiven oder auch im intuitiven Bereich. In-wieweit es dabei um die Entwicklung der natürlichen Begabung oder um Erfüllung elterlicher Präferenzen geht, zeigt manchmal erst eine eingehende Analyse. Mängel in einem Bereich werden aber oft durch Stärken in anderen Bereichen kompensiert. Ein grundlegendes «Ungeliebtsein» in allen Bereichen verursacht ein Grundgefühl des Ausgestoßen- und Ausgegrenztseins, das von intensiver Schamanfälligkeit begleitet ist. Auf diesem Boden entwickeln sich schwerste Pathologien aller Art, wie zum Beispiel vollständige Asozialität oder destruktives Suchtverhalten. Als kompensatorische, sozial akzeptierte Reaktionsbildung wird manchmal Zuflucht und Lebenssinn in großer persönlicher Opferbereitschaft gesucht, was zur Abhängigkeit von einem exzessiven Helfersyndrom führen kann unter dem Motto: «Ich vermag meiner beschämenden Nichtswürdigkeit nur zu entgehen, wenn ich mich für andere aufopfere.» Dies entspricht vielleicht hoch bewerteter christlicher Tugend. Wie bereits an anderer Stelle erwähnt, liegt aber die Schwierigkeit darin, daß der Helfer den Hilfesuchenden dringendst braucht, denn dieser dient dazu, dem Helfer über seine Gefühle beschämender Nichtswürdigkeit hinwegzuhelfen (Schmidbauer 1977). Er ist also vom Hilfesuchenden abhängig, denn ohne ihn verfällt er dem bodenlosen Abgrund seiner Wert- und Sinnlosigkeit. Dies wiederum kann die Auswirkung seiner Hilfsbereitschaft in ihr Gegenteil verkehren.

Die psychoanalytische Schamtheorie nach E. Erikson

An dieser Stelle darf auch die bereits klassische Sicht der kindlichen Schamentwicklung nicht unerwähnt bleiben. Sie beruht auf den Auffassungen von E. Erikson (1950), nach dessen Beobachtung die Entstehung von Scham eng damit verknüpft ist, daß sich das Kind seiner aufrechten und exponierten Haltung bewußt wird. Es fällt dies in eine Entwicklungsphase, die in der Psychoanalyse mit «anal» charakterisiert wird, denn die Reifung des muskulären Systems im Kind versetzt es nun in die Lage, seinen Stuhlgang nach eigenem Willen festzuhalten oder auch loszulassen. Zugleich beginnt es, «auf eigenen Füßen zu stehen», was eine ganze Welt neuer Erfahrungen mit sich bringt. Das Wesentliche dieser Phase sieht Erikson deshalb in der Polarität «Autonomie gegen Scham und Zweifel» (Erikson 1950, S. 245 ff.). Natürlich ist es Aufgabe der Bezugspersonen, das Autonomiestreben des Kleinkindes nach Möglichkeit zu fördern, es aber zugleich gegen sinnlose, zufällige Erlebnisse von Scham und frühem Zweifel zu schützen.

Diese Polarität beinhaltet eine potentielle Gefahr, auf die Erikson zu Recht hinweist. Wenn dem Kind die allmähliche und gelenkte Erfahrung der Autonomie der freien Wahl vorenthalten wird (oder wenn es bereits in der vorhergehenden Phase durch Verlust an Urvertrauen geschwächt ist), so kehrt es all seinen Erkenntnis- und Forscherdrang gegen sich selbst. Es wird sich übermäßig mit sich selber beschäftigen und ein frühreifes Gewissen entwickeln[5]. Statt die Welt der Dinge in Besitz zu nehmen und sie in zielbewußter Wiederholung auszuprobieren, konzentriert sich das Kind zwanghaft auf seine eigenen, sich wiederholenden Körpervorgänge.

Zudem gewinnt das Kind die Erkenntnis, daß es eine Vorder- und eine Rückseite hat. Diese Hinterseite des Körpers, der «Hintern» mit den in ihm lokalisierten Empfindungen, kann vom Kind nicht gesehen werden und unterliegt doch dem Willen der anderen Menschen. Plastisch drückt Erikson die hier oft auftauchenden Gefühle der Scham und des Selbstzweifels aus:

«Der ‹Hintern› ist der dunkle Kontinent des Individuums, eine Körperzone, die von andern magisch beherrscht und erfolgreich zum Gehorsam gezwungen werden kann, von diesen anderen, die die Autonomie des Kindes angreifen und die Eingeweideprodukte, die doch während des Aktes der Verdauung gut und in Ordnung waren, plötzlich als etwas Schlechtes bezeichnen» (Erikson 1950, S. 248).

Erikson weist an dieser Stelle auf Phantasieinhalte hin, welche schamanfälligen Menschen viel Qual bereiten können. Es handelt sich um schamhaftes Grübeln darüber, was man in unkontrollierter Weise gegenüber anderen Menschen «von sich gegeben» haben mag, oder auch Zweifel an dem, was man «hinter sich gelassen hat». Solche Zweifel führen oft zu zwanghaftem Kontrollverhalten. Ich denke dabei an Menschen, die jedes Mal, wenn sie aus ihrer Wohnung gehen, Zweifel haben, ob sie alles in Ordnung zurückgelassen, den Kochherd auch wirklich abgestellt, die Tür richtig verschlossen haben. Manchmal gehen solche Zwangssymptome mit großer Schamanfälligkeit zusammen, aber nicht immer. Befürchtungen mögen sich aber einstellen, daß ich unbemerkt Dinge geäußert haben *könnte,* die mich oder andere peinlich beschämen, und daß ich deshalb einen unangenehmen Eindruck hinterlassen haben *könnte.* Jedes gesprochene Wort und jegliche Interaktion muß ich dann in der Erinnerung nochmals durchgehen und auf verdächtige Zwischen- oder Untertöne abhorchen. Am liebsten würde ich zur Absicherung bei den betreffenden Menschen nochmals anfragen, ob alles noch in gutem Einvernehmen ist und ob ich keinen schlechten Eindruck hinterlassen habe. Aber daran hindert mich meist wiederum die Scham.

Jedenfalls ist auch in Eriksons Sicht die Integration dieser Phase sehr abhängig von der Qualität jeweiliger Interaktion mit den Bezugspersonen. Sie ist entscheidend für das Verhältnis von Liebe und Haß, Zusammenarbeit und Eigensinn, Freiheit der Selbstentfaltung und ihrer Unterdrückung.

«Aus dem Gefühl der Herrschaft über sich selbst ohne Verlust der Selbstachtung stammt ein dauerhaftes Gefühl guten Willens und Stolzes; aus dem Gefühl verlorener Selbstkontrolle und fremder Oberherrschaft erwächst ein dauernder Hang zu Zweifel und Scham» (Erikson 1950, S. 248).

Das Kind in dieser Phase ist besonders anfällig für Beschämung – sei sie bewußt erzieherischen Ursprungs oder die Auswirkung uneinfühlsamer Achtlosigkeit –, denn seine zunehmende Wahrnehmung des eigenen Kleinseins hat an sich schon eine verunsichernde Wirkung. Dieses Gefühl, klein zu sein, entwikkelt sich erst, wenn das Kind zu stehen lernt und sich der Relativität von Größe und Macht bewußt zu werden beginnt.

Scham hängt nach Eriksons Auffassung mit Gesehenwerden zusammen, im Gegensatz zum Schuldgefühl, das dem Hören (ge-horchen und Gehorsam) zugrunde liegt. Der sich Schämende ist den Blicken der Welt ausgesetzt – meist in einem der Situation nicht angepaßten Zustand. Man denke an Scham-Träume, in denen man unvollständig bekleidet, im Nachthemd oder mit nacktem Unterleib dasteht.

Dazu äußert Erikson die bemerkenswerte Hypothese, daß der Schamimpuls, sein Gesicht zu verstecken oder in der Erde zu versinken, eigentlich eine Aggression bedeute, die jedoch gegen die eigene Person gekehrt wird. Der Schamerfüllte möchte eigentlich die Welt zwingen, ihn nicht anzusehen oder seine beschämende Situation nicht zu beachten. Er würde am liebsten die Augen aller anderen zerstören. Statt dessen muß er seine eigene Unsichtbarkeit wünschen. Deshalb kann zu viel Beschämung nicht nur zum Entschluß führen, unentdeckt zu tun, was man will, sondern auch herausfordernde, auf Trotz beruhende Schamlosigkeit hervorrufen. Provokative Schamlosigkeit und exzessiver Trotz können also Reaktionsbildungen gegen übergroße Schamanfälligkeit bedeuten, was nicht zuletzt ein Psychotherapeut im Auge behalten sollte.

In mancher Hinsicht steht Erikson hier auf dem Boden der psychoanalytischen Triebtheorie, die Scham als Reaktionsbildung gegen exhibitionistische Triebe deutet (Anna Freud 1965; Jacobson 1964). Nach dieser Theorie stellen sich Schamgefühle dann ein, wenn der dringende Wunsch, sich vorzuzeigen, vom Gewissen verboten wird. Statt Lustempfindung treten bei sexueller Aktivität Schamgefühle auf, wobei ein gewisser Erregtheitszustand, der mit Scham einhergeht, auf den ursprünglich exhibitionistischen Impuls schließen läßt. Gegenüber dem sich eindringlich meldenden Gewissen fühlt man sich plötzlich beschämt darüber, daß man stolz etwas von sich zeigen will – sei dies nun auf sexuellem oder auch allgemein narzißtischem Gebiet. Dieses Gewissen kann unter Umständen die Stimme strikter Verbote sein, die – aus der Kindheit stammend – immer noch ihre sanktionierende Wirkung ausübt. Oft werden exhibitionistische Impulse als gefährlich erlebt, weil sie einen aggressiv-rivalisierenden Aspekt haben und bei anderen Menschen Vergeltungsgelüste hervorrufen könnten. Indem man auf seine eigenen Verdienste hinweist oder seinen teuren Sportwagen vorführt, könnte man andere taktlos beschämen und deren Neidgefühle wecken. Es gibt Menschen, die unter Schamreaktionen leiden, wann immer sie mit Überzeugung etwas vertreten, sich durchsetzen oder in den Vordergrund stellen wollen. Eigentlich ist in ihnen ein Verbot gegen jegliche Form von Aggression wirksam, sie leiden unter Aggressionshemmung (Miller 1985, S. 33).

In vieler Hinsicht wirkt diese Interpretationsweise überzeugend. Sie beruht auf der ursprünglichen bereits «klassischen» psychoanalytischen Sicht, daß Triebe und Triebschicksale unsere Grundverfassung ausmachen und an der Wurzel unseres sozialen Verhaltens sind. Eine Ganzheitspsychologie hingegen, in der das Selbst und die mit ihm zusammenhängende Entwicklung ins Zentrum der Betrachtung rückt, sieht die Bedeutung exhibitionistischer Wünsche und ihrer Hemmungen im Rahmen der Gesamtpersönlichkeit. Sowohl das Vorzeigen und dementsprechend das Gesehenwerden als auch das Neugierverhalten mit dem entsprechenden Sehen-Wollen machen einen entscheidenden Aspekt unsres Daseins als körperlich-seelische und soziale Wesen aus. Man kann sie als archetypische Verhaltens- und Erlebensmuster bezeichnen, die sich *unter anderem* auch auf sexuellem Gebiet manifestieren und sich dort in entscheidender Weise auswirken. So spricht Kohut von den «narzißtisch-exhibitionistischen» Bedürfnissen des Säuglings und Kleinkindes, die er für die Reifung des Selbst als lebenswichtig ansieht. Sie sollten deshalb von der Mutter mit Einfühlung angenommen, bis zu einem gewissen Grad sogar stimuliert werden.

Zugleich muß schrittweise eine «optimale Versagung» dazu beitragen, daß im Laufe der Entwicklung reale Begrenzungen erfahren und angenommen werden können. Ich möchte hinzufügen, daß Schamgefühle als «Wächter» dieser realen Begrenzungen zu bezeichnen sind. Bei Grenzüberschreitungen machen sie sich unliebsam bemerkbar. Es ist aber, wie erwähnt, wesentlich für die menschliche Selbstentfaltung, daß diese Grenzen nicht allzu eng und starr, sondern flexibel und bis zu einem gewissen Grade modifizierbar sind.

Was also die neurotischen Aggressionshemmungen betrifft, so beruhen sie manchmal auf Angst vor Vergeltung, Angst vor dem «Bestraftwerden». Falls sie aber in Form von Scham-Angst auftreten, handelt es sich wohl um Befürchtungen des Abgelehntwerdens. Sich zeigen oder einen Platz für sich beanspruchen birgt die Gefahr in sich, als aufdringlich angesehen zu werden und damit Ablehnung zu erfahren. Und bei mangelndem Selbstwertgefühl bedeuten kleinste Anzeichen des Abgelehntseins peinigende Kränkung.

Die Sozialisierung im Laufe der kindlichen Entwicklung zeichnet sich dadurch aus, daß der «nackten Wahrheit» kindlicher Phantasien und Bedürfnisse, vor allem deren direktem Ausagieren, Schranken gesetzt werden, die nicht zuletzt dem menschlichen Zusammenleben dienen – was sich unter Umständen aber einschneidend und neurotisierend auf die lebendige Spontaneität des einzelnen auswirkt. Gegenüber der Umwelt benötigt der einzelne jedenfalls ein «Feigenblatt», welches die «Bloßstellung» seiner wahren innersten Gedanken, Gefühle und Impulse mehr oder weniger verdeckt. Die Entwicklung einer «Seelenmaske», einer «Persona» (Jung) ist für die Interaktion zwischen Individuum und Gesellschaft unabdingbar – kann aber zugleich die Quelle schwerer Fehlentwicklung sein.

«Feigenblatt» und «Seelenmaske»

Kommen wir auf den Lendenschurz aus Feigenblättern zurück, der von Adam und Eva erfunden wurde, damit sie mit ihren Schamgefühlen umgehen, sie einigermaßen besänftigen können, so stellt sich auch die Frage: Liegt es nicht nahe, diesen Lendenschurz als Urmuster von dem anzusehen, was Jung «Persona» genannt hat? Körperverhüllungen und Kleider werden, wenn sie zum Beispiel in Träumen auftreten, meist als Symbole der jeweiligen «Persona-Haltung» des Träumers gedeutet. Und somit ist es unumgänglich, sich auf diesen so wichtigen Jungschen Begriff zu besinnen, könnte man die Persona doch geradezu als das Feigenblatt bezeichnen, das unsere «nackte Wahrheit», unsere private Intimität verdecken soll. Sie steht deshalb in engster Beziehung zum Phänomen der Scham, deren kollektive Funktion weitgehend darin besteht, uns vor «peinlichem» Exponiertsein zu schützen. J. Jacobi hat die Persona geradezu als «Seelenmaske» bezeichnet (Jacobi 1971). Wenn man die «Maske fallen läßt», was meist unfreiwillig geschieht (etwa durch überwältigende Affekte im Liebes-, Alkohol- oder Wutrausch), so folgen Schamreaktionen auf dem Fuß. Man hat unter Umständen «sein Gesicht verloren».

«Persona» ist der lateinische Ausdruck für «Maske», und es wird oft angenommen (so auch von Jacobi 1971, S. 44, und Blomeyer 1974), daß sie mit dem Verb «personare» etymologisch verwandt ist, was wörtlich «hindurchtönen» heißt. Diese Deutung hat mit der Vorstellung zu tun, daß hinter der Theatermaske die Stimme des Schauspielers mit all ihren individuellen Nuancen, Modulationen, Vibrationen hörbar ist, das Gesicht aber einen festumrissenen, typischen Ausdruck behält, der persönliches Glück und Unglück nicht verraten darf (Jacobi 1971, S. 44). Leider scheinen aber solch sinnstiftenden Zusammenhänge mit den Forschungen der Etymologie nicht übereinzustimmen, die es für wenig wahrscheinlich hält, daß «persona» = Maske von «personare» abgeleitet ist. Vielmehr bleibt die

Etymologie des Wortes umstritten (vgl. Der kleine Pauly unter «persona»).

Sicher ist jedoch, daß «persona» der lateinische Ausdruck auch für jene Maske ist, welche die Schauspieler bei den Theateraufführungen im antiken Griechenland trugen. Dabei ist zu bedenken, daß die griechischen Tragödien immer einen Mythos thematisieren und nicht von Verwicklungen individueller Menschen aus dem Alltag handeln. (Man denke etwa an Elektra, Iphigenie, Antigone, die Könige Agamemnon oder Ödipus usw.) Die Schauspieler stellten mythische Gestalten dar, was zur Folge hatte, daß ihre Individualität hinter einer Maske verschwinden mußte, die der kollektiven Vorstellung der jeweiligen mythischen Gestalt entsprach. Mit andern Worten: Die Maske akzentuiert das Transpersonale, Überpersönliche und verdeckt das Persönlich-Individuelle. So wuchs der Schauspieler zu der mythischen Gestalt empor, die von ihm erwartet wurde.

Psychologisch versteht man deshalb unter der Persona eine Maske, die einer gesellschaftlich erwarteten «Rolle» angemessen ist. Sie beinhaltet also die Funktionen der Anpassung des einzelnen an seine gesellschaftliche Umwelt. Die Ausübung einer Funktion bedeutet zugleich die Übernahme einer Rolle. Und hier kommen Fragen des Selbstwertgefühls ins Spiel: Welche Rolle spiele ich im Spektakel menschlichen Zusammenlebens? Ist es eine attraktive oder verachtungswürdige, eine Haupt- oder nur eine kleine Nebenrolle, eine «Wurzen», wie es in der Theatersprache heißt? Es gibt Rollen, die hohe narzißtische Befriedigung verschaffen (meist aber auch entsprechende Anforderungen stellen), und solche, die dem Selbstwertstreben viel Frustration abverlangen. Die mehr oder weniger geheimen «Traumberufsphantasien» zeugen oft davon, welche Rollen einem Menschen jeweils am attraktivsten erscheinen. Dabei können wir immer wieder beobachten, wie Menschen in ihrer Rolle – besonders wenn sie Selbstwert und Würde verleiht – förmlich aufgehen. Wir sagen dann, jemand sei ein *typischer*

Pfarrer, Diplomat, Doktor, Universitätsprofessor, Star oder eine *typische* Lehrerin oder Primadonna. Wir alle haben mehr oder weniger bewußte Vorstellungen, in welcher Rolle wir am vorteilhaftesten erscheinen, und ziehen uns eine Maske an, hinter der wir die uns unvorteilhaft erscheinenden Züge vor der Umwelt (oftmals auch vor uns selbst) zu verbergen trachten.

Der Persona haftet also etwas Fragwürdiges, etwas mehr oder weniger «Verlogenes» an, sie ist ein Begriff mit negativem Beigeschmack, obwohl ihn Jung als wertneutral verstanden wissen wollte. Jedenfalls war es nicht seine bewußte Absicht, mit der Bezeichnung Persona einen negativ bewerteten Begriff zu prägen. Für die Anpassung an die Außenwelt ist sie von hoher Lebensnotwendigkeit, sie verkörpert eine Funktion, die zum menschlichen Dasein gehört, die aber in die Gesamtheit der Persönlichkeit richtig eingeordnet werden muß.

Es ist undenkbar, daß wir unser tägliches Leben ohne Persona bemeistern könnten. Zu ihr gehören auch die kollektiven Spielregeln, die uns hundert individuelle Entscheidungen abnehmen. Da es zum Beispiel bei der Begrüßung eines Menschen selbstverständlich ist, ihm die Hand zu geben und dazu «Guten Tag» zu sagen («Grüezi» in der Schweiz), müssen wir uns nicht jedesmal neu überlegen, wie wir Kontakt aufnehmen sollen. Es stehen uns Konventionen zur Verfügung, die Persönliches nicht völlig zu verdecken brauchen. Es gibt immer individuelle Unterschiede des Tonfalls, der Art des Händedrucks und jener Ausdruckssignale, die Nähe und Distanz entsprechend regeln. Die Körpersprache, welche konventionelle Interaktionen begleitet, ist oft durchaus beredt. Auch ist nicht zu vergessen: Die Persona dient nicht nur dem Schutz der eigenen Intimität, indem sie nach Möglichkeit verhindern soll, daß unsere innersten Gedanken und Gefühle uns stets am Gesicht abzulesen sind; sie dient auch dem Schutz der Mitmenschen, denn diese könnten durch unsere rücksichtslose Offenheit unter Umständen in ihrer eigenen Intimität verletzt werden. Nur «Kinder und Narren» sagen die Wahrheit, da ihre Persona nicht oder noch nicht den gesellschaftlichen Erwartungen gemäß entwickelt ist. Als Erwachsene sind wir oft genötigt, unsere wahren Gedanken hinter gesellschaftlichen Notlügen zu verbergen. Auch unsere jeweiligen Stimmungsschwankungen gehen meist die Umwelt nichts an, sind für andere höchstens belastend. «Lache mit den Fröhlichen und weine mit den Traurigen» – dies gebietet eine gewisse Rücksichtnahme auf die Gefühle unserer Mitmenschen. Auch benötigen wir eine gewisse Höflichkeit, die uns und unserer Umwelt das Leben erleichtert. Kurz, wir können nicht stets vollkommen ehrlich sein und spontan so handeln, wie es uns im Innersten zumute wäre. Kinder werden im Laufe des Sozialisierungsprozesses zur Entwicklung einer adäquaten Persona erzogen. Sie sind erst gesellschaftsfähig, wenn sie ihre Nacktheit hinter dem entsprechenden Lendenschurz zu maskieren verstehen. Man muß wissen, wie man sich jeweils zu benehmen hat, sonst macht man sich unbeliebt oder gar lächerlich.

Es ist also wesentlich, der Persona den ihr entsprechenden Platz einzuräumen. Falls sie – sei es bewußt oder unbewußt – unseren psychischen Haushalt zu stark dominiert, verkümmert der Bezug zur seelischen Lebendigkeit. Schein und Sein werden verwechselt, die im Selbst gründende individuelle Persönlichkeit wird einer Fassade geopfert. Falls sie hingegen nicht genügend entwickelt und differenziert ist, besteht die Tendenz, überall «anzuecken», sich unbeliebt zu machen und sich vielleicht entsprechend isoliert oder auch minderwertig zu fühlen. Es ist dann, als ob der Lendenschurz nicht richtig «sitzt» oder/ und fehlerhaft geflochten ist. Ist dies der Fall, so fühlt er sich meist unbequem an, beeinträchtigt das eigene Wohlbefinden und gibt erst noch allzu viel «Anstößiges» dem Blick Außenstehender frei.

Nur mühsam läßt sich unser individuelles Wesen mit den sozialen Bedürfnissen und Anforderungen in Einklang bringen, denn grundsätzlich besteht eine Konfliktsituation. Die Persona kann somit nichts anderes sein als «ein Kompromiß zwischen In-

dividuum und Sozietät über das, ‹als was einer erscheint›»
(Jung, GW 7, § 246, S. 166). Und ein Kompromiß hat leicht
etwas Verdächtiges, moralisch Anrüchiges.

Nach Jolande Jacobi muß eine gut funktionierende Persona
dem harmonischen Zusammenwirken von drei Faktoren Rechnung tragen. Es handelt sich um «a) körperliche und seelische
Konstitution», «b) Ichideal: was man gerne sein, wie man gerne
aussehen und wirken möchte», und «c) Ideal der Umwelt, von
der man gerne in dieser und jener Form gesehen und angenommen werden möchte bzw. was die Umwelt erwartet» (Jacobi
1971, S. 54).

Natürlich kennen wir alle das Bestreben, möglichst das *Ichideal,* das Wunschbild unserer selbst, der Umwelt zu präsentieren. Dies kann aufdringlich oder subtil geschehen, wobei
immer die Gefahr lauert, die Maske für das eigene Gesicht zu
halten. Mit Scham reagieren wir leicht dann, wenn hinter der
Persona Züge zum Vorschein kommen, die nicht zu diesem idealen Selbstbild passen, ist es doch eine Binsenwahrheit, daß zwischen dem Idealselbst und dem realen Selbst – zu dem immer
auch der Schatten gehört – ein Spannungsverhältnis besteht.

Um den *Erwartungen der Umwelt* zu entsprechen, müssen wir
einen Sinn für die uns zugewiesenen Rollen entwickelt haben,
was nicht immer selbstverständlich ist: Wir entwickeln ja, wie
erwähnt, von früher Kindheit an Vorstellungen, sogenannte
«Repräsentanzen», die aus den Interaktionsmustern mit den
nahen Bezugspersonen entstehen. Der «andere» mit seinen Erwartungen an uns ist in gewisser Weise bereits ein Teil unserer (oft unbewußten) Innenwelt, und so ist es oft alles andere
als selbstverständlich, die Erwartungen der Umwelt deutlich
genug von den eigenen Erwartungen zu unterscheiden. Zumindest besteht die Neigung, verinnerlichte Erwartungen von
seiten unserer Kindheitsfiguren auf Erwartungen unserer
heutigen Umgebung zu projizieren. Daraus entsteht eine Diskrepanz zwischen Erwartungshaltungen, die nur unseren eigenen Vorstellungen entsprechen, und den realen Erwartungen

unserer Umwelt. An einer solchen Problematik leiden manchmal Menschen, die aus einer niedrigeren Sozialschicht in eine höhere aufgestiegen oder vom Land in die Stadt umgezogen sind. Die Unsicherheit bezüglich der Erwartungen der neuen Umwelt erzeugt oft eine entsprechende Scham-Angst, sich gesellschaftlich «daneben» zu benehmen. Im allgemeinen steckt hinter der Gehemmtheit im Umgang mit anderen Menschen die Befürchtung, daß Initiative und Spontaneität bei der Kontaktaufnahme deplaziert und damit peinlich wirken könnten, was real in vielen Fällen nicht zutrifft. Das heißt allerdings nicht, daß ein Diktat kollektiver Erwartungen, das den einzelnen Menschen auf seine berufliche Rolle festzulegen und in seiner persönlichen Freiheit einzuschränken trachtet, nie der Wirklichkeit entspräche: Ein Pfarrer, ein Universitätsprofessor, ein exponierter Politiker kann sich manche «menschlichen Schwächen» nur im geheimen erlauben; bürgerliche Behäbigkeit paßt wenig zu einem Künstler; hingegen wird exzentrisches Verhalten von einer Diva des Films oder der Bühne geradezu erwartet.

Wesentlich für eine günstig wirkende Persona ist der dritte von Jacobi erwähnte Faktor, nämlich die Berücksichtigung der *psychischen und physischen Konstitution*. Dabei handelt es sich – wenn wir beim Bild bleiben wollen – um unsere hinter dem Feigenblatt versteckte Natur, und es ist ja wichtig, daß der jeweilige «Schurz» unserer Konstitution angemessen ist. Dies setzt eine gewisse Bewußtheit der eigenen seelischen und körperlichen Bedingtheiten voraus, also auch ein ausreichendes Maß an Selbsterkenntnis und Selbstkritik. Wenn dieser Faktor aus irgendwelchen Gründen nicht berücksichtigt ist, trägt der Betreffende eine unechte Personahaltung zur Schau – was der Umgebung meist auffällt. Es entsteht bei solchen Menschen der Eindruck, daß sie sich nicht so geben, wie sie wirklich sind. Sie spielen eine Rolle, die sie nicht wirklich ausfüllen können, wollen einen «Typ» darstellen, der ihren Wunschphantasien, nicht aber ihrem wirklichen Sosein entspricht. Im Theater spricht man diesbezüglich von Fehlbesetzung, was sich ohne weiteres auch auf unser alltägliches Lebenstheater übertragen läßt. Selbstverständlich darf das Eigentliche unseres Wesens auch in den sozialen Beziehungen nicht zu kurz kommen, sonst sind wir nur «maskenhaft», nur mit dem «falschen Selbst» (Winnicott) beteiligt. Oder wir sind nur fremdbestimmt, richten uns stets darauf ein, was andere von uns erwarten.

Jacobi ist der Ansicht, die Persona entwickle sich normalerweise erst von der Pubertät an (Jacobi 1971, S. 57). Falls Kinder bereits durch Personahaltungen auffielen, so bedeute das entweder bloß eine spielerische Nachahmung Erwachsener oder «sonst eine neurotische Zwangsjacke, die das allzu wohlerzogene, allzu reinliche Kind bedrückt» (Jacobi 1971, S. 57). Ich bin mit Blomeyer (1974, S. 22 ff.) der Meinung, daß die Persona zwar in der Pubertät eine zusätzliche geschlechtsspezifische und allgemein entwicklungsbedingte Akzentuierung erfährt, daß ihre Wurzeln aber schon in die früheste Kindheit reichen.

Ob es von Jung eine glückliche Namensgebung war, die Anpassungsfunktion an die Außenwelt als Maske zu bezeichnen, bleibe dahingestellt. Es hat zur Folge, daß mit Persona meist nur Verhaltensweisen assoziiert werden, die mit öffentlichen oder gesellschaftlichen Rollen einhergehen, und es wird zu Recht übel vermerkt, wenn jemand sich auch in nahen Beziehungen «personahaft» gibt, das heißt, auf Kosten seines eigentlichen Wesens nie aus einer bestimmten Rolle herauskommt. Jedoch spielen wir in unserem Beziehungsgeflecht immer eine «Rolle», und sei es diejenige von Liebenden, von Ehegatten, von Mutter, Vater, Freund, Lehrer, Therapeut, Patient, Schüler usw. Es kommt aber darauf an, ob das eigentliche unserer Individualität diesen Rollen ihre einmalige Gestalt zu geben vermag, während die kollektive Maske nur bei dringendstem Bedarf übergestülpt zu werden braucht. Allerdings steckt die Rolle einen gewissen allgemein anerkannten, zumindest bekannten Rahmen, innerhalb dessen auch die jeweils persönlichsten und intimsten Interaktionen stattfinden können. Rollenkonfusionen, in denen sich ein Ehegatte etwa als Therapeut aufspielt, die Mutter die Geliebte des Sohnes sein will oder die Tochter sich als Gattin des Vaters phantasiert, verursachen stets Beziehungsschwierigkeiten. Wir können auch in unseren privatesten Beziehungen aus einer jeweiligen Rolle kaum vollständig austreten. Hingegen sind wir grundsätzlich imstande, die Rollen in einem echt individuellen Sinn zu gestalten und uns nicht notwendigerweise hinter einer Kollektivmaske zu verbergen.

Persona (C. G. Jung) und falsches Selbst (D. W. Winnicott)

In jedem Fall ist die Entwicklung der Persona stets ein Teilaspekt des kindlichen Sozialisierungsprozesses, und in diesem Zusammenhang mag die Frage von Interesse sein, inwiefern sich die Persona mit dem von Winnicott aufgestellten Konzept des «falschen Selbst» deckt (Winnicott 1960). Nach Winnicott entwickelt sich ein «falsches Selbst», wenn die mütterliche Beziehungsperson nicht fähig genug ist, die Bedürfnisse des Säuglings zu spüren und auf sie einzugehen. Der Säugling ist dadurch gezwungen, sich auf die «Geste» der Mutter einzustellen, sich allzu früh ihr anzupassen.

«Durch dieses falsche Selbst baut der Säugling ein falsches System von Beziehungen auf, und mit Hilfe von Introjektionen kann es sogar Echtheit vortäuschen, so daß das Kleinkind aufwächst und genau wie die Mutter, das Kindermädchen, die Tante, der Bruder werden kann oder wie derjenige, der zu diesem Zeitpunkt im Vordergrund steht» (Winnicott 1960, S. 191).

Zugleich hat das falsche Selbst auch eine positive Funktion von großer Wichtigkeit, indem es sich den Umweltforderungen fügt, vermag es das wahre Selbst zu verbergen und vor Verletzungen zu schützen.
Nach Winnicott gibt es eine ganze Skala von Ausprägungen des falschen Selbst. Am einen, bereits pathologischen Ende steht

ein falsches Selbst, das sich vom wahren Selbst der «spontanen Geste» vollständig abgespalten hat, woraus ein Gefühl innerer Leere resultiert. Am anderen Ende der Skala sieht Winnicott den gesunden Menschen, und es ist für unser Thema der Persona interessant, was Winnicott in bezug auf das wahre und falsche Selbst an dieser Stelle schreibt:

«Das wahre Selbst hat [beim gesunden Menschen, M. J.] ebenfalls einen Aspekt des Sich-Fügens, nämlich eine Fähigkeit des Säuglings, sich zu fügen *und* sich nicht preiszugeben. Die Fähigkeit zu Kompromissen ist eine Leistung. In der normalen Entwicklung ist das Äquivalent zum falschen Selbst das, was sich im Kind zu *sozial akzeptiertem Verhalten* entwickeln kann, etwas, was anpassungsfähig ist. Beim Gesunden stellt das soziale Verhalten einen Kompromiß dar» (Winnicott 1960, S. 195). Hier fügt Winnicott noch etwas sehr Entscheidendes hinzu: «Zugleich wird jedoch beim Gesunden in *entscheidenden Fragen* diese Kompromißfähigkeit nicht mehr zugelassen. In diesem Fall kann sich das wahre Selbst über das gefügige Selbst hinwegsetzen.»

Sowohl Jung wie Winnicott betonen die Kompromißhaftigkeit des sozialen Verhaltens, während ihre jeweiligen Konzepte der Persona bzw. des falschen Selbst nicht vollkommen identisch sind. Das falsche Selbst steht *nur* für die anpasserische Gefügigkeitshaltung zum Schutz des wahren Selbst, wobei es den Bezug zur spontanen Lebendigkeit überhaupt verlieren kann. Das Konzept des falschen Selbst wird also vorwiegend im pathologischen Sinne gebraucht. Sobald es um die Entwicklung des Selbst beim gesunden Menschen geht, spricht Winnicott von dessen Äquivalent, nämlich dem «sozial akzeptierten Verhalten». In Jungs Auffassung ist die Persona keineswegs pathologisch an sich – ganz im Gegenteil. Nur die Identifikation des Ichs mit der Persona wirkt sich pathologisch aus, insofern dies auf Kosten der Beziehung zur seelischen Lebendigkeit geht. Es ist mir aber besonders wichtig zu betonen, daß solche Persona-Identifikation eine Entstehungsgeschichte hat, welche fast immer derjenigen des falschen Selbst gleichkommt. Das heißt für den Therapeuten, daß sie weder durch gutes Zureden noch durch Moralisieren behoben werden kann, sondern oft tiefer Analyse der Kindheitswunden bedarf.

Was nun die Scham betrifft, so steht sie mit der Persona in engem Zusammenhang, bewirkt doch jegliche «Durchlöcherung» der Persona und folglich jede «Blöße», die man sich gibt, eine mehr oder weniger intensive Schamreaktion. Immer wieder muß betont werden, wie entscheidend es ist, daß uns die Persona nicht vom Gefühl der eigenen echten Bedingtheiten abschneidet. Dank diesem Gefühl vermögen wir in verschiedenster Umgebung (einigermaßen) «wir selbst» zu bleiben, zumindest zu «uns selbst» zurückzufinden, falls – um ein Beispiel zu nennen – unser Geltungsstreben durch die Erwartungen der Umgebung allzu intensiv angeheizt wurde und damit zu destruktiver Selbstentfremdung beigetragen hatte. Dieses Gefühl ist es auch, das selbstkritisch jene Situationen registriert, in denen unsere Persona unkontrolliert «autonom» wird, sich zum Beispiel mit unverdautem Wissen brüstet oder sich sonst aufsässig in den Vordergrund zu spielen sucht. Das Ausleben solcher Bedürfnisse mag von uns selber mit Beschämung wahrgenommen werden. Noch größer ist wahrscheinlich die Scham, wenn uns solche Arroganz von anderen vorgehalten wird. Persona hat nun einmal mit der Frage zu tun: Was denkt man von mir, in welchem Licht werde ich gesehen, werde ich von anderen Menschen ernst genommen, als Person respektiert? Falle ich zu sehr «aus dem Rahmen»? Und falls ich aus dem Rahmen falle, werde ich als überdurchschnittlich bewundert oder für unpassend lächerlich befunden? Wenn eine Frau beispielsweise ein «ausgefallenes» Kleid trägt, kann es – wenn es ihr besonders gut steht – Bewunderung und Nachahmung finden. Falls es allzu «besonders» sein will und nicht natürlich genug wirkt, wird es auch abwertendes Geflüster hervorrufen. Dasselbe kann auch «ausgefallenen» Ideen jeglicher Art zustoßen.

Ich habe in meiner Praxis immer wieder feststellen müssen, wie sehr die Kleiderfrage mit dem Selbstwertgefühl zusammenhängt. Manchmal, besonders bei Frauen, wirft diese Frage Probleme auf. Symbolisch gesehen sind Kleider Ausdruck von Persona-Aspekten und treten im Traum meist in dieser Bedeutung auf. Sie sind von großer Aussagekraft, denn sie erzählen beredt davon, wie man sich selber sieht und von andern gesehen werden möchte, auf welche Weise man sich zur Geltung oder eben nicht zur Geltung bringen kann oder will. So muß man sich nicht nur seiner ungeschützten Nacktheit oder Offenherzigkeit wegen vor anderen schämen. Solche Gefahr lauert immer auch dann, wenn die Hüllen als unpassend befunden werden. Bei empfindlicher Schamanfälligkeit mag man sich hinter der Persona verstecken, aber das Versteck ist nicht unauffindbar, der Schutz nur relativ, denn Persona-Identifikation kann realistisches Selbstwertgefühl nicht ersetzen.

Varianten des Schamerlebens

Der «Minderwertigkeitskomplex»

Der sogenannte «Minderwertigkeitskomplex» steht mit Scham-Angst im engsten Zusammenhang. Es lohnt sich deshalb, dem umgangssprachlich weit verbreiteten Begriff des Minderwertigkeitskomplexes einige Überlegungen zu widmen. Er beruht auf der Vorstellung, daß ich in entscheidenden Sektoren meiner Person von minderem Wert bin (zum Beispiel zu häßlich, zu unintelligent, zu unbegabt, zu klein, zu dick, zu unbeliebt etc.). Solche Vorstellungen sind von Gefühlen starker Unzufriedenheit mit sich selbst, ja oft sogar von einem Stück Selbsthaß begleitet. Neid und Eifersucht spielen eine Rolle. Wir sind neidisch auf all diejenigen, die vom Schicksal anscheinend bevorzugt wurden. Es besteht ein Drang, sich ständig mit anderen zu vergleichen – vor allem mit denen, die wir als hoch überlegen erleben. Diese Überlegenen schauen – so meinen wir – verachtend auf uns herunter, geben sich «von oben herab», was unangenehmste Schamreaktionen hervorrufen kann. Um solch beeinträchtigenden Gefühlen wie Neid, Eifersucht und Scham zu entgehen, stellt sich als Abwehr oft eine sogenannte «Idealisierung» ein. Wenn ich den anderen in unerreichbare Höhe emporstilisiere, kann ich seine Überlegenheit akzeptieren. Ich kann ihn bewundern – ist er in seiner Besonderheit doch nun jenseits des Konfliktfeldes, in dem sich die (oft nur phantasierte) Rivalität um die überlegene Position abspielt. Offene Rivalität ist bei Menschen mit schwereren Minderwertigkeitskomplexen öfters mit Scham verknüpft. Sich in Rivalität überhaupt einzulassen, könnte anmaßende Selbstüberschätzung offenbaren, und somit werden Rivalitätsgefühle meist schamhaft versteckt.

Wie müßte man aber sein, um dem beschämenden Gefühl der Minderwertigkeit Abhilfe zu schaffen? Darauf gibt es meist nur Teilantworten, zum Beispiel: Wenn ich nur nicht so gehemmt wäre, wenn ich überlegener, attraktiver, intelligenter, schlanker wäre, nicht eine solch häßliche Nase oder so unreine Haut hätte, dann...! Hinter solch faßbaren Verbesserungswünschen steht meist das ideale Wunschbild seiner selbst, das in seiner Vollständigkeit schwer zu ermitteln ist. Nur die schamverursachende Diskrepanz zwischen dem Wunschbild, dem man entsprechen möchte, und der Vorstellung eigener Unzulänglichkeit wird erlebt. An gewissen Projektionen kann dieses Wunschbild manchmal erfaßt werden. Die Idealisierung dient nicht immer der Abwehr – manche Menschen projizieren ihr Ich-Ideal auf andere, was oft vom Wunsch begleitet ist, in deren Haut zu schlüpfen, zumindest so zu sein wie sie.

Woher kommt aber der Maßstab, an dem ich meinen Wert oder Minderwert messe? In Zuständen von Minderwertigkeit beansprucht dieser Maßstab selbstverständliche Gültigkeit, wird als wertende Instanz fraglos akzeptiert. Mir scheint es wichtig, diesen Beurteilungsmaßstab jeweils genauer unter die Lupe zu nehmen, denn er ist meist das Ergebnis der vielfältigsten, im Laufe der kindlichen Entwicklung verinnerlichten Interaktionsmuster. Wie wir später sehen werden, ist es Aufgabe der Psychotherapie, diese wertend-entwertende innere Instanz zu relativieren, indem ihre Verkoppelung mit den Werthaltungen früher Bezugspersonen erhellt und nach Möglichkeit aufgelöst wird.

In vielen Fällen entspricht aber diese Wertungsinstanz nicht nur den verinnerlichten Werthaltungen der Eltern. Häufig trifft man auf den Einfluß des Größenselbst, vor allem dann, wenn ein gewisser Perfektionismus vorherrscht, mit dem Grundgefühl: «Was immer ich bin, kann, leiste, ist eigentlich nie gut genug.» Das Streben nach Vervollkommnung steigert sich dann zu höchster Intensität, wird aber auch leicht durch minimalste Enttäuschungen vollkommen blockiert. Der kleinste Mangel, der in Erscheinung tritt, wird als beschämend erlebt. Man fällt in ein abgrundtiefes Loch durch Entmutigung und den Verlust des Selbstwertgefühls und schämt sich wiederum des größenwahnsinnigen Anspruchs, überhaupt etwas Vollkommenes erreichen und vorzeigen zu wollen.

Hier wäre auch zu fragen, ob dem Minderwertigkeitsgefühl immer nur die überfordernden Ansprüche der inneren Bewertungsinstanz zugrunde liegen. Könnte es sich nicht auch um das Bewußtsein realer Unzulänglichkeiten handeln, um Selbsterkenntnis, die vielleicht positive Lernprozesse in Gang zu setzen vermag? Wo liegt eigentlich der Unterschied zwischen einem Minderwertigkeitskomplex und dem unter Umständen beschämenden Gewahrwerden «wirklicher» Minderwertigkeit? Wo liegt, mit anderen Worten, das Maß dieser Dinge?

Die analytische Psychologie Jungs ist der Überzeugung, daß wir das uns jeweils bekömmliche Maß letztlich in uns selber tragen. Wir können es, falls wir hinzuhören verstehen, gleichsam als «Stimme» aus dem inneren Selbst vernehmen und können ein Gespür dafür entwickeln, wann und ob «es für uns stimmt». Diese Stimme ist allerdings meist leise und wird oft erst nach manchem «Versuch und Irrtum» vernehmbar.

In praktischer Hinsicht ist es günstig, verschiedene Bedeutungsmöglichkeiten unserer Minderwertigkeitsgefühle zu umkreisen und auch die Träume nach Möglichkeit miteinzubeziehen. Dabei stellt sich oft heraus, daß die Wahrnehmung gewisser minderwertiger Aspekte unserer Persönlichkeit durchaus auch Realität beanspruchen kann. Ob es sich um einen Minderwertigkeitskomplex im eigentlichen Sinne handelt, entscheidet sich an der Einstellung gegenüber solcher Erkenntnis und an der Wertigkeit, die wir den eigenen körperlichen, begabungsmäßigen oder auch charakterlichen Unzulänglichkeiten beimessen.

Zum Charakteristikum eines Komplexes gehört es, daß er

weite Teile des psychischen Erlebens magnetisch anzuziehen und unter seine «Dominanz» zu zwingen vermag (Jung 1939; Jacobi 1957; Kast 1980). Das heißt mit anderen Worten: Wir nehmen nicht nur auf schmerzliche Weise unsere Begrenztheiten und Unzulänglichkeiten wahr und versuchen, solche Mängel zu verbessern, zu verarbeiten oder uns mit ihnen zu versöhnen. Darüber hinaus zieht die Wahrnehmung eines bestimmten Mangels die gesamte Grundstimmung in ihren Bann. Vielleicht ist es auch so, daß sich eine selbstquälerische Grundstimmung gewisse reale Persönlichkeitsmängel aussucht, um das Gefühl vollständiger Minderwertigkeit zu «begründen». Komplexe haben eine archaische Wurzel und vermitteln deshalb, wenn sie im Erleben dominant werden, ein Gefühl des Alles oder Nichts. Die Wahrnehmung gewisser Unzulänglichkeiten führt dann zum Gefühl totaler Minderwertigkeit, aus dem eine große Schamanfälligkeit erwächst.

Bekanntlich hat C. G. Jung eine Typologie der Einstellungsmöglichkeiten (Extraversion und Introversion) und der Funktionen des Bewußtseins (Denken, Fühlen, Intuieren, Empfinden) erarbeitet (Jung 1921, GW 6). Dabei kam er zu der Feststellung, daß wir zwar zur Lebensbewältigung all diese Einstellungen und Funktionen benötigen, daß wir sie aber nie gleichwertig entwickeln können. Wir entwickeln meist diejenige Funktion, die am meisten unserer natürlichen Begabung entspricht, als sogenannte «Hauptfunktion» zusammen mit einer «Nebenfunktion». Eine der vier Funktionen bleibt jedoch relativ schwach entwickelt und undifferenziert und wird von Jung als unsere je «minderwertige Funktion» bezeichnet.

Inwiefern Jungs Typenlehre, so wie er sie formuliert hat, heute noch haltbar ist, braucht hier nicht zur Diskussion zu stehen. In unserem Zusammenhang ist mir aber das Konzept der «minderwertigen» Funktion wichtig. Es grenzt unzulängliches oder minderwertiges Verhalten und Funktionieren auf einen psychischen Teilbereich ein. So ist die Feststellung vielleicht zu verkraften, daß messerscharfe Logik nicht meine Stärke ist, daß ich im Schachspiel ständig verliere oder am Computer beschämend dumm dastehe, wenn ich weiß, daß Denken meine minderwertige Funktion ist. Meine Hauptfunktion wird demnach das Fühlen sein und meine Stärke darin liegen, daß ich die Dinge differenziert zu bewerten und die jeweiligen Proportionen zu erspüren vermag. Auch habe ich wahrscheinlich eine spezielle Begabung des Einfühlungsvermögens.

In Partnerschaften ist manchmal folgendes zu beobachten: Partner A fühlt sich seinem Partner B gegenüber im Hintertreffen, weil er immer an den beobachtbaren Tatsachen und den konkreten Dingen kleben bleibt, während sein Partner B sofort das Hintergründige, die verborgenen Dimensionen der Menschen und ihrer Ideen und Verhaltensweisen zu erfassen scheint. Dafür hat sein Partner B ausgesprochen Mühe, sich im Hier und Jetzt zu orientieren, seine Zeit zu organisieren und Ordnung in sein Leben zu bringen. Diese Funktionen werden dann an Partner A delegiert, da sie dessen Stärke ausmachen. Hier trifft ein Mensch mit «minderwertiger» Intuition (Partner A) auf einen Partner mit «minderwertiger» Empfindung (Partner B), während Partner A seine Empfindung und Partner B seine Intuition differenziert einzusetzen vermag – ihre jeweilige Hauptfunktion.

Diese etwas allzu typisierten Beispiele mögen genügen. Wichtig dabei ist, daß Schwächen und Unzulänglichkeiten innerhalb des Persönlichkeitsganzen eingegrenzt werden können. Das bedeutet keineswegs, daß die minderwertige Funktion nicht wirklich beschämende Situationen verursachen kann, sondern daß wir oftmals an ihr zu leiden haben. Auch schließt dies umgekehrt nicht aus, daß Jungianer diese Theorie zu den billigsten Ausreden mißbrauchen können, wobei «die minderwertige Funktion» jede Taktlosigkeit, Unzuverlässigkeit oder Dummheit zu entschuldigen hat.

Nun kann sich die minderwertige Funktion zu einem Minderwertigkeitskomplex ausweiten, dem das Selbstwertgefühl vollständig zur Beute fällt. Ich denke in diesem Zusammenhang an eine junge Frau, die an einer gravierenden Selbstwertstörung litt. Unter anderem gründete diese Störung auch darin, daß sie ein ausgesprochen introvertiert-intuitiver Mensch war, der in einer Welt von Ahnungen, Phantasien und Bildern lebt. Bei ihrer entsprechend «minderwertigen» Empfindung war es für sie als heranwachsendes Mädchen schwierig gewesen, den Haushalt exakt genug zu versehen und jedes Körnchen Staub auf den Möbeln zu beachten, das es zu wischen galt. In einer echt schweizerischen Familie wird aber ein perfekt sauberer Haushalt als höchster Wert angesehen, und es wäre die Quelle erniedrigender Beschämung, wenn Besucher eine diesbezügliche «Sau-Ordnung» feststellen könnten. Mit dieser Einstellung wurde aber meiner Patientin von früh an das Leben schwer gemacht. Man bestrafte sie und schimpfte sie eine dumme Gans, die «nicht einmal» den Staub auf den Möbeln sehen könne und die bei solcher Dummheit auch niemals einen Mann finden werde. Ihr spezifischer Phantasiereichtum und ihre Fähigkeit zu beschaulicher Tiefe wurden als Verträumtheit und Weltfremdheit kritisiert. Es ist folglich kein Wunder, daß sie später an destruktiver Selbstablehnung und an einem ausgewachsenen Minderwertigkeitskomplex litt und ständig von Schamgefühlen gequält war.

Wenn also im Elternhaus diejenigen Verhaltensweisen, die bei dem Kind die minderwertige Funktion ausmachen, in hoher Geltung stehen und die differenzierte Funktion des Kindes entsprechend abgewertet wird, wenn zum Beispiel eine akademisch ausgerichtete Familie die feine Gefühlsdifferenzierung oder die aufs Praktische ausgerichtete «Empfindungs»-Begabung nicht schätzt und auf akademische Denkleistungen eingeschworen ist, so kann dies zu Schwierigkeiten bei der Identitätsfindung und zu Selbstwertstörungen führen.

Jedenfalls ist mit dem Minderwertigkeitskomplex eine starke Schamanfälligkeit verknüpft, die nach Abhilfe ruft. A. Adler, von dem dieser Terminus ursprünglich stammt, hat angenommen, daß intensives Geltungsstreben oder ausgeprägte Gel-

tungssucht als «Überkompensation» des Minderwertigkeitskomplexes anzusehen sind, als Reaktionsbildung also gegen
die quälenden Gefühle, sich seiner Minderwertigkeit unendlich
schämen zu müssen. In der Terminologie moderner Narzißmus-
theorie entspricht dies einer Identifikation mit dem Größenselbst, was als «narzißtische Grandiosität» imponiert. Allerdings besteht immer die Gefahr, daß eine solche Grandiosität
durch geringste Kränkungen wie ein Kartenhaus zusammenfällt. Der tiefste Abgrund der Scham kann in solchen Fällen
dadurch abgewehrt werden, daß der Betroffene sich in Wut und
Ärger steigert über die Unverschämtheit jener, die seine Grandiosität in Frage zu stellen wagen. In «Stunden der Wahrheit»
mag sich bei ihm vielleicht jene Scham einstellen, die nach
Aristoteles ein Abweichen von eben jener «reinen» Wahrheit
signalisiert. Er kann, mit anderen Worten, sich seiner Inflation
bewußt werden und sich ob der Vorspiegelung übertriebener
Wunschillusionen schämen – vielleicht in heilsamer Weise.
Ein anderer Versuch, dem Minderwertigkeitskomplex und der
Gefahr ständiger Beschämung zu entgehen, besteht im Rückzug von menschlichen Kontakten. Man versteckt sein Minderwertigkeitsgefühl hinter einer Form von Persona, welche auf
die Umgebung abweisend, kühl und distanziert wirkt. Manche
Menschen, die unter einer solchen Problematik leiden, sind
dann baß erstaunt, daß sie als stolz und herablassend eingestuft
werden und entsprechend unbeliebt sind, denn dieses Urteil
entspricht so ganz und gar nicht ihrem subjektiven Erleben von
Minderwertigkeit und Scham-Angst. Sie geraten in einen Teufelskreis der Gefühle, aus dem sie oft keinen Ausweg finden:
Ich muß mich davor schützen, daß andere Menschen meine
wahre Nichtswürdigkeit sehen, denn dies würde mich in boden-
lose Beschämung stürzen. Ich wäre dann für alle Zeiten abge-
schrieben, gemieden und verachtet. Der Umstand aber, daß
diese Scham-Angst mich zwingt, Kontakte möglichst zu vermeiden, isoliert mich wiederum von anderen Menschen. Anscheinend will niemand etwas mit mir zu tun haben, was Beweis

genug ist für die Geringschätzung meiner Person. Und je mehr ich mich minderwertig fühle, um so mehr schäme ich mich auch vor den Blicken anderer Menschen. Ein solcher Teufelskreis kann manchmal nur durch Psychotherapie mehr oder weniger modifiziert werden.

Im Gegensatz zu dem soeben beschriebenen Zustandsbild gibt es Menschen, die – um es pointiert auszudrücken – mit ihrem Minderwertigkeitskomplex gleichsam «hausieren» gehen. Sie erzählen jedem, der es hören oder auch nicht hören will, von ihren Schwächen. Auch dies ist eine aus innerer Not geborene Abwehrform, in der sich möglicherweise die Hoffnung verbirgt, gerade wegen solch ehrlicher Selbstkritik von anderen geschätzt zu werden. Möglicherweise hoffen sie auch, von anderen zu hören, daß alles gar nicht so schlimm sei, wie sie es sich vorstellen – im Gegenteil. Wesentlich dabei ist die meist unbewußte Absicht, durch Offenlegung wunder Stellen andere daran zu hindern, in beschämender Weise den Finger darauf zu legen. Dadurch behalten sie die Kontrolle, und indem sie zeigen, daß sie sich ihrer Minderwertigkeiten bewußt sind, bieten sie anderen keine Angriffsfläche.

Von hier ist es nicht mehr weit zu einer weiteren Abwehrform des Minderwertigkeitskomplexes, dem Bedürfnis nämlich nach ständiger Selbstkontrolle und Selbstbeobachtung. Man muß sich ständig kontrollieren und beobachten, damit keine beschämenden Blößen zum Vorschein kommen.

Dabei ist zu sagen, daß ohne Selbstkontrolle soziales Zusammenleben undenkbar wäre und daß Bewußtwerdung weitgehend auf Selbstbeobachtung beruht. Gerade die analytische Psychotherapie und die Analyse fördert die Fähigkeit, das Augenmerk auf sich selber und seine inneren Regungen zu richten. Es gibt aber Menschen, die wie unter Zwang stehen, sich unablässig beobachten zu müssen. Eine derartige Kontrolle blockiert jegliche Spontaneität und verursacht die verschiedensten Formen der Gehemmtheit, was vom «inneren Beobachter» erneut übel vermerkt wird. Man schämt sich seines

Gehemmtseins und versucht vielleicht mit einiger Forschheit, dies zu kompensieren. Meistens befindet man sich aber in einer Eskalationsspirale: Die zwanghafte Selbstbeobachtung bewirkt Gehemmtheit, die Gehemmtheit wiederum Scham, und daraus folgt verstärkte Beobachtung mit entsprechender Gehemmtheit.

Wie früher erwähnt, entsteht die Fähigkeit zur Selbstbeobachtung auf der Organisationsstufe des «verbalen Ichgefühls» zusammen mit der Wahrnehmung, daß das eigene Selbst auch von außen, das heißt von anderen Menschen gesehen werden kann. Für Menschen, die im Minderwertigkeitskomplex befangen sind und unter einer Art Beobachtungszwang leiden, ist es bezeichnend, daß ihr «innerer Beobachter» unweigerlich intolerant kritisch ist und einen stark entwertenden Einfluß ausübt. Das so entwertete Selbst ist zugleich den Blicken anderer ausgesetzt, und es hat die Vorstellung, von diesen anderen beobachtet und (minder)bewertet zu werden. Es ist, als ob es gezwungen sei, sich selber ständig von außen zu sehen.

Ein ausübender Musiker kam in Analyse, weil er unter starker Podiumsangst litt, was den Einsatz seiner spieltechnischen Mittel und vor allem seine musikalische Ausdruckskraft in unerträglicher Weise beeinträchtigte. Die nähere Analyse seiner inneren Verfassung ergab, daß er, sobald er auf dem Podium stand, von der Frage absorbiert war, welchen Eindruck er wohl auf das Publikum mache, auf welche Weise sein Spiel wohl aufgenommen und sein Auftritt gesehen werde. Dadurch konnte er nicht «bei sich» bleiben und war in seiner Konzentration auf das zu interpretierende Musikwerk empfindlich gestört. Natürlich war seine Selbstbeobachtung (die zugleich als Beobachtetsein durch das Publikum phantasiert wurde) von unerbittlicher Strenge, und bei der kleinsten Unebenheit wäre er vor Scham am liebsten im Boden versunken. Und je mehr er sich schämte, desto gehemmter wurde sein Spiel und desto größer auch die Qualvorstellung, als Versager dazustehen. Schließlich wurde öffentliches Auftreten zur Tortur für ihn. Sein psychisches Problem bestand also darin, daß der phantasierte «andere» (das Publikum in seiner abwertenden Strenge) zu übermächtig war und das Selbst einschüchterte und völlig lähmte. Es war wie ein Zwang, den andern als entwertend zu phantasieren und sich davon kleinmachen zu lassen.

An sich ist aber kritische Selbstbeobachtung von entscheidender Wichtigkeit, wofür gerade das öffentliche Musizieren ein Paradebeispiel abgibt. Der Meistercellist Casals sprach in diesem Zusammenhang vom «dédoublement», welches im Musiker während des Auftretens stattfinden müsse.

«Selbstvergessen an die Musik hingegeben, bleibe er doch gleichzeitig wachsam und im Besitze seiner selbst, auf daß der Bewegungsapparat stetsfort gelöst bleibe, ökonomisch arbeite und nicht krampfhafte Anstrengungen die Verwirklichung des musikalischen Ausdrucks stören und vereiteln» (von Tobel 1945, S. 30 ff.).

Casals spricht von wachsamer Selbstkontrolle, wobei auch der Zuhörer in seiner Vorstellung eine Rolle spielt, indem dieser ein wahrhaftes Musikerlebnis erwarte. Im Gegensatz zu meinem Analysanden scheint aber Casals genügend darauf zu vertrauen, daß er solche Erwartung zu erfüllen vermag.

Ganz allgemein ist zu sagen, daß der Zwang zur Selbstbeobachtung erst in Gegenwart anderer einsetzt. Man verliert den Bezug zur eigenen Spontaneität, weil man in seiner Vorstellung sich gleichsam mit den Augen anderer sieht. Man fühlt sich also unweigerlich den Blicken anderer ausgesetzt, die meist als kritisch-abwertend phantasiert werden. Ein junger Mann, der unter einer solchen Minderwertigkeitsproblematik litt, klagte immer wieder darüber, daß andere für ihn «viel zu wichtig» seien, er stelle sich immer viel zu sehr auf die anderen ein und werde dadurch unsicher. Es dauerte lange, bis er zu realisieren vermochte, daß diese «anderen» Projektionen seiner eigenen selbstentwertenden Impulse sind.

Ich hoffe, damit einige wesentliche Gesichtspunkte zur inneren

Dynamik des Minderwertigkeitskomplexes und der damit verbundenen Schamanfälligkeit zur Diskussion gestellt zu haben.

Peinlichkeitsgefühle und Schamlust

Wir kommen nun zu Schamreaktionen, die nicht unbedingt einem Minderwertigkeitskomplex entspringen, sondern damit zu tun haben, daß die jeweilige Schamgrenze durch Unkontrolliertheiten, die «jedem passieren könnten», überschritten wird. Die Rede ist hier von jenen Situationen, die uns in «Verlegenheit bringen», die uns «peinlich» sind. Solche Schamreaktionen sind meist vorübergehend und werden dadurch verursacht, daß Anteile der eigenen Person, «die niemanden was angehen», plötzlich ungewollt sichtbar werden. Dies kann durch Fehlleistungen geschehen oder durch unvorsichtiges Reden in erregtem oder «angeheitertem» Zustand, wobei einem Dinge «entschlüpfen», die man, nüchtern betrachtet, nicht äußern wollte. Zum Beispiel macht jemand über die Arbeit eines erfolgreichen Kollegen eine ungerecht einseitige, negativ kritische Bemerkung. Er stellt nachträglich fest, daß dabei sicherlich auch sein Neid mitgespielt hat, was ihm unangenehme Peinlichkeitsgefühle verursacht. Er würde sich wohler fühlen, hätte er nur sofort seine Kritik mit einer humorvoll leicht hingeworfenen Bemerkung versehen wie: «Sicher spricht auch der blanke Neid der Besitzlosen aus mir.» Er hätte zwar vielleicht die andern auf seinen Neid aufmerksam gemacht, ihn aber mittels Humor abgeschwächt und wenigstens gezeigt, daß er selber darum Bescheid weiß. Jedesmal wenn er nun an die drei Menschen denkt, die seine Kritik gehört haben, beschleicht ihn das «peinlich» schamhafte Gefühl, in deren Augen als Neidhammel dazustehen. Es bleibt ihm nichts anderes übrig, als gegenüber diesem Schattenanteil in sich selbst Toleranz aufzubringen und zu akzeptieren, daß vielleicht auch andere ihn wahrnehmen konnten.

Je enger und rigider Schamgrenzen den Freiheits- und Bewegungsraum einschränken, desto eher versuchen die nicht zugelassenen Aspekte aus dem Unbewußten sich zu manifestieren. Ich denke zum Beispiel an eine äußerst distinguierte Dame, die, wenn sie zu Gast war, jeden Krümel, den ihr herzlich jovialer Gatte auf den Tisch fallen ließ, sofort diskret entfernen mußte. Offensichtlich war ihr vor den Gastgebern die «Unordentlichkeit» ihres Gatten äußerst peinlich. Eines Abends passierte ihr aber beim Abschied ein Mißgeschick, das sie in unsägliche «Verlegenheit» brachte. Sie hob ihre blütenweiße Handtasche auf, wobei sich ein ungewollter Schwenker ergab, der ausgerechnet die noch halbvolle Rotweinflasche traf. Erbarmungslos ergoß sich deren Inhalt über Tischtuch, Kleid und Teppich. Etwas Schlimmeres hätte dieser Frau offensichtlich nicht passieren können. Der Gastgeber spürte die Peinlichkeit der Situation und versicherte ihr wiederholt, daß so etwas schon öfters passiert sei und daß der Teppich genügend Unempfindlichkeit gegenüber Weinflecken aufweisen würde. Auch unter diesen Umständen wahrte sie mit eisernem Willen ihre Haltung, nur ihr Erröten war nicht zu verbergen.

Trotz diesem für die Betroffene so «peinlichen» Ereignis konnten die Gastgeber nicht umhin, sich heimlich ins Fäustchen zu lachen. Es war, als ob sich das Unbewußte dafür gerächt hätte, daß sich diese Frau in einem so engen, mit Scham umgebenen Gehäuse befand, in das sie auch ihren Gatten einzusperren suchte. Für sie war dieses Ereignis wie ein Einbruch in das Gefüge ihrer Selbstachtung. Um einen solchen Einbruch zu verarbeiten, wäre einiger Humor vonnöten und die Einsicht, daß darin auch ein Sinn liegen könnte, daß nämlich durchaus Tendenzen in ihr wirksam sind, die nach einem Mehr an innerer Freiheit streben.

Oftmals steckt hinter dem Gefühl von Peinlichkeit ein Konflikt. So mag zum Beispiel jemand einerseits heimlich den Wunsch hegen, gewisse Aspekte von sich zu zeigen, zumindest «durchblicken» zu lassen. Andererseits ist dieser Wunsch gehemmt durch die Scham-Angst, dies könnte ihm als reine Zeigelust, als eine Art Exhibitionismus ausgelegt werden. Man denke in diesem Zusammenhang an ein pubertierendes Mädchen, dessen Brüste sich – für alle sichtbar – entwickeln. Kann es darauf stolz sein, oder ist ihm das Gefühl, durch diese Veränderung Aufmerksamkeit auf sich zu ziehen, peinlich? Will es in diesem Zustand gesehen oder lieber nicht beachtet werden? Oder ein pubertierender Junge stellt sich beim gemeinsamen Duschen «zufällig» so hin, daß seine ersten Schamhaare möglichst sichtbar werden – die Zeichen sich entwickelnder Männlichkeit, auf die er im geheimen stolz ist. Zugleich ist ihm dieser Zeigewunsch aber peinlich. In beiden Fällen erwächst peinliche Ambivalenz aus der Unsicherheit, wie solche Neu-Entwicklung bewertet und der eigenen Person integriert werden kann und wie man damit in den Augen der Umwelt dasteht.

Gerade in Dingen der Körperlichkeit und der sexuellen Anziehung spielt die früher erwähnte archetypische Nacktheitsscham eine Rolle, auch wenn sie jeweils – dem Zeitgeist und dem familiären Klima entsprechend – modifiziert ist. Selbst unter Erziehungsbedingungen, die Nacktheit «natürlich» nehmen und dem Sexuellen gegenüber aufgeschlossen sind, ist Schamgefühl kaum zu vermeiden. In gewissen Situationen wird sich bei Pubertierenden das bekannte Erröten doch manifestieren, es ist aber oft der Ausdruck einer Scham, die durchaus mit etwas Lustvollem durchmischt ist. Man könnte hier direkt von Scham-Lust reden. Es ist wohl diese Schamlust, die dem Bereich der Liebe und der Sexualität vielfach das Prickelnde verleiht. Zwar kann Scham die Freude am Liebesleben schwer mindern, während Trieblust in grober Weise die Schamgrenzen zu verletzen vermag (am krassesten bei Vergewaltigungen aller Art). Es gibt aber viele Situationen im Liebesleben, wo Schamgefühle etwas zugleich Lustvolles haben. Umgekehrt kann rein triebhafte Lust durch gewisse Scham «vermenschlicht», das heißt an direktester Befriedigung gehindert und auf Phantasie, Gefühl und Einfühlung umgelenkt werden.

Natürlich spielt Schamlust nicht nur im Liebesleben ihre Rolle. Sie kann sich auch dann manifestieren, wenn man plötzlich unvermutet in den Mittelpunkt rückt, alle Blicke auf sich gerichtet spürt, etwa wenn man in einer Gesellschaft plötzlich mit Komplimenten bedacht oder aufgefordert wird, eine Rede zu halten. Dies ist vielleicht peinlich und hat doch einen narzißtischen Kitzel, wenn es gelingt, sich halbwegs «aus der Affäre zu ziehen». Die «betretene Verlegenheit», mit der wir oft auf Bewunderung und direktes Lob reagieren, hat sicherlich Schamlust-Qualität: Wir sind peinlich berührt und zugleich hocherfreut. Die Schwierigkeit liegt darin, daß unsere Reaktionen von anderen beobachtet werden und daß wir vermeiden wollen, als eitel oder narzißtisch zu gelten. Menschen, die gewohnt sind, direkte Bewunderung für ihre Person oder ihre Leistung in Empfang zu nehmen, haben meist eine mehr oder weniger formelhafte Redewendung: «Ich freue mich, daß ich Ihnen nicht mißfalle.» Oder: «Es ist immer angenehm, Komplimente zu hören.» Erfolgsgewohnheit mindert die Schamlust – aber auch den narzißtischen Prickel beim Erleben unerwartet enthusiastischer Zustimmung.

Schamlust weist also auf Ambivalenz hin, auf eine Mischung von «ja» und «nein». Ich möchte in meiner körperlichen Nacktheit, im Glorienschein meiner Verdienste, meines Reichtums oder meiner Begabungen gesehen und bewundert werden, fürchte aber zugleich, dies Bedürfnis könnte zu offensichtlich sein und mögliche Beschämung nach sich ziehen. Der Wunsch und die Freude, sich zu exponieren, könnte auf andere peinlich und deplaziert wirken. Manchmal überwiegt der lustvolle Wunsch, und man exponiert sich trotz unterschwelliger Schamgefühle, manchmal wirkt Scham verhindernd, und man zieht sich ins Schneckenhaus zurück.

Letztlich ist es auch hier entscheidend, wie weit ich mich selbst mitsamt meinen Schattenseiten anzunehmen vermag; dementsprechend vermindert oder steigert sich meine Angst, unliebsam durchschaut zu werden oder einen peinlichen Lapsus zu begehen, der mich lächerlich macht und in den Augen der Umwelt entwertet.

Gefühle von Erniedrigung

Die Gefühle von Erniedrigung werden als gravierender erlebt als die Gefühle von Peinlichkeit, Verlegenheit oder gar Schamlust. Ihr Ursprung liegt oft darin, daß die menschliche Würde von übermächtigen «anderen» in grober Weise mißachtet oder verletzt wurde. Man ist zum Beispiel Opfer einer körperlichen oder seelischen Vergewaltigung geworden, wobei die Wutreaktion, die normalerweise der Verteidigung des eigenen Selbstwertes dient, ohnmächtig bleiben mußte. Statt dessen stellt sich tiefe Scham ein; man schämt sich unermeßlich, weil man sich erniedrigt und beschmutzt fühlt und sich vorstellt, auch bei seiner Umgebung Verachtung hervorzurufen, die höchstens oberflächlich durch Mitleid getarnt ist. Dies ist wohl der Grund dafür, daß so viele Frauen Vergewaltigungserlebnisse lieber verschweigen. Sie wollen nicht vor anderen als erniedrigte und beschmutzte Opfer dastehen und sich bodenlos dafür schämen müssen (vgl. auch Wirtz 1989).

Auch überlebende Insassen von Konzentrationslagern kennen diese entsetzliche Scham Gezeichneter, die unsägliche Erniedrigungen auf sich nehmen mußten. Die meisten von ihnen sind gezwungen, ihr Gefühl qualvollster Erniedrigung tief in sich zu verbergen, ja abzuspalten, um überhaupt noch am normalen Leben teilnehmen zu können. Was immer die bleibenden psychischen Schädigungen solch entmenschlichender Traumata ausmachen, die unermeßliche Scham wird höchstens durch das Wissen kompensiert, daß man, als von finsterster Barbarei Verfolgter, zumindest in allerbester Gesellschaft und Schicksalsgemeinschaft ist und war.

Erniedrigung kreist um Erfahrungen von Macht und Ohnmacht. Man wird von mächtigen Oberen «nieder»gedrückt und «unter»drückt. Unter Umständen kommt es zu Autonomieverlust, man steht in der Verfügungsgewalt anderer, wird zu einer Art «Sklave». Ob ein solcher Verlust an Autonomie und Freiheit des Subjektseins als beschämende Erniedrigung empfunden wird, hängt weitgehend davon ab, wieviel Wert dieser Freiheit gegeben wird. Autonomie und Entscheidungsfreiheit bedeuten ja auch belastende Selbstverantwortung. Der Delegation solcher Verantwortung an Mächtige, die «es besser wissen», kann das Ich durchaus auch zustimmen, und das Bedürfnis, sich von anderen abhängig zu machen, wird nicht notwendigerweise als Erniedrigung empfunden. Es ist eine Tatsache, daß unsere Autonomie immer begrenzt ist. Wir sind immer auch abhängig, nicht nur von anderen Menschen, sondern auch vom Zustand unserer Gesundheit, von unserem jeweiligen «Schicksal» und nicht zuletzt von den Kräften des Unbewußten. Wir tun gut daran, uns möglichst bescheiden diesen Kräften zu öffnen und nachzuforschen, was sie von uns «wollen».

Beziehung zwischen dem Ich und dem Unbewußten heißt allerdings nicht, daß sich das Ichbewußtsein mit seiner Entscheidungsfreiheit zum Ausführungsorgan unbewußter Wirkkräfte macht. C. G. Jung hat zu Recht von «Auseinandersetzung» mit dem Unbewußten gesprochen und nicht von blinder Gefolgschaft. Er faßte das Unbewußte als «Natur» auf, die jenseits von Gut und Böse sei. Daher wird Wachheit des Bewußtseins gefordert. «Der Mensch behält sich einen Nachsatz vor, sogar gegenüber dem göttlichen Ratschluß. Wo wäre denn sonst seine Freiheit? Und wo ihr Sinn, wenn sie nicht imstande wäre, ihren Bedroher zu bedrohen?» (Jung/Jaffé 1962, S. 223 ff.). Mir scheint es wesentlich, die Freiheit des Ichbewußtseins gegenüber dem Unbewußten nach Möglichkeit zu bejahen und zu stützen. Wir benötigen diese Freiheit, um möglichst flexibel mit der Frage umgehen zu können, auf welche Weise die Phantasien und Impulse aus dem Unbewußten zu verstehen sind. Gerade Jung selber war in seiner eigenen «Auseinandersetzung mit dem Unbewußten» beispielgebend für diese Haltung. Hätte er nicht die Kraft und die Entschlossenheit gehabt, seine überwältigenden Erfahrungen aus dem Unbewußten auf der symbolischen Ebene zu erfassen und zu leben, wäre er vielleicht zu einem «Künstler» geworden (wie es ihm eine «Anima»-Figur immer wieder eingeben wollte) oder – schlimmer noch – zu einem Missionar und Sektengründer. Es war ihm aber möglich, immer wieder zu fragen, was diese ihn bedrängenden Inhalte für sein Leben und sein Sosein im Hier und Jetzt bedeuten. Er behielt sich also stets einen «Nachsatz vor».

Dies zu betonen ist mir wichtig, weil die Gefahr besteht, durch Idealisierung des Unbewußten leicht dessen Gefährlichkeit zu übersehen. Gerade der vom Unbewußten ausgehende Drang nach Sinnfindung, nach Lebenserfüllung, nach Hingabe an Größeres, Transpersonales, der heute viele Menschen erfüllt und dem die offiziell tradierten Religionen keine Befriedigung mehr bieten, projiziert sich gern auf verschiedenste Sekten und deren fanatische Führer. Der Fundamentalismus ist im Vormarsch, nicht nur im Islam, sondern auch im Christentum. Man kann sich nun an den Buchstaben halten und an diejenigen, die in unerschütterlicher Überzeugung die «Wahrheit» verkünden und in ihrem Namen Macht und Unterwerfung beanspruchen. Freiheit und Autonomie werden abgetreten im Austausch für Sicherheit, die Sicherheit nämlich zu wissen, «woran man sich nun halten kann». In unserer – potentiell vielleicht fruchtbaren – Krise des Wertezerfalls versprechen solche religiös oder pseudoreligiös sich gebenden Gruppierungen das Heil. Der einzelne, der solchen Versprechungen Glauben schenkt, hat subjektiv allerdings nicht das Gefühl, sich dadurch zu erniedrigen oder erniedrigt zu werden. Die Preisgabe der Freiheit seines kritischen Denkens und der Autonomie seiner Selbstverantwortung geschieht anscheinend «freiwillig» und im Namen eines höheren Ideals. Letztlich sind es aber Urbedürfnisse nach Sinnfindung, die sich aus dem Unbewußten melden und – aus welchen Gründen auch immer – Verführungen solcher Art ein allzu offenes Ohr leihen. Natürlich sollen damit nicht alle auf religiösen oder quasireligiösen Ideen beruhende Vereinigungen in denselben Topf geworfen werden. Entscheidend für ihr ethisches und geistig-religiöses Niveau scheint mir aber gerade der Grad der Freiheit zu sein, den sie den einzelnen Mitgliedern zur Kritik und Hinterfragung einzuräumen bereit sind.

In diesem Zusammenhang wäre ein weiterer Exkurs interessant über die Frage, was es wohl bedeutet, daß im Christentum an einen Erlöser geglaubt wird, der zutiefst erniedrigt, bespuckt, gegeißelt und ans Kreuz genagelt wurde. Ist das nicht von den Vertretern der Kirche, im Bunde mit den Mächtigen, so ausgelegt worden, daß die höchste Tugend in der Unterwerfung, in der Preisgabe des autonomen Denkens, in der Demut und im Gehorsam bestehe? Wurde nicht von den Obrigkeiten der Kirche und des Staates verkündet, daß es christlicher Tugend entspreche, das auferlegte Kreuz der Armut und Entmündigung zu tragen, während Zweifel, Infragestellung und Rebellion vom Geist des Teufels eingegeben seien und statt himmlischer Erlösung ewige Verdammnis (bereits schon auf dieser Erde!) mit sich bringe? Auch dies scheint mir ein fundamentalistisches, der Obrigkeit allerdings willkommenes Mißverständnis religiöser Inhalte zu sein. Denn auf symbolischer Ebene sind Leiden und Kreuzigung Christi von tiefster Bedeutung, was unter anderen C. G. Jung in seinen religionspsychologischen Studien aufzuzeigen suchte (Jung 1951, GW 9 II). Andererseits hat die Ideologie der Erniedrigung und des unkritischen Gehorsams das christliche Abendland nicht davon abgehalten, die Andersgläubigen und «Heiden» mit Feuer und Schwert zu vernichten, zu versklaven und brutal ihrer menschlichen und religiösen Würde zu berauben. Die heute unlösbar scheinenden Probleme der «dritten Welt» haben hier ihren Ursprung.

Um nochmals auf die Kräfte des Unbewußten zurückzukommen, die letztlich stärker sind als der unserem Ichbewußtsein zur Verfügung stehende (sogenannt freie) Wille, möchte ich noch folgende Überlegungen zu bedenken geben: Solange uns aus dem Unbewußten Energien zufließen, die vom Ichbewußtsein bejaht bzw. als «ichsynton» erlebt werden, sind wir mit gutem Recht darauf stolz, wir fühlen uns inspiriert, «im Schwung», kraft- und energiegeladen. Beschämung und Erniedrigung treten nur dann ein, wenn wir gegen unseren Willen, gegen unser besseres Wissen und Wollen von den Kräften des Unbewußten besiegt werden. Deshalb haben neurotische Symptome, wie intensive Ängste, Zwänge etc., die unsere freien Intentionen einschränken, eine so beschämende Wirkung. Auch Süchte, denen wir immer wieder gegen unseren Willen «unter»liegen, vermögen unser Selbstwertgefühl in erniedrigender Weise zu untergraben. Bei Alkoholikern werden nach Trinkexzessen die Schamgefühle oft so unerträglich, daß sie mit neuen Alkoholmengen wieder «hinuntergespült» und verdrängt werden müssen.

Gefühle von Erniedrigung und Scham beruhen aber oft auch auf subjektiver Überempfindlichkeit. Harmlose Bemerkungen oder kleinste Unachtsamkeiten von seiten der Umgebung können als demütigend erlebt werden, sobald sie eine Selbstwertwunde berühren. Auf solche Kränkung reagieren dann manche Menschen mit Beleidigtsein, Wut oder Rachegelüsten. Andere werden sich der Unverhältnismäßigkeit ihrer Reaktion bewußt, was unter Umständen ihr Schamgefühl noch verstärkt. Denn die Erkenntnis, daß man gezwungen ist, «aus einer Mücke einen Elefanten zu machen», ist dem Selbstwertgefühl nicht gerade förderlich. Menschen, die sich dauernd von anderen gekränkt und erniedrigt fühlen, sind zudem nicht sehr beliebt. Dabei ist in Betracht zu ziehen, daß scheinbare Lappalien, die als kränkend und entwertend erlebt werden, oft Neuauflagen wirklicher, in der Kindheit erfahrener Erniedrigungen sind. Andererseits ist es für einen Tiefenpsychologen schwierig, nur dann von Gefühlen des Erniedrigtseins zu sprechen, wenn sie bewußt als solche erfahren werden. Oft sind sie, dank ihrer Unerträglichkeit, vom Bewußtsein vollständig abgespalten. Manchmal ist es anscheinend nur für Außenstehende evident, daß sich Menschen in einer erniedrigenden Situation befinden. Sie selber scheinen es nicht wahrzunehmen, nicht bewußt darunter zu leiden, und es ist somit schwierig und sogar fragwürdig, ihnen dafür «die Augen öffnen» zu wollen. Zum Beispiel war es in der von Intellektuellen ausgehenden 68er Bewegung ein zentrales Anliegen, den Menschen, vor allem den Arbeitern, bewußt zu machen, wie sie vom Kapitalismus ausgebeutet und erniedrigt werden. Dem neutralen Betrachter stellte sich die Frage, ob es dabei wirklich um Bewußtmachung eines den Arbeitern offensichtlich unbewußten Tatbestandes ging oder um das Anfachen von Unzufriedenheit, die der menschlichen Situation – wie immer wir es drehen und wenden – überhaupt inhärent ist. Bekanntlich war diese «Bewußtmachung» nicht von Erfolg gekrönt.

Es ist auch schwierig zu entscheiden, ob man sich zum Beispiel aufklärend in Paarbeziehungen einmischen will, in der es ein Partner anscheinend selbstverständlich zuläßt, vom andern dominiert und emotional ausgebeutet zu werden. Dies gilt auch für kritische Interpretationen gegenüber Mitgliedern von Gruppierungen und Institutionen, in denen dem einzelnen «Kadavergehorsam» abverlangt wird. Denn subjektiv kann dies für den Betroffenen ein Bedürfnis nach «Hingabe» an etwas Höheres bedeuten. Wer will sich anmaßen, von außen zu unterscheiden, ob es sich jeweils um eine sinnstiftende Lebensaufgabe handelt oder um die Preisgabe der Eigenverantwortung und Überkompensation der dazugehörenden Schamgefühle?

Natürlich ist es entscheidend, daß solche Bindungen freiwillig eingegangen werden, daß eine solche Wahl freiwillig erfolgt. Aber was heißt für die Psychologie des Unbewußten «freiwillig»? Gibt es nicht unbewußte, vielleicht destruktive Motivationen, die sich dem «freien Willen» gleichsam von hinten aufdrängen?

Der Masochismus

Die Dinge komplizieren sich noch durch die Tatsache, daß erniedrigende Unterwerfung als starkes Bedürfnis empfunden werden, ja lustbetont sexualisiert sein kann. Unter Umständen entsteht sogar Hörigkeit gegenüber Menschen oder Gruppierungen, die einen so richtig erniedrigen, beschämen, quälen. Außenstehende – oft auch der Therapeut – mögen sich darüber empören und möchten die Betreffenden aus solch entwürdigenden Verkettungen befreien. Aber alle Befreiungsversuche sind zum Scheitern verurteilt, solange die Erniedrigung zugleich ein lustbetontes Bedürfnis ist, sei dies bewußt oder unbewußt.

Bekanntlich wird solche Lust, Schmerzen, Qual und Erniedrigungen zu erleiden, seit Krafft-Ebing als Masochismus bezeichnet (Krafft-Ebing 1892). Diese Bezeichnung bezieht sich ursprünglich auf sexuell stimulierende Wünsche, als «Sklave» einer «Herrin» oder eines «Zuchtmeisters» Qual, Fesselung, Erniedrigung zu erleben, williges Objekt sadistischer Impulse zu sein. Nicht jegliche Form masochistischen Verhaltens zeigt sich allerdings auf der sexuellen Ebene, aber es besteht immer ein – oft unbewußter – Wunsch, erniedrigtes Opfer zu sein und Schmerzen zu erleiden.

Ich möchte hier auf ein interessantes historisches Dokument hinweisen, das uns in luzider Weise Aufschluß über die Entstehung sexuellen Masochismus gibt, nämlich die Konfessionen von J. J. Rousseau (1961, Die Bekenntnisse, übertragen von A. Semerau). Rousseau schildert, wie den körperlichen Züchtigungen, die er als Knabe von der Erzieherin über sich ergehen lassen mußte, «dem Schmerz und der Schande selbst so viel Sinnlichkeit beigemischt» war, daß er dauernd versuchte, neue Züchtigungen zu provozieren. Und er fügt bei:

«Wer sollte glauben, daß diese Züchtigung eines Kindes, mit acht Jahren von der Hand einer Dreißigjährigen empfangen, über meine Neigungen, meine Begierden, meine Leidenschaften, über mich selbst für den Rest meines Lebens entschieden hat?» (Rousseau 1961, S. 19).

Später war er oft wie besessen von dem Wunsch, Mädchen seinen nackten Hinterteil entgegen zu strecken, damit er die lustbetonte Züchtigung erfahren könne.

Aus seiner Lebensgeschichte wissen wir, daß die Mutter an seiner Geburt gestorben ist. «Ich kostete meiner Mutter das Leben, und meine Geburt war mein erstes Unglück» (Rousseau 1961, S. 9). Sein Vater schien unter dem Verlust seiner Frau schwer gelitten zu haben und war in der Beziehung zu ihm voll Ambivalenz. Einerseits glaubte er, in seinem Sohn die geliebte Frau wiederzusehen, und andererseits konnte er nicht vergessen, daß es sein Sohn war, der sie ihm genommen hatte.

Daß es sich bei Rousseaus Masochismus um unbewußte Selbstbestrafung zur Wiedergutmachung der Schuld am Tod der Mutter handelte, scheint mir eine plausible Interpretation zu sein. Schmerzen und Erniedrigungen zu ertragen bedeutete auch, die Liebe der Mutter wiederzugewinnen. Ist es allzu spekulativ, dieses Muster auf Rousseaus späteres Wirken als Schriftsteller und Denker zu übertragen? Er provozierte die Umwelt unter anderem damit, daß er alles, was «Mutter Natur» ist und bedeutet, weit über die Errungenschaften der Zivilisation stellte. «Alles ist gut, wie es aus den Händen des Schöpfers der Dinge hervorgeht; alles entartet unter den Händen des Menschen» (Rousseau 1958, S. 11). Anscheinend fühlte er sich geliebt, wenn er für sein «Zurück zur Natur» Haß und Erniedrigung von seiten der Umwelt auf sich nahm. Ihr zuliebe zeigte er der Gesellschaft den «nackten Hintern», exponierte sich mit äußerst persönlichen Gedanken und Gefühlen auf sehr unkonventionelle Art, um dafür die «willkommenen» Schläge einzustecken.

Vielleicht erübrigt es sich nicht, hier hinzuzufügen, daß die aufgezeigte neurotische Konstellation der Genialität eines so einflußreichen Neuerers wie Rousseau keinen Abbruch tut. Möglicherweise waren gerade unbewußte Motivationen solcher Art notwendig, um seine Ideen hervorzubringen, die bekanntlich entscheidende Wirkung auch auf den späteren Ausbruch der Französischen Revolution ausübten.

Masochismus bedeutet also ein Gefühl lustvoller Befriedigung, das sich dann einstellt, wenn der Betroffene gequält oder erniedrigt wird – sei es durch andere oder auch durch sich selbst. Allerdings ist das Element der Befriedigung oft abgewehrt, verdrängt oder verleugnet. Wahrgenommen wird dann – sowohl von den Betroffenen als auch von der Umwelt – nur der Leidensdruck. So kommen Menschen in die psychotherapeutische Praxis, die an ihrem Zustand leiden und Hilfe suchen. Die masochistische Komponente offenbart sich erst daran, daß sich etwas in ihnen gegen jede Besserung des Leidens sträubt, so daß die Bemühungen beider Partner zu einer «negativen therapeutischen Reaktion» führen.

Um dafür ein Beispiel zu geben, denke ich an eine junge Frau, die der Umwelt und auch dem Therapeuten ständig signalisierte: «Schauen Sie mich nicht an, ich bin so abstoßend häßlich.» Sie schämte sich offensichtlich ihrer Existenz, vernachlässigte ihr Äußeres in einer Weise, die bereits etwas Demonstratives an sich hatte. In der therapeutischen Situation erweiterte sich ihr Häßlichkeitsthema bald um die immer wiederkehrenden Aussagen: «Ich bin so unsäglich dumm, bin eine dumme Kuh», und, an mich gerichtet: «Ich spüre, wie Sie mich verachten.» In Wirklichkeit war sie weder häßlich noch dumm. Im Gegenteil nahm ich trotz ihrer so vernachlässigten Erscheinung viel Phantasie und einen versteckten, jungmädchenhaften Liebreiz bei ihr wahr. Ich konnte keine Spur von Gefühlen der «Verachtung» in mir ausmachen.

Es ging nicht lange, bis ich – gewitzigt durch schlechte Erfahrungen – merkte, daß ich ihr keinesfalls in die für mich aufgestellte «Falle» laufen durfte. Vor allem durfte ich ihr nicht signalisieren, sie sei in meinen Augen weder häßlich noch abstoßend noch dumm. Zwar wollte sie das hören, und konnte es zugleich nicht ertragen. Sobald ich in dieser Richtung die leiseste Andeutung machte, reagierte sie mit dem Vorwurf, ich nehme sie nicht ernst, behandle sie «therapeutisch» und versuche nur, sie zu trösten. Sie wisse aber genau, daß ich sie in Wirklichkeit tief verachte.

Zur Anamnese ist zu sagen, daß die Mutter meiner Patientin schon zur Zeit der Schwangerschaft und Geburt physisch wie psychisch so erschöpft war, daß ihr dieses Kind als unerträgliche Last vorgekommen sein mußte. Obwohl sie anscheinend versucht hatte, ihr Bestes zu tun, muß sie in ihrer Zuwendung sehr unzuverlässig und stimmungsabhängig gewesen sein. Vor allem war es ihr ein Anliegen, das Kind möglichst «gesund» aufwachsen zu lassen. Zu diesem Zweck hat sie ihr häufig ein Klistier verabreicht zur Abführung all des «Ungesunden» im Innern des Leibes. Die Patientin erinnerte sich diesbezüglich an traumatische Szenen: Sie habe wie am Spieß geschrien und versucht, der Mutter wegzulaufen, denn sie habe diese Prozedur jedesmal als Vergewaltigung und Erniedrigung erlebt. Sie empfand zwar das Klistier als Strafe, Bestrafung für all das Unsaubere und Böse in ihrem Innern. Zugleich bedeutete es aber auch Lustbefriedigung und verkappt sexuelle Zuwendung von seiten der Mutter. Die ganze Angelegenheit war schwer schambesetzt, und sie hatte große Mühe, mit mir darüber zu sprechen[6].

Ein diesen Erfahrungen entsprechendes Muster war in ihrem Erleben und Verhalten immer noch zu beobachten: Unter der Bedingung, daß sie sich unterwürfig verhielt und all das «Abstoßende» an ihrem Wesen preisgab, vermochte sie Zuwendung und sexualisierte Befriedigung zu spüren. Wenn sie hingegen Impulse an Autonomie zuließ, war sie «stolz» und sündig und fühlte sich erst recht von der Mutter verstoßen. Es durfte ihr also nicht besser oder gar gut gehen, sie durfte nicht «schön» und «stolz» sein, denn damit würde sie von der «inneren» Mutter verlassen und all dem Schlechten ihres Charakters ausgeliefert. Vordergründig war allerdings der Appell an den Therapeuten da, sie gegen ihre Erniedrigungsscham und ihren quälenden Selbsthaß in Schutz zu nehmen, ihr zu deren Überwindung zu verhelfen. Die Tatsache, daß gar keine Gesundung eintreten «durfte», kam erst mit der Zeit zum Vorschein.

Allgemein habe ich in meiner Praxis die Erfahrung gemacht, daß Erwachsene, die als Kinder solchen «Gesundheitspraktiken» unterworfen worden waren, die Tendenz aufweisen, sich unterwürfig zu verhalten. Sie stehen auch dem, was sie verbal oder emotional ausdrücken wollen, höchst mißtrauisch gegenüber, als ob sie kein Eigenrecht auf ihr «Inneres» hätten. Oft manifestieren sich in der Analyse sadistische Phantasien, die bisher verdrängt waren, oft auch intensive Wut. Sexuelle Phantasien und Wünsche beziehen sich stark auf die anale Zone.

Aber selbst wenn Masochismus darin besteht, auf Erniedrigung, Qual und Unterwerfung mit Lustbefriedigung zu reagieren, so leidet der Betroffene meist doch an Scham. Beim Masochismus, der sich auf einer sexuellen Ebene abspielt, wird zwar Lustbefriedigung durch Erleiden von Schmerz, Auspeitschung, Fesselung, Versklavung etc. gesucht, zugleich sind aber diese «perversen» Wünsche schwer schambesetzt. Man befürchtet, falls sie publik würden, der Schande öffentlicher Verachtung anheimzufallen. Solch masochistische Strebungen beschränken sich also auf eine geheimgehaltene Intimsphäre. Sie sind nicht ichsynton, man leidet unter Umständen darunter, einer solchen Perversion «unterworfen» und deshalb nicht «normal» zu sein.

Diejenige Form von Masochismus, die mehr im psychischen oder psychosozialen Bereich ihre Befriedigung sucht, bedarf oft einer Rationalisierung oder Zweckidealisierung, um vom Ich zugelassen zu werden. Man unterwirft sich zum Beispiel einer höheren Macht oder – wie erwähnt – gewissen Menschen, die solche Macht verkörpern. Es ist dabei oft schwer, die

Grenze zu ziehen zwischen masochistischem Befriedigungs-
streben und echter Hingabe des Ichs an transpersonale, oft religiöse oder politische Ziele, für die man größte «Opferbereitschaft» aufbringt. Ist es masochistisch, sich für eine Idee ins Gefängnis sperren zu lassen und sich sogar Torturen zu unterziehen, beispielsweise für die Idee menschlicher Würde im Widerstand gegen korrupte Versklavungstechniken einer Diktatur?
Ich glaube, man muß mit der als derogativ geltenden Bezeichnung «masochistisch» vorsichtig sein und sie nur dort anwen-
den, wo Selbstquälerei vornehmlich zum Selbstzweck wird
(vgl. auch Gordon 1987).
Natürlich führen nicht all die vielen Erniedrigungen, die Kin-
dern zugefügt werden, zu masochistischem Verhalten. Es ist
anzunehmen, daß die sogenannte «narzißtische Wut» mit ihren
sadistischen Phantasien die gegenteilige Reaktionsform ist, die
andere Seite der Medaille sozusagen (Kohut 1973; Jacoby
1985, S. 170–174). Wut, die durch Erniedrigungen ausgelöst
wird, aus Angst vor Liebesverlust und Bestrafung aber unter-
drückt und mit der Zeit verdrängt werden muß, kann später
beim Erwachsenen durchbrechen. Dieser kann sich zu Wutaus-
brüchen berechtigt fühlen oder sich für vergangene Schmach
rächen wollen in der Hoffnung, damit seine Würde, sein narziß-
tisches Gleichgewicht wiederherzustellen, und sich vor allem
nicht mehr schämen zu müssen. Falls es aber dem Ichideal widerspricht, sich selbst als wütender Rächer zu gebärden, stellt
sich dabei «moralische» Scham ein. Innerhalb der therapeutischen Situation erscheint es mir aber von großer Wichtigkeit zu
sein, daß solch archaische Wut sich ausdrücken kann und auch
darf, daß dies vom Analytiker akzeptiert wird. Es ist dies ein
Versuch zu verhindern, daß sie weiterhin abgespalten bleibt
und vom Unbewußten her in autonomer Weise ihr Unwesen
treibt – sei es in masochistischer, sei es in sadistischer Richtung.
Damit komme ich zum Schluß dieses Kapitels, welches sich mit
verschiedenen Varianten von Schamerleben und mit einigen

Hypothesen zu deren Genese und deren unbewußter Dynamik befaßt hat. In den beiden letzten Kapiteln sollen nun Fragen der Analyse oder Psychotherapie neurotischer Schamanfälligkeit diskutiert werden.

Schamthemen in der therapeutischen Beziehung

Scham als Reaktion auf das analytische Setting

Erfahrungsgemäß ist es die psychotherapeutische Situation selbst, die gewisse Schamreaktionen zu verursachen vermag, und dies zu berücksichtigen scheint mir sehr wichtig zu sein. Ich möchte dazu aus meiner Erfahrung folgendes zu bedenken geben: In meine Praxis kommen Menschen, die sich in einer seelischen Notlage befinden. Sie kommen zur ersten Sitzung und haben fast unweigerlich Angst. Zwar gibt es unter den Ratsuchenden auch scheinbar Unentwegte, die wie selbstverständlich ihren «Raum» und meine Aufmerksamkeit beanspruchen, die sogleich die Initiative ergreifen und möglichst günstige Bedingungen für sich setzen. Es zeigt sich allerdings, falls man etwas tiefer lotet, daß es sich dabei meist um «Flucht nach vorne» handelt, um Überkompensation ihrer Ängste und Peinlichkeitsgefühle durch forsches Auftreten. Die Mehrzahl der Hilfesuchenden hat offensichtlich manifeste Angstsymptome – ich nehme das wahr an ihren schwitzenden Händen, ihrer blassen Gesichtsfarbe, der Art ihres Blickkontakts, den gehemmten Bewegungen, dem Ton ihrer Stimme, der stockenden Redeweise usw. Natürlich versuche ich mein möglichstes, die Situation zu entkrampfen. Dies würde mir kaum gelingen, wenn ich die Ängste und Peinlichkeitsgefühle gleich auf ihre Hintergründe zu deuten versuchte, dafür ist bei einer ersten Begegnung kaum der richtige Zeitpunkt. Der Patient will mir ja zunächst etwas über die Beweggründe seines Kommens mitteilen. Falls aber der Angstpegel so hoch ansteigt, daß seine Mitteilungen allzu schwierig und bemühend werden, versuche ich mit einer Bemerkung die Situation etwas zu entschärfen. Ich sage etwa: «Es muß doch ein merkwürdiges Gefühl sein, zu einem wildfremden Menschen zu gehen und ihm einfach, mir nichts dir nichts, vertrauliche Dinge mitzuteilen.» Viele Ratsuchende sind für eine solche Bemerkung – falls sie nicht routinehaft, sondern einfühlsam geäußert wird – sehr dankbar. Sie hat oftmals eine entspannende Wirkung, denn sie enthält die Mitteilung, daß Angst und Hemmungen in einer solchen Situation verständlich sind, ja als natürlich angesehen werden.

Aber auch ich spüre meistens eine gewisse Scheu, bei einer ersten Begegnung sogleich die Worte Angst, Hemmung oder gar Scham ins psychotherapeutische Feld hineinplatzen zu lassen. Es ist, als ob ein gewisses Tabu mit diesen Worten verbunden wäre, eine Warnung jedenfalls, sie mit Vorsicht und Takt zu benützen. Denn daß es den Ratsuchenden bei der ersten Begegnung «merkwürdig» vorkommen oder «komisch» zumute sein kann, auch daß sie dabei ein gewisses Mißtrauen verspüren – all das hat nicht die emotionale Wirkung eines Ausdrucks wie Angst oder gar Scham. Denn heute noch, in unserem psychologisch so aufgeklärten, vielleicht gar verbildeten Zeitalter, fällt es – besonders wenn es sich um männliche Klienten handelt – oft schwer, Ängste zugeben zu müssen. Dies könnte herabwürdigend sein. Man schämt sich seiner Angst, sie paßt nicht ins gängige Männlichkeitsbild. Es ist schon demütigend genug, mit sich selbst nicht zu Rande zu kommen und die Hilfe eines Psychotherapeuten beanspruchen zu müssen. Dies ist auch der Grund, weshalb möglichst niemand etwas davon erfahren soll. Man zählt auf die berufliche Diskretion des Therapeuten und möchte selbst in dessen Praxis von keinem anderen Klienten gesehen werden. Mit anderen Worten: Es kann schon das Aufsuchen eines Psychotherapeuten mit Schamgefühlen verbunden sein.

Auch vor dem Lebenspartner oder vor anderen nahestehenden Personen wird ein solcher Besuch manchmal verheimlicht. Natürlich gibt es viele auch zu respektierende Gründe, warum man vorerst dem Partner Besuche beim Therapeuten verschweigen möchte. Frauen führen ins Feld, daß ihr Partner allzu verständnislos gegenüber seelischen Anliegen sei oder daß er ärgerlich und vielleicht eifersüchtig würde, wenn er wüßte, daß sie seelische Schwierigkeiten hätte, die sie nicht mit ihm besprechen will. Bei Männern steckt, wie schon erwähnt, oft eine Demütigung darin, nicht «Manns genug» zu sein, auf eigenen Füßen zu stehen. Er fühlt sich als Schwächling und befürchtet, von der Umwelt und nicht zuletzt auch von seiner Partnerin herabgemindert zu werden.

Allerdings war es die Absicht der Pioniere der modernen Psychoanalyse, mit ihrem spezifischen Setting eine möglichst angst- und schamfreie Situation herzustellen. Freud hat bekanntlich die Grundregel aufgestellt, daß der Analysand kritiklos alles, was ihm in den Sinn kommt, äußern solle oder dürfe. Das ist Aufforderung und Erlaubnis zugleich, denn der Analytiker hat sich jeglicher Kritik und Beurteilung des Geäußerten zu enthalten. Seine Aufgabe besteht einzig und allein darin, in «neutraler» Weise die Zusammenhänge zu deuten. Auch in der Jungschen Praxis, wo die «Grundregel» modifiziert und die psychoanalytische Couch zunächst mit dem Sessel vertauscht wurde, in dem sich Patient und Analytiker gegenüber sitzen, steht das *Verstehen* der bewußten und unbewußten Situation im Zentrum. Man möchte dem Analysanden also einen Schutzraum bieten, in dem Angst- und Schamgefühle ausdrücklich unnötig wären. Dies ist allerdings kein Hindernis, daß sie trotzdem auftreten, und manchmal sehr massiv. Man führt sie deshalb auf die Übertragung und die dazu gehörenden Widerstände zurück, in denen sich Konflikte und Muster der Kindheit wiederholen. Es sind diese Kindheitsmuster, die im Hier und Jetzt der analytischen Situation auftauchen und damit im therapeutischen Dialog bearbeitet werden können. Auf dieser entscheidend wichtigen Erkenntnis beruht seit Freud ein zentrales Stück analytischer Psychotherapie.

Ist aber die «reale» Situation der Analyse wirklich so konzipiert, daß Ängste und Schamgefühle nichts als Neuauflagen früherer Erfahrungen sein können? Mir scheint dies sehr fraglich zu sein. Die therapeutische Situation als solche ist wirklich «merkwürdig», wenn man bedenkt, daß der Hilfesuchende seinen intimsten und vielleicht beschämendsten Kummer einem wildfremden Menschen anvertrauen soll, der sich zwar als Spezialist in Dingen der Seele anbietet, mit dem ihn aber sonst gar nichts verbindet. Ist es da nicht verständlich, wenn es ihn Überwindung kostet, auf die Frage «Was führt Sie zu mir?» seine Problematik preisgeben zu sollen?

Erfahrungsgemäß ist es allerdings günstig, daß der Therapeut ein fremder Mensch ist und möglichst außerhalb des sozialen Kontexts seines Patienten steht. Es ist aber das Natürlichste von der Welt, daß sich dem Ratsuchenden zunächst die Frage aufdrängt: Kann ich diesem Menschen vertrauen? Zu Recht mag bei ihm Angst davor auftauchen, sich vor dem Analytiker klein und beschämt zu fühlen, sich auszuliefern und verwundbar zu machen, sobald er sich öffnet. Verleiht er damit dem Therapeuten nicht alle Macht, ihn zu verletzten, abzulehnen, zu kritisieren, zu entwerten oder gar seine Schwäche auszunützen?

Hier stellt sich bereits die Frage, ob solche Befürchtungen das therapeutische Setting an sich betreffen, dessen «reale» Situation also, oder ob sie nicht vielmehr mit Beschämungserwartungen zusammenhängen, deren Wurzeln in die Kindheit reichen. Ob sie, mit anderen Worten, nicht den Übertragungsphantasien des Patienten zugerechnet werden müssen. Eine eindeutige Antwort auf diese Frage ist schwierig, wenn man bedenkt, wie verschieden die erste Begegnung von einzelnen Menschen erlebt werden kann. So wird sich vielleicht ein potentieller Analysand durch die Art, wie der Therapeut zuhört und reagiert, so verstanden fühlen, daß er, um die Last seiner Scham-Ängste erleichtert, bereits Vertrauen faßt und dem gemeinsamen therapeutischen Unternehmen mit viel Hoffnung entgegensieht. In einem anderen Fall ist es aber auch möglich, daß sich ein Hilfesuchender von der Kälte und Teilnahmslosigkeit des Therapeuten so gedemütigt fühlt, daß er nicht mehr hingehen, zumindest auf der Hut vor weiteren Kränkungen bleiben will. Vielleicht denkt er aber auch, der Therapeut habe recht, wenn er sein «Gejammer» nicht so ernst nehme, er, der Analytiker, sei ja die fachliche Autorität und wisse, was das Beste ist. Daraus erhellt, wie schwierig es ist, zwischen «realer» Situationserfassung und Übertragungsreaktion zu unterscheiden, gibt es doch kaum eine «reale» Situation von einiger Bedeutung, die nicht schon unbewußt vorgegebene Erlebens- und Reaktionsweisen mobilisiert.

Der Realität entsprechende Gedankengänge eines potentiellen Analysanden könnten mitunter folgendermaßen in Worte gekleidet werden: «Mein Therapeut ist ein fremder Mensch, mehr oder weniger anerkannt als Autorität seines Fachgebiets. Ich komme zu ihm zwecks Beratung oder Psychotherapie, wofür ihm ein Honorar bezahlt wird. Ich bin und bleibe frei, jederzeit die Behandlung abzubrechen, der Therapeut kann mich nicht zu ihrer Fortsetzung zwingen. Ich habe das Recht, kritisch wachsam zu sein, ob er mein Vertrauen verdient, habe bei allem mitzusprechen und brauche mich nicht seinem Besserwissen zu unterwerfen.» «Real» ist aber auch das folgende: «Ich benötige Psychotherapie, weil ich in seelischer Notlage bin und entsprechend verunsichert. Wie kann ich also sicher sein, daß der Therapeut nicht recht hat, wenn er meine Zweifel an seiner Kompetenz, mein Mißtrauen, mein Beschämtsein durch seine taktlosen Bemerkungen usw. als Widerstandsphänomen sieht, welches zum Besten meiner psychischen Entwicklung durchgearbeitet werden muß?» Die Realität sieht also so aus, daß zwar der Patient oder Ratsuchende gleichberechtigt ist, in Freiheit ein psychotherapeutisches Bündnis eingehen kann, daß aber der Psychotherapeut zumeist doch am längeren Hebel sitzt, insofern er die Unsicherheit des Klienten auf seine Weise zu deuten vermag. Der Patient ist also fast immer der Unterlegene. (Das schließt nicht aus, daß in gewissen Phasen einer Therapie der Patient seinen Therapeuten zu Nutzlosigkeit degradieren, vollständig entwerten oder zum Beispiel mittels Suiziddrohungen erpressen kann.) Jedenfalls ist es für einen seelisch Leidenden äußerst schwierig, mit einiger Sicherheit auszumachen, ob er bei seinem Therapeuten am richtigen Ort ist und inwiefern er eventuelle Zweifel ernstnehmen sollte. Tilman Moser hat diesem Thema eine differenzierte Studie gewidmet, deren Lektüre sehr zu empfehlen ist (Moser 1984).

Zunächst ist also der Hilfesuchende der Unterlegene, und der Therapeut ist der Überlegene. So unangenehm und peinlich diese Unterlegenheit für den Patienten auch sein mag, er würde es noch weniger ertragen, wenn er den Psychotherapeuten als den Unterlegenen einzustufen hätte. Wie könnte er da Vertrauen gewinnen? Dazu paßt, daß die meisten potentiellen Analysanden sich einen Analytiker wünschen, der um einiges älter und am Leben «erfahrener» ist als sie. Man bedenke: Bei körperlicher Erkrankung müssen wir uns «in die Hände» der Ärzte begeben und ihrer Kompetenz genügend vertrauen. Bei einem chirurgischen Eingriff sind wir im ganz wörtlichen Sinne die «Unter-legenen». Wir exponieren dabei aber nur unseren Körper und dessen Innereien. Beim Psychotherapeuten hingegen sollen wir unser intimstes Erleben und Tun, unsere Träume, Phantastereien, unsere Gefühle von Schande und Schuld exponieren. Zudem sind wir nicht nur Objekte, an denen vom Arzt Handlungen vollzogen werden, sondern sind aktiv Mitbeteiligte, denn analytische Psychotherapie hat dort ihre Grenzen, wo die Zusammenarbeit zwischen Analysand und Analytiker versagt. All das bedingt ein grundsätzliches Vertrauensverhältnis. Und doch ist es so, als ob das Gefälle von oben nach unten ein Bestandteil analytischer Therapie wäre, denn die meisten Patienten wollen zu ihrem Therapeuten «hinaufschauen» können, auch wenn sie gleichzeitig dagegen ihre Ressentiments hegen.

Und doch wird so oft von therapeutischer «Partnerschaft» gesprochen. Gerade Jung war der Ansicht, bei einer tiefergehenden Analyse müsse «der Arzt aus seiner Anonymität heraustreten und Rechenschaft über sich selber geben, genau das, was er von seinem Patienten verlangt» (Jung 1935, GW 16, § 23). Immer wieder ist die Rede davon, daß auch der Therapeut ständig in Analyse sei, daß jede tiefergreifende Behandlung etwa zur Hälfte in der Selbstprüfung des Arztes bestehe. Auch sei es «mit keinem Kunstgriff zu vermeiden, daß die Behandlung das Produkt einer gegenseitigen Beeinflussung ist, an welcher das ganze Wesen des Patienten sowohl wie das des Arztes teilhat» (Jung 1929, GW 16, § 163). Was bedeutet all das im Alltag unserer täglichen Praxis, entspricht das ihrer Wirklichkeit, und ist ein solches Postulat überhaupt realisierbar? Ich glaube, daß die Idee therapeutischer Partnerschaft etwas zentral Bedeutsames ist, sie bedarf aber differenzierender Reflexion und einiger Relativierung. Vor allem ist nicht zu vergessen, daß dieser Partnerschaft ein bestimmter Rahmen gegeben ist, der mit einem Auftrag und einer Zielsetzung einhergeht. Es geht stets um Analyse oder Psychotherapie der Befindlichkeit des Patienten. Von daher sind die beiden Partner in einer sehr verschiedenen Situation. Dem Patienten soll möglichst Gelegenheit gegeben werden, vom Therapeuten und von der therapeutischen Situation für seine Gesundungs- und Entwicklungsbedürfnisse «Gebrauch zu machen» – um mit Winnicott zu sprechen. Er soll sich möglichst frei fühlen, um seine Nöte, Konflikte, Bedürfnisse anzumelden, seine Liebe für den Analytiker und seine Enttäuschungen an ihm anzumelden, seine Ansprüche zu erheben. Es ist ihm «Regression» erlaubt, und er darf sich innerhalb des therapeutischen Rahmens so kindlich wie nötig verhalten, was oft gar nicht leicht ist, denn es sind gerade die Scham-Ängste, die ihn unter Umständen davon abhalten, sich vor dem Analytiker «gehenzulassen».

Der Psychotherapeut hingegen darf sich keinesfalls gehenlassen, auch wenn ihn «sein ganzes Wesen» danach drängen würde. Er muß stets die Situation des Patienten im Auge behalten, möglichst wach und verantwortungsvoll. Er darf deshalb nicht unreflektiert reagieren, zurückschlagen, zurück«lieben», in die Ecke stellen, sich rächen etc. Die Freudsche Psychoanalyse hat schon früh eine Behandlungstechnik erarbeitet, die nicht nur beim Patienten mögliches Ausagieren eindämmen, sondern auch den Analytiker vor unzweckmäßigen emotionalen Reaktionen schützen soll. In der Jungschen Analyse, wo gegenseitige Beeinflussung als Faktum anerkannt wird, sind keine technischen Regeln vorgegeben. Für den Analytiker gibt es daher keinen Schutz vor der Gefahr, sich im Namen von Spontaneität, Dialogbereitschaft und gegenseitiger Offenheit auf riskante Situationen einzulassen, die mehr seinem eigenen Bedürfnis als den Erfordernissen der Therapie entsprechen. Um so mehr ist er auf Bewußtheit seiner Verantwortung gegenüber dem Patienten verwiesen. Die Partnerschaft in der therapeutischen Begegnung ist auf jeden Fall ungleichgewichtig.

Tatsächlich beklagen sich Patienten öfters über die Einseitigkeit der Beziehung im analytischen Setting. Nicht zu Unrecht heben sie hervor, daß sie vom Privatleben des Therapeuten nichts wissen, während sie sich rückhaltlos öffnen sollen. Solch ein Ungleichgewicht ist nicht zu verleugnen, und da Wissen zugleich Macht bedeuten kann, ist es nicht verwunderlich, daß manche sich der «Macht» dessen, der so vieles über sie weiß, ausgeliefert fühlen. Bei fortschreitender Behandlung wird es – verständlicherweise – zudem als demütigend empfunden, daß der Analytiker oft einen so bedeutenden Platz im Erleben des Analysanden einnimmt, während der Analysand zu Recht oder zu Unrecht das Gefühl hat, nur einer unter vielen zu sein und nur von Berufs wegen Wertschätzung zu bekommen.

Wie immer wir es drehen und wenden, solche Gefühle hängen stark mit der Realität zusammen, die der psychotherapeutischen Situation anhaftet und zugegebenerweise etwas «Unnatürliches» an sich hat – wie sich viele Patienten immer wieder beklagen. Zwar wird diese Situation, entsprechend den jeweiligen Übertragungserwartungen, individuell verschieden erlebt, sie steht aber im Gegensatz zu den «natürlichen Beziehungen»

im realen Leben, zu Liebes- oder Freundschaftsbeziehungen, die, wenn sie auf lange Sicht befriedigend verlaufen sollen, auf einem gewissen Gleichgewicht des Nehmens und Gebens, des sich Öffnens und Abgrenzens beruhen. Es ist somit nicht von der Hand zu weisen, daß der analytischen Situation wegen dieses «künstlichen» Ungleichgewichts etwas Demütigendes und Beschämendes anhaftet. Dazu paßt die nicht ungebräuchliche Redewendung, man müsse sich einer Analyse «unter-ziehen». Muß das so sein? Ist es nicht Ziel der analytischen Psychotherapie, das Selbstwertgefühl zu heben, während sie, schon aufgrund ihres Settings, Scham- und Demütigungsgefühle noch zu verstärken scheint? Natürlich ist darauf einzuwenden, die Schamgefühle vor dem Analytiker seien Teil jener «falschen Scham», die den Analysanden daran hindert, das «Menschlich-Allzumenschliche» in sich selbst anzunehmen. Trotzdem ist nicht zu leugnen, daß das analytische Setting an sich etwas Demütigendes hat, eine Tatsache, die von den Widerständen der Patienten manchmal benützt und ins Feld geführt wird: «Ich könnte mich freier fühlen, wenn nur unsere Beziehung, die Situation hier nicht so unnatürlich wäre. Was soll's, warum soll ich mich Ihnen öffnen? Irgendwann wird unsere Beziehung ja doch zu einem Ende kommen.» Oder: «Immer wollen Sie alles von mir wissen, ich weiß aber von Ihnen gar nichts, weiß nicht, was Sie *wirklich* denken.» Oder: «Was immer Ihre Zuwendung zu mir auch ist, es gehört ja schließlich zu Ihrem Beruf, das Positive hervorzuheben.»
Wie kann ein Analytiker in solchen Situationen reagieren oder intervenieren, ohne daß er seinem Analysanden noch ein Mehr an Beschämung aufbürdet? C. G. Jung empfiehlt dem Analytiker immer wieder, dem Patienten möglichst auf der «gleichen Ebene» zu begegnen, «nicht zu hoch und nicht zu tief». Er meint, man hätte dann mit der Übertragung (ich möchte hinzufügen: auch mit dem Widerstand) viel weniger Mühe (Jung 1935 a, GW 18, § 337). Wir mußten aber vorhin feststellen, daß es in der Natur des psychotherapeutischen Settings liegt, daß

die Ebenen gerade nicht «gleich» sein können. Man muß aber sehen, daß Jung, seit er seine eigenen Ideen zur Psychotherapie konzipierte, vom klassischen Freudschen Vorgehen abwich. Eine seiner entscheidenden Modifikationen bezog sich auf die Vorstellung von der Anonymität des Analytikers, der keine menschlichen Reaktionen zeigen und, im Einklang mit der Abstinenzregel, sich einzig und allein auf Deutungen der unbewußten Konflikte beschränken soll. Im Unterschied dazu wollte Jung seinen Analysanden «als Mensch» gegenübersitzen und auf sie reagieren, in einen echten Dialog treten. Er hat also einen sehr unorthodoxen Stil in die Psychotherapie eingeführt, was für die therapeutische Begegnung eine wohltuende Freiheit bedeutet, eine Freiheit, auf die auch ich als Analytiker keinesfalls verzichten möchte.

Allerdings wird Jungs Postulat, der Analytiker müsse «Rechenschaft von sich selber geben, genau das, was er von seinen Patienten verlangt» (Jung 1935, GW 16, § 23) manchmal dahin (miß)verstanden, daß der Analytiker auch ruhig eigene Träume erzählen dürfe oder auch mitteilen solle, wie er selber mit bestimmten Problemen umgeht etc. Könnte dadurch vielleicht ein besseres Gleichgewicht hergestellt werden, so daß sich der Patient in seiner «unterlegenen» Position weniger gedemütigt fühlen muß? Allerdings ist es sehr fraglich, ob sich solche persönlichen Vertraulichkeiten therapeutisch günstig auswirken. So ist zum Beispiel die Gefahr nicht zu unterschätzen, daß ein Analytiker – in bester therapeutischer Absicht, auch von sich selbst Rechenschaft abzulegen – unbewußt seine eigenen Bedürfnisse nach erleichternder Aussprache an den Analysanden heranträgt, ohne zu merken, wie sehr er ihn damit belastet und von dessen eigentlichem Anliegen ablenkt.

Meines Erachtens kann ein Analytiker dadurch, daß er eigene persönliche Schwierigkeiten einbringt, meist doch nicht zur Herstellung der «gleichen Ebene» beitragen. Dies möchte ich an einem Beispiel illustrieren: Ein Analysand litt darunter, von Zeit zu Zeit in tiefe «Löcher» zu fallen, wie er es nannte. Oft genügte der minimalste Anlaß, ihm «den Boden unter den Füßen wegzuziehen» und sein Selbstvertrauen dermaßen zu untergraben, daß er sich als komplette «Null» vorkam. Er fühlte sich dann vollständig entwertet und schämte sich, an seinem sehr verantwortungsvollen Arbeitsplatz überhaupt in Erscheinung zu treten. Es war offensichtlich, daß solche Selbstentwertung wenig mit der Realität zu tun hatte. Vielmehr waren es überhöhte Anforderungen an sich selbst – die Auswirkungen seines unerbittlichen Größenselbst –, die ihn mit Gefühlen totalen Ungenügens überschwemmten. Therapeutisch war es wichtig, ihn in diesem «Loch» nicht allein zu lassen, sein Leiden einfühlsam zu verstehen und, langfristig gesehen, dessen lebensgeschichtlichen Hintergrund aufzuarbeiten. Zudem versuchte ich aber auch, ihm zu vermitteln, daß er im Moment offensichtlich den Zugang zu seinen positiven menschlichen und beruflichen Qualitäten verloren habe, indem er einem akuten Minderwertigkeitskomplex zum Opfer gefallen sei. Meistens fühlte er sich dann erleichtert nach der Sitzung, und es ging nicht lange, bis er die Welt, und vor allem sich selber, wieder in realistischeren Proportionen zu sehen vermochte. Jedoch schämte er sich nachträglich darüber, eine solche «Jammertante» zu sein und nur durch meine Hilfe wieder sein Gleichgewicht zu finden.

Eines Tages, als er wieder in seinem «Loch» saß, folgte ich meinem spontanen Impuls, ihm anzudeuten, daß mir sein gegenwärtig qualvoller Zustand aus eigener persönlicher Erfahrung bestens bekannt sei. Es war nur eine kurze Andeutung, und sie entsprach, was entscheidend wichtig ist, der Wahrheit – wenn auch nicht so sehr der Wahrheit meiner gegenwärtigen, so doch der Wahrheit manch vergangener Lebensphasen. Ich tat dies in einem Augenblick, wo ich glaubte, besonders gut nachvollziehen zu können, wie es sich in seinem «Verließ» anfühlt, und ich zudem bestrebt war, seine diesbezüglichen Schamgefühle zu mildern und unsere Beziehung mehr auf eine gleiche Ebene zu stellen. In der nächsten Sitzung kam er auf meine Andeutung zurück mit der Bemerkung, er habe sich in jenem Punkt von mir nicht verstanden gefühlt. Wenn ich sagte, daß ich solche Zustände aus eigener Erfahrung auch kennen würde, beweise das eigentlich nur, wie wenig ich das Ausmaß *seines* Leidens ermessen könne. Es sei für ihn einfach undenkbar, daß ich je in solche Abgründe fallen würde, die sich bei einem Selbstwertverlust auftun. Offensichtlich mußte mein Analysand die Idealisierung meiner Person weiterhin aufrechterhalten, und ich konnte deshalb nicht zu einer Begegnung «auf gleicher Ebene» beitragen.

Sicherlich sind es nicht die persönlichen Bekenntnisse des Analytikers, die ein größeres Gleichgewicht in das therapeutische Setting bringen. Mir scheint die «gleiche Ebene», wo sie therapeutisch notwendig ist, vor allem mit der Einstellung des Analytikers und auch mit seiner Fähigkeit zur Einfühlung zusammenzuhängen. Es geht um seine Offenheit, die jeweilige Ebene zu suchen, auf der eine Begegnung mit dem Patienten möglich sein kann. Die «gleiche Ebene» zeigt sich auch darin, daß bei auftauchenden Schwierigkeiten der Analytiker auch seinen eigenen Anteil daran zu ermitteln sucht und nicht immer die ganze Schuld dem Verhalten oder der Pathologie des Patienten zuschiebt.

Was die Einseitigkeit der therapeutischen Beziehung angeht, scheint es mir am günstigsten, wenn der Therapeut dem Patienten gegenüber zugibt, daß dies der Realität entspricht, aber auch den Notwendigkeiten der Therapie Rechnung trägt. Wichtig ist es aber auch, dem Analysanden das Verständnis dafür zu signalisieren, daß er unter der notwendigen «Ungleichheit» der analytischen Situation leidet – und es ist meistens der Ton solcher Äußerungen, der darüber entscheidet, ob dies als «Herablassung» empfunden wird oder nicht. Natürlich haben solche Leiden oft mit den jeweiligen Übertragungsgefühlen zu tun, können aber auch als Widerstand eingesetzt werden. In solchen Fällen habe ich gute Erfahrung gemacht, wenn ich dies in etwa so anspreche: «Etwas in Ihnen ist über diese

Tatsachen (der Ungleichheit der Beziehung) so erbost, daß es Sie an unserer Zusammenarbeit hindern will. Es wäre doch für Sie und für mich schade, wenn unsere Therapie daran scheitern sollte.»

Mir scheint es jedenfalls wichtig, dem Analysanden zu bestätigen, daß das therapeutische Setting an sich oft schwer zu ertragen ist, bevor man versucht, alle Schwierigkeiten einzig und allein als ein Übertragungs- oder Widerstandsphänomen anzusehen.

Sexualität

Die Klischeevorstellung, daß sich eine Analyse vor allem um sexuelle Themen drehe, ist auch heute noch nicht ausgestorben. Es besteht oft die Erwartung – oder Befürchtung –, der Analytiker werde alle Einzelheiten des Intimlebens wissen wollen. Freuds Gesichtspunkte haben sich zu einer Fama verdichtet. Gerade deshalb wählen sich manche Menschen speziell einen Analytiker Jungscher Richtung, weil sie gelesen oder zumindest gehört haben, daß sich dort nicht alles um die Sexualität drehe, daß vielmehr auch das Geistige sehr wichtig genommen werde. Was ist daran richtig?

Für die Jungsche Psychologie ist es bezeichnend, daß Träume und Phantasien sexuellen Inhalts, ja selbst sexuelle Handlungen in ihrer symbolischen Qualität gesehen werden können. Es gibt die sogenannte «subjektstufige Deutung», nach der zum Beispiel jeglicher Geschlechtsverkehr im Traum als Vereinigung mit einem innerseelischen Anteil interpretiert werden kann, als eine «Coniunctio» im Sinne der Alchemisten. An sich ist die Idee der subjektstufigen Deutung von großem Wert, insofern sie der Hinwendung zu innerseelischen Persönlichkeitstendenzen und deren Bewußtwerdung dient. Die Gefahr allerdings, daß damit das Handfeste sexueller Triebhaftigkeit in der Vielfalt ihrer Erscheinungsweisen verharmlost und entschärft werden kann, muß auch gesehen werden. Die Schamhaftigkeit bezüglich der Sexualität kann beim Patienten wie beim Analytiker mitspielen, und mittels symbolischer Deutungen kann gemeinsam dem peinlichen Thema ausgewichen werden. In solchen Fällen werden die subjektstufige und die symbolische Deutungsebene bewußt oder unbewußt als Abwehr benutzt. Dies entspricht, wie ich noch von Jung persönlich gehört habe, ganz und gar nicht seiner Absicht, man muß sich aber der Gefahr solch ungewollten Mißbrauchs bewußt sein.

Es ist nun nicht zu leugnen, daß das Thema Sexualität auch innerhalb der analytischen Psychotherapie seine «heiklen» Aspekte haben kann. Wie kommt es zur Sprache? Selbstverständlich wird jeder Psychotherapeut die verschiedenen Themenkreise auf seine Weise angehen. Ich persönlich möchte die Wahl des jeweiligen Themas dem Analysanden überlassen und biete ihm dazu möglichst viel Freiraum an. Erfahrungsgemäß kann diese Freiheit bereits Scham-Angst hervorrufen, die Angst nämlich, mit seiner Gesprächsinitiative auf Ablehnung zu stoßen, «Unerwünschtes» zu sagen, jedenfalls nicht «das Richtige». In solchen Scham-Ängsten spiegeln sich entsprechende, aus der Kindheit stammende Interaktionsmuster. Sie manifestieren sich in der Übertragung und können dadurch erhellt werden. Es ist mir im ganzen aber wichtig, mich von den Themen des Analysanden leiten zu lassen, wobei, wenn er Träume mitteilt, die jeweilige Traumthematik ihren speziellen Stellenwert hat.

Nun kann es vorkommen, daß ein so wichtiges Thema wie die Sexualität während längerer Zeit nicht auftaucht. In einem solchen Fall neige ich dazu, die Aufmerksamkeit darauf zu lenken, indem ich vielleicht die Frage stelle: «Ist es Ihnen nicht auch aufgefallen, daß das Thema Sexualität in unserem Gespräch nie auftaucht und auch in Ihren Träumen wie ausgeklammert zu sein scheint?» Dies ist immerhin eine einladende Initiative meinerseits, über die besonders schamanfällige Menschen manchmal froh sind. Sie kann zum Anlaß werden, darüber zu sinnieren, was es wohl heißt, daß ein so wichtiges Thema nie angeschnitten wird. Erst zum Zeitpunkt einer solchen Intervention rücken manchmal Analysanden mit dem «Geständnis» heraus, sie hätten bisher Träume sexuellen Inhalts gleichsam «unterschlagen». Solche Träume wurden einfach nicht erzählt, und dies besonders dann, wenn im Analysanden der peinliche Verdacht aufgekommen war, die Träume könnten auf erotisierte Gefühle in der Übertragungsbeziehung zu mir, dem Therapeuten, hinweisen. Es brachte dann oft eine gewisse Erleichterung, wenn nun offen über diesbezügliche Phantasien gesprochen werden konn te. Manchmal stand aber einfach die Scham-Angst vor der Peinlichkeit der sexuellen Thematik im Vordergrund. In solchen Fällen ist die Sexualität in einer schambesetzten Tabuzone eingeschlossen, und es ist wichtig, den innerseelischen Zusammenhängen nachzugehen, die solcher Tabusetzung zugrundeliegen. Unter Umständen kann es vorkommen, daß Menschen, die in einer befriedigenden Partnerbeziehung leben, das Thema ihrer Sexualität deshalb nicht anschneiden, weil sie es als problemlos erleben. Dies kann der Wirklichkeit entsprechen, ist allerdings bei Menschen, die einen Psychotherapeuten aufsuchen, sehr selten der Fall. Wenn also das Thema Sexualität vom Patienten ausgespart wird, ist die Frage, womit das wohl zusammenhängen mag, nicht überflüssig.

Wie bereits im Abschnitt über die Nacktheitsscham erwähnt, ist körperliche Entblößung in archetypischer Weise schambesetzt, und geschlechtliche «Intimitäten» dulden keine Zuschauer. Sowohl Sehen als auch Gesehenwerden sind in diesem Bereich von jeher verpönt und stoßen an Schamschranken. Allerdings hat der Mensch gegenüber seinen archetypischen Gegebenheiten eine gewisse Freiheit, und somit haben auch gesellschaftliche Anschauungen und die Erziehung jeweils einen Einfluß darauf, ob beim einzelnen ausgesprochene Prüderie oder «scham-lose» Zeigelust vorherrscht. Exhibitionistische und voyeuristische Aktivitäten sind besonders deshalb attraktiv, weil sie die Schamschranke gleichsam durchlöchern und mit dem «Reiz des Verbotenen» locken.

In Erinnerung der Tatsache, daß selbst in jenen archaischen Gesellschaften, die nur gemeinsame Wohnräume kennen, die Beobachtung der Intimbeziehung eines Paares als störend empfunden wird und als höchst unschicklich gilt, ist mir auch die Schamreaktion einer Patientin einfühlbar, die mir sagte: «Es fällt mir sehr schwer, mit Ihnen, als einem Außenstehenden, über Einzelheiten meines Sexuallebens zu sprechen. Das kann und tue ich nur mit meinem Liebespartner.» Ist hier die Deutung, es handle sich um nichts anderes als um neurotische Übertragungsabwehr, auf jeden Fall berechtigt? Haben nicht gewisse Schamhemmungen, einen Beobachter an seiner sexuellen Intimsphäre «teilnehmen» zu lassen, eine archetypische Wurzel? Und mag dies nicht auch gelten, wenn es sich bei dem Beobachter um den Analytiker handelt? Dies müßte immer einfühlsam berücksichtigt werden. Ich möchte davor warnen, jegliches Schamgefühl, das mit der «Preisgabe» sexueller Aktivitäten und Phantasien verknüpft ist, als neurotisch einzustufen, während unverfrorene Hemmungslosigkeit mit einem gesunden Verhältnis zur Sexualität gleichgesetzt wird. Damit meine ich nicht dem Selbstverständnis analytischer Psychotherapie zu widersprechen, deren Anliegen es ist, mehr Flexibilität und verantwortungsbewußte Freiheit im Umgang mit der Sexualität und den entsprechenden Scham-Ängsten zu vermitteln. Ich plädiere nur für den notwendigen Takt des Analytikers, für jene Einfühlung, die es oft braucht, wenn vermieden werden soll, daß die Schamschranken, statt durchlässiger, noch dichter werden. Dies gilt für alle schambesetzten Themen, die ja besonders dafür geeignet sind, den Widerständen in der Analyse Nahrung zuzuführen.

In meiner Erfahrung gibt es auf dem Gebiet der Sexualität einige besonders schambesetzte Themen. Eines davon tritt dann in den therapeutischen Raum, wenn sich Analysanden zum Eingeständnis genötigt fühlen, daß sie – manchmal trotz einer Partnerschaft – immer noch masturbieren. Dies wird oft als «Schlappe», als erniedrigende Einbuße an Selbstachtung erlebt. Auf das Ausmaß des Schamgefühls hat es oft wenig Einfluß, ob jemand so starken Onaniezwängen ausgesetzt ist, daß er mehrere Male am Tag «dem Laster frönt», oder ob Masturbieren nur gelegentlich vorkommt.

Ein 35jähriger Mann stand gelegentlich unter dem Triebzwang, sich pornographische Zeitschriften zu kaufen, die ihn zu masturbatorischen Tätigkeiten stimulierten. Nachher fühlte er sich stets so beschmutzt und besudelt, daß er während Tagen depressiv verstimmt war und unter Konzentrationsschwierigkeiten litt. Es dauerte viele Monate, bis er in der Analyse, unter Überwindung intensivster Scham-Ängste, erstmals davon sprechen konnte. Ein anderer junger Mann wurde in seinen Träumen ständig von einem Hund verfolgt, der ihn anbellte und beschnüffelte. Die Deutung lag auf der Hand, er könne sich seinen inneren «Sauhund», als der er sich selber vorkam, nicht vom Leibe halten. Auch sagte ich ihm, mir käme es vor, als ob er Angst hätte, von seiner Umgebung – und so auch von mir – «beschnüffelt» und irgendwie durchschaut zu werden. Denn Hunde mit ihrer «Spürnase» können im Traum auch unsere instinktive Intuition symbolisieren. Darauf konnte er das erste Mal davon sprechen, wie sehr er sich schäme, immer wieder mit Pornoheften ins Bett zu gehen und zu masturbieren.

Es ist hier nicht der Ort, auf das komplexe Problem des Masturbationszwanges einzugehen, dem die verschiedensten unbewußten Konflikte zugrunde liegen können. In unserem Zusammenhang interessiert vor allem die Frage nach dem Stellenwert der Scham. Sie ist manchmal mit Schuldgefühlen vermischt. Zum Beispiel sagte mir ein verheirateter Mann, er fühle sich seiner Frau gegenüber schuldig, denn er nehme ihr etwas weg, was «ihr gehöre».

Was bedeuten aber die besonders intensiven Schamgefühle, die oft im Zusammenhang mit Masturbation auftreten? Ist es eine Scham, die auf Erziehung und kollektiven Normen beruht, auf der Angst also, in sexuellen Dingen nicht «normal» zu sein? Oder ist die Scham als ein notwendiger Leidensdruck anzusehen, der dazu motiviert, die tiefere Störung anzugehen, die vielleicht hinter dem Onaniesymptom steckt? Im ersten Fall ist es beschämend, vom Kollektiv nicht akzeptierten Sexualpraktiken zu «unter-liegen», was als Beeinträchtigung des Selbstwertgefühls erlebt wird. Hier jedoch stellt sich die Frage: Was hindert den Betroffenen daran, diese Art der Geschlechtsbetätigung zu akzeptieren? Verlangt er damit, daß er sie sich verbieten will, nicht Unmögliches von sich selbst und findet immer wieder einen Grund zu totaler Selbstablehnung? In der Tat ist es zuweilen möglich, die Intensität eines solchen Triebzwangs dadurch zu mildern, daß es gelingt, den Stachel der Selbsterniedrigung etwas zu entschärfen. Ein Masturbationszwang, unter dem die Betreffenden schwer leiden und wobei die Scham einem starken Leidensdruck entspricht, ist allerdings meist das Symptom einer tiefer liegenden Störung, die schrittweise ins Zentrum analytischer Aufmerksamkeit rücken muß. Es ist zwar in solchen Fällen ungünstig, beim Symptom haftenzubleiben. Wenn aber die Spannung so weit gelockert wird, daß Onanie als eine Art Selbst*befriedigung* erlebt und akzeptiert werden kann – auch wenn deren Ersatzcharakter und die entsprechende Einsamkeit schmerzlich bewußt bleiben –, so ist schon ein wichtiger Schritt getan.

Bekanntlich ist es eine Faustregel analytischer Psychotherapie, die Symptome nicht direkt anzugehen, weil sie nur Ausdruck tieferliegender Störungen sind. Dies gilt natürlich auch für die manifesten Sexualprobleme, aufgrund derer Menschen Psychotherapie aufsuchen. Hier handelt es sich in den meisten Fällen um die sogenannte «Frigidität» bei der Frau oder um Potenzschwierigkeiten aller Art beim Mann. Dabei ist die Erfahrungstatsache, daß sich Potenz- und Frigiditätsprobleme meist als allgemeinere Beziehungsschwierigkeiten oder auch als spezifische Partnerkonflikte entpuppen, heute eine Binsenwahrheit. Nicht selten verbergen sich in solchen Beziehungsschwierigkeiten oder Partnerkonflikten aber auch tiefere Persönlichkeitsstörungen.

Zugleich liegt besonders bei Menschen, die aufgrund sexueller Schwierigkeiten Therapie aufsuchen, die sexuelle Sphäre oft in einem schamhaften Tabubereich. Der Therapeut trifft auf einen starken Schamwiderstand, sobald es konkret um die Thematik sexueller Handlungen und Erlebnisse geht. Es scheint mir deshalb wichtig, diesen Schamwiderstand therapeutisch anzugehen und seine Hintergründe möglichst sorgsam zu erhellen. Erst aufgrund solcher «Widerstands»-Analyse, die manchmal langwierig sein kann, wird es eventuell möglich, das Sexualleben in genügend konkreter Weise ins Gespräch zu bringen. Dies ist besonders in jenen Fällen wichtig, wo sich der Schamwiderstand nicht nur in Gegenwart des Therapeuten zeigt, bei dem «über das heikle Thema» gesprochen wird, sondern sich auch in der jeweiligen Partnerschaft selbst als Tabu bemerkbar macht. Es bedeutet deshalb einen enormen Schritt, wenn das Vertrauensverhältnis zum Therapeuten es den Analysanden ermöglicht, die konkreten Einzelheiten ihres sexuellen Erlebens, samt dessen Störungsmomenten, genauestens mitteilen zu können. Abgesehen von der «kathartischen» Wirkung, die in solcher Mitteilung liegen kann, erlaubt dies dem Therapeuten, sich genauer in die Schwierigkeiten und Konflikte einzufühlen, die der Störung wahrscheinlich zugrunde liegen. Trotz der Faustregel, die es als Kunstfehler betrachtet, die Symptome direkt anzugehen, ist dies in vielen Fällen von therapeutischer Bedeutung. Direkte Ratschläge allerdings, wie sexuelle Praktiken verändert oder verfeinert werden können, bleiben meist ohne viel Wirkung, ist ja die erotische Phantasie aufgrund der Ängste, Hemmungen und Schamgefühle verkrampft und eingeengt. Doch indirekt können selbst sie von Nutzen sein, wenn sie dem Therapeuten dabei helfen, eine freie, «natürliche» Einstellung zur Sexualität zu vermitteln.

Das Reden über Sexualität hat aber auch seine Kehrseite, die erwähnt werden muß. Es kann vielleicht ein Übermaß an

Reflexion bewirken, welche der spontanen Hingabe an die sexuellen Energien manchmal im Wege steht. Oft genügt ein einziger Gedanke an die Möglichkeit sexuellen Versagens, der – indem er die ganze Aufmerksamkeit auf sich zieht – die spontane Interaktion mit dem Partner und den instinktiven Ablauf der sexuellen Funktionen empfindlich zu stören vermag. Ein innerer Selbstbeobachter tritt dann in blockierender Weise in Aktion. So brachte zum Beispiel ein Analysand, der sexuell gehemmt war und bei seiner Frau oft unter Potenzschwierigkeiten litt, den folgenden Traum: Er sah, wie ihn sein Vater mit einem Fernrohr beim Geschlechtsverkehr ständig beobachtete, und zwar vom Fenster des gegenüberliegenden Hauses aus. In Wirklichkeit hatte er unter seinem autoritären und besserwisserischen Vater schwer gelitten und seine Spontaneität durch ständige Selbstbeobachtung in Kontrolle halten müssen. Vaters Blick erlebte er dabei als streng und auf abwertende Kritik erpicht. Es ist wahrscheinlich, daß in dieser Strenge ein Stück Sadismus steckte, mit der der Vater unbewußt seine erotisch gefärbte Freude an der aufblühenden Männlichkeit des Sohnes abwehren mußte. Dazu paßt, daß in der Familie die sexuelle Thematik tabu war. In der analytischen Situation war es selbstverständlich notwendig – vor allem nach diesem Traum –, die Frage anzuschneiden, ob er wohl auch mich, den «Analytiker-Vater» als einen solchen Voyeur erlebt, der Einblick in sein Intimleben nehmen will und ihn dabei in seiner sexuellen Spontaneität stört.

Es ist also wichtig, daß innerhalb der therapeutischen Situation Schamhemmungen überwunden werden und die sexuelle Sphäre offen ins Gespräch kommt. Zugleich muß im Auge behalten werden, wie sich ein Beobachten und Zerreden des sexuellen Erlebens auch blockierend auf die Spontaneität instinktiver Abläufe auszuwirken vermag. Allerdings können sich hier die Widerstände des Patienten gegenüber der sexuellen Sphäre heimlich mit den entsprechenden Widerständen des Therapeuten verbünden. Und damit werden konkrete Einzelheiten des sexuellens Erlebens von der Therapie ausgeklammert – oft gerade jene schambesetzten Aspekte, welche die Störung ausmachen. Zur Rechtfertigung dienen dann die erwähnten Gesichtspunkte: Widerstände respektieren, Symptome nicht direkt angehen, Sexualität nicht zerreden. Es scheint mir, daß es zur therapeutischen Kunst eines Analytikers gehört, hier die richtige Mitte zu finden. Wenn er schon Beobachter sein muß und damit die innere «Beobachtungsinstanz» im Patienten konstelliert, so sollte sich diese Funktion wenigstens tolerant-ermutigend und spontaneitätsfördernd auswirken.

Auch im Analytiker kann ein Stück mehr oder weniger bewußte Scham-Angst stecken, er könnte vom Patienten als indiskreter Voyeur gesehen werden, der sich an dessen sexuellen Erlebnissen selber begeilt. Ich glaube, die berufliche Persona mit ihren Erfordernissen neutral-sachlicher Einstellung gegenüber den Intimitäten des Patienten darf einen Analytiker nicht darüber hinwegtäuschen, daß auch in ihm gewisse voyeuristische Neigungen im Spiel sein können. Es ist eher wahrscheinlich, daß sich bei Gelegenheit auch in ihm gewisse Phantasien erotischer Art regen. Psychotherapeuten sind auch Menschen. Dabei ist es wichtig, Phantasien jeglichen Inhalts bei sich zuzulassen, denn nur so kann der Analytiker ihrer bewußt werden und sie unter Kontrolle behalten. Unter Umständen können sie auch Anteile «syntoner» Gegenübertragungsreaktion sein, sind also als Gradmesser zur Erfassung unbewußter Vorgänge im Patienten vielleicht von therapeutischer Nützlichkeit.

Dabei denke ich an folgende Erfahrung: In eher seltenen Fällen kann es vorkommen, daß Patienten in auffallend «schamloser» Weise von ihren intimsten sexuellen Erlebnissen berichten. Zum Beispiel mußte ich feststellen, daß mir bei zwei verschiedenen Patienten das Anhören ihrer detailreichen Intimschilderungen zunehmend peinlicher wurde. Nur widerstrebend konnte ich dies mir selber eingestehen, denn bisher hatte ich mich für freizügig gehalten und ohne Spur von Prüderie.

Die Atmosphäre in unserem gemeinsamen therapeutischen Feld lud sich aber zunehmend mit sexuellen Energien auf, bis es mir klar wurde, daß diese Erzählungen (in einem Fall mehr oder weniger bewußt, im andern unbewußt) dazu dienten, mich sexuell zu verführen. Patienten haben das «Recht» auf solche Impulse, sie sollten ins Bewußtsein kommen und vom Therapeuten erlaubt, angenommen und verstanden werden. Solange sie unbewußt, zumindest unausgesprochen sind, können sie im therapeutischen Raum eine seltsam gespannte «dicke Luft» verbreiten. Sie müssen zwar angenommen werden, wobei sich ein Therapeut aber keinesfalls darauf einlassen darf, solche Wünsche den Analysanden (und vielleicht manchmal sich selber) real und konkret zu erfüllen. Auch wenn die Initiative vom Patienten ausgeht, käme dies doch einem Mißbrauch des therapeutischen Vertrauensverhältnisses gleich und kann schwere psychische Schädigungen zur Folge haben (vgl. Jacoby 1987; Wirtz 1989).

Bei all den unzähligen Nuancen, in denen das Liebes- und Sexualleben in der analytischen Begegnung zur Sprache kommt, ist natürlich auch der Analytiker nicht vor Scham-Ängsten gefeit. Das ist gut so. Sie sollten bewußt zugelassen werden, haben sie doch eine wichtige Funktion: Sie dienen unter anderem seinem therapeutischen Taktgefühl und sensibilisieren ihn für die Frage, wie «nah» er einem Patienten jeweils treten darf. Mittels seiner eigenen Scham-Ängste erspürt er also die jeweilige Schamschwelle. Dies widerspricht nicht dem Ziel vieler Psychotherapeuten, die Analysanden vom *Diktat* der Scham zu befreien. Letztlich geht es um die Suche nach dem, was Aristoteles die «reine Wahrheit» genannt hat – in Unterscheidung zur «allgemeinen Auffassung». Auf diesem Suchweg gelingt es oft, Identifikationen mit der «allgemeinen Auffassung» zu relativieren und damit anerzogene Scham zu überwinden. Darauf wird noch zurückzukommen sein.

Andererseits macht es den Anschein, als ob sexuelle Tabus heute nicht mehr zwingend wirksam seien. Die öffentliche Toleranz gegenüber außerehelicher Sexualität, selbst gegenüber gleichgeschlechtlicher Liebe, ist sicher größer geworden – wenigstens an der Oberfläche. Zwar hat das Auftauchen von AIDS die moderne Sexwelle etwas eingedämmt, aber nach wie vor wird einem möglichst aktiven Sexualleben hoher Wert beigemessen. In der Folge dieses Wertkanons tendieren nun diejenigen Menschen zu Schamgefühlen, die aus irgendeinem Grunde hier nicht mithalten können. Sie leiden darunter, aus Gründen ihres ungelebten (Sexual-)Lebens keine vollwertige Frau, kein vollwertiger Mann zu sein und fühlen sich ausgeschlossen und entwertet. Solche Entwertung erwarten sie auch vom Analytiker – ein weiterer Grund, warum das Thema Sexualität mit Scham-Ängsten beladen ist und selbst in der Analyse nur unter Hemmungen angesprochen wird. Damit kommen wir zu einem weiteren Kapitel von Scham- und Entwertungsgefühlen, die über den Rahmen der Sexualthematik im engeren Sinne hinausführen.

Partnerlosigkeit und Einsamkeit

Für die meisten Menschen ist es erfahrungsgemäß schwer, ihr Leben ohne Lebenspartner zu verbringen, auch wenn es heute viele Möglichkeiten gibt, «kreativ» damit umzugehen und das Leben befriedigend zu gestalten. Trotzdem ist Partnerlosigkeit ein Problem, und zwar sind von diesem Problem vor allem Frauen betroffen. Allerdings kenne ich durchaus auch Männer, die schwer darunter leiden, keine entsprechende Lebenspartnerin zu finden – auch wenn sie in rein sexueller Hinsicht nicht darben müssen.

Das Leiden am Zustand der Partnerlosigkeit ist meist ein doppeltes, es hat zwei verschiedene Aspekte. Da ist einmal die unerfüllte Sehnsucht nach Liebe, nach seelischer und körperlicher Zweisamkeit. Dazu gesellt sich aber oft die Scham, vor aller Welt als ungeliebt und somit als minderwertig dazustehen.

Selbst im Zeitalter des Feminismus und der offiziellen Aufwertung der berufstätigen und alleinstehenden Frau ist der alte Wertmaßstab bewußt oder unbewußt oftmals weiterhin wirksam: Die partnerlose oder gar unverheiratete Frau ist bemitleidenswert.

Das Gefühl, von anderen nur bemitleidet zu werden, hat etwas äußerst Kränkendes an sich. Man fühlt sich entwertet, nicht für voll genommen. Es kann mißtrauisch machen, selbst gegenüber Menschen, die echte Zuwendung zeigen, denn überall wird die Gefahr gewittert, daß sich der andere «nur aus Mitleid» nähern will und heimlich triumphiert. Dies gilt vor allem, wenn es sich beim «anderen» um Menschen handelt, die selbst verheiratet sind oder in Partnerschaft leben. Sie sind diejenigen, von denen man sich heimlich verachtet und entwertet glaubt.

Und noch etwas kommt dazu. Alleinstehende Menschen leiden oft an starkem Neid auf diejenigen, die den Sprung in eine Partner-, Ehe- oder Familiengemeinschaft geschafft haben. Manchmal fühlen sie sich von ihren Neidgefühlen wie vergiftet. Als Abwehr entstehen Impulse, die Beneideten zu entwerten, als spießbürgerlich einzustufen und entsprechend zu verachten. Menschen, die solche Manöver bei sich durchschauen, reagieren oft mit Scham auf ihre Neidimpulse und entwerten sich um so mehr.

Tatsächlich wurde während Jahrhunderten die unverheiratete Frau sozial gering geschätzt und schwer benachteiligt, und die Tendenz, sich über frustrierte «alte Jungfern» lustig zu machen, ist noch längst nicht verschwunden. Der patriarchale «Geist», dem die Frau nur dann etwas gilt, wenn sie einen Mann zur Seite hat, ist immer noch virulent, er wirkt – trotz allen Fortschritten im Kampf um Gleichberechtigung und Anerkennung ihrer Eigenständigkeit – mit großer Macht weiter, nicht zuletzt auch im Unbewußten davon betroffener Frauen. Sie fühlen sich nicht vollwertig und leiden unter der Vorstellung, jeder denke, sie hätten keinen Mann gefunden, seien «sitzen» geblieben, verschmäht worden. Sie leiden an der «Schmach» der Ungeliebten. Auch Männer mögen an ihrer Partnerlosigkeit leiden und sich einsam fühlen. Man wird aber viel seltener diese Art von Schamreaktion finden. Ein Mann, auch wenn er Junggeselle bleibt, wird nicht in derselben Weise diskriminiert. Es wird höchstens gemunkelt, daß er schwul sein müsse, und unter Umständen mag er das auch als diskriminierend empfinden.

In der Analyse geht es darum, solche kollektiven Wertmaßstäbe in Frage zu stellen und dadurch ihre Wirksamkeit zu verringern – vor allem wenn sie die Lebensentfaltung eines Menschen stark beeinträchtigen. Oft sind sie aber von erstaunlicher Hartnäckigkeit, und zwar deshalb, weil sie sich mit eigenen, auf Kindheitstraumata beruhenden Interaktionsmustern anreichern. In solchen Fällen sind es nicht nur gesellschaftliche Wertmaßstäbe, die einen entwertenden Einfluß haben, vielmehr handelt es sich im Grunde um Selbstablehnung, ja Selbsthaß, was projektiv als ein Abgelehntwerden durch andere erlebt wird.

Die Scham-Angst, vor der Welt als bemitleidenswertes Mauerblümchen dazustehen, ist nicht unabhängig von den seelischen Verwundungen, die überhaupt für den Zustand der unfreiwilligen Partnerlosigkeit verantwortlich sind. Sie muß deshalb in diesem Gesamtkontext gesehen werden. Was nun die unfreiwillige Partnerlosigkeit betrifft, so kann sie auf den verschiedensten Ursachen beruhen. Eines kann jedoch mit Sicherheit gesagt werden: Um sich einer Partnerschaft zu öffnen, ist ein Stück Vertrauen – sowohl in einen anderen Menschen als auch in sich selbst – unabdingbar.

Bekanntlich hat nun die Fähigkeit, zu vertrauen und auch in realistischer Weise zu mißtrauen, eine Kindheitsgeschichte. Allzu viele traumatische Früherfahrungen des Beschämtwerdens ergeben oft den Aufbau eines dicken Schutzwalles an Mißtrauen. Dann geht es vor allem darum, solch furchtbare Gefühle von Erniedrigung und Schmach, die in der Kindheit erduldet werden mußten, als Erwachsener auf keinen Fall wieder zu erleben. Es entsteht großes Mißtrauen gegenüber jedem Menschen, der in die Nähe kommt, und die Befürchtung, von neuem ausgenützt und gedemütigt zu werden, sobald man sich öffnet und sich damit schwach und entblößt zeigt. Vor allem konnte die Fähigkeit nicht oder nur wenig entwickelt werden zu differenzieren, welchem Menschen man vielleicht trauen kann und welchem nicht. In solchen Fällen nehmen die Schamkonflikte manchmal die Form eines Teufelskreises an: Eine unüberwindliche Schambarriere verhindert, daß ein anderer Mensch in die Nähe gelassen wird, denn er soll nicht sehen, wie schwach und bedürftig man ist. Es soll ihm nicht die Macht verliehen werden, einen erneut abzulehnen, zu verwunden, zu beschämen. Man sucht Schutz hinter einer Persona, die das Signal «unnahbar» in die Umwelt aussendet. Wenn dieses Signal seine Wirkung zeigt, gibt es nur spärliche oder gar keine Annäherungsversuche von seiten anderer Menschen. Dies wiederum ist ein Zeichen, daß man ungeliebt ist und von der Umwelt abgelehnt wird.

Eine Möglichkeit, dem entgegenzusteuern, besteht darin, der Umwelt zu zeigen, daß man auch ohne Freunde oder intimere Beziehungen ein vollwertiger Mensch ist, und so darf man sich ja nicht anmerken lassen, daß man darunter leidet. Auf diese Weise hält man immer mehr Menschen auf Distanz. Man mag innerlich «verhungern und verdursten» am Mangel an zwischenmenschlicher Beziehung, schämt sich aber, dies sich selber einzugestehen, geschweige denn einem anderen Menschen. Die letztlich ersehnte Nähe kann ohnehin nichts anderes bedeuten, als sich auszuliefern und möglicherweise Schmach und Erniedrigung zu erleiden. Eine Neuerfahrung, daß dies nicht immer so sein muß, daß sich die Kindheitsmuster nicht unbedingt auf alle möglichen Partner übertragen müssen, scheint stets zu risikoreich zu sein. Es ist, als ob eine Angst- und Schammauer jede neue Erfahrung verhindern würde.

In der Innenwelt solch Betroffener herrscht eine unmenschliche Diktatur, was sich manchmal in entsprechenden Träumen ausdrückt. Verfolgungs- und Gefängnisträume sind häufig. Man ist gar in einem Konzentrationslager und wartet auf Vollstreckung des Todesurteils. Natürlich kommen auch andere Themen vor: Einsam sein in der Wüste oder Versinken im Wüstensand. Es ist, als ob Menschen, die an solcher Selbstablehnung leiden, das Interaktionsmuster in sich tragen: «Was immer ich tue, fühle, sage, wünsche, es stößt auf Ablehnung. Ich kann es nie jemandem ‹richtig› machen und auf Gegenliebe stoßen.» In gravierenden Fällen, wo von «primärer Scham» gesprochen werden muß, ist gar das Interaktionsmuster wirksam: «Ich sollte auf dieser Erde überhaupt nicht ‹gesehen› werden; ich bin nicht würdig, Teil der Menschheit zu sein, denn ich bin nicht liebenswert.» Dies ist das Erlebnis fundamentalen Abgelehntseins. Folglich fühlt man sich gezwungen, die eigenen Ansprüche, Sehnsuchtsregungen und Zuwendungsbedürfnisse abzuwerten, zu verachten und zu unterdrücken. Man geht mit sich selbst so um, wie man es anscheinend von seiten der Elternfiguren erlebt hat. Wie immer das wirkliche Verhalten der elterlichen Bezugspersonen dem Kind gegenüber auch war, es hat sich jedenfalls daraus ein destruktives Interaktionsmuster eingeprägt.

Trotz der eigenen Schmerzen und Erniedrigungen behält aber die «bestgehaßte» Elternfigur Recht, denn sie ist stark und triumphierend. Ihre anscheinende Stärke wird vom Kind noch idealisiert. In Identifikation mit dieser Elternfigur entsteht dann beim aufwachsenden Menschen das Interaktionsmuster: «Wenn ich etwas wert sein will, so muß ich stark und triumphierend gegenüber meinen Zuwendungsbedürfnissen sein und möglichst überhaupt keine Gefühle zulassen.» Die kompensatorische Selbstwertphantasie, die letztlich zur Lebensbewältigung notwendig ist, liegt dann darin, stolz und unabhängig zu sein. Sobald aber dieser Stolz auch nur im geringsten in Frage gestellt ist, droht der Einbruch unerträglichster Schamgefühle. Ich habe hier versucht, eine innerpsychische Dynamik darzustellen, die hinter der Scham-Angst, als partnerloser und einsamer Mensch nicht für voll genommen zu werden, wirksam sein kann. Es sind dies Zusammenhänge, die ich in der einen oder anderen, mehr oder weniger umfassenden Form miterleben und aufdecken mußte. Es handelt sich also um das Gefühl des Ungeliebt- und Unwertseins, das als Grundstimmung die eigene Befindlichkeit durchzieht, auf verschiedenste Weise aber erlitten, abgewehrt oder kompensiert wird. Es muß hinzugefügt werden, daß selbstverständlich auch Männer an der beschriebenen «Ablehnungswunde» leiden und sich zum Beispiel der Unfähigkeit bezichtigen, eine tragfähige Partnerschaft einzugehen. Ihre Partnerlosigkeit verquickt sich aber weniger mit der Gefahr gesellschaftlicher Diskriminierung.

Für manche Frauen, was immer die tieferen Ursachen ihrer Partnerlosigkeit auch sind, geht es darum, ihr Leben auch ohne Intimpartner befriedigend zu gestalten. Dies trifft besonders zu, wenn sie sich bereits in reiferen Jahren befinden. In erster Linie ist dazu eine Stärkung ihres Selbstvertrauens vonnöten. Mit oder ohne therapeutische Hilfe heißt das zunächst, die innerpsychische, oft unbewußte Wirksamkeit des «patriarchalen Geistes» zu durchschauen und zu mindern – des Geistes nämlich, der in entwertender Weise alleinstehende Frauen nicht für voll nimmt. Dies bildet die Grundlage zu vermehrter Selbstsicherheit und damit zu größerem Freiraum in der individuellen Lebensgestaltung.

Dennoch muß man sich bewußt sein, daß Partnerlosigkeit oft tiefes Leiden bedeutet – und zwar eine Form von Leiden, das sich von all den Schmerzen, die sich Partner gegenseitig zufügen können, wesentlich unterscheidet. Auch wenn sich Partner gegenseitig die Hölle heiß machen, oder wenn ihnen die eigenen Kinder unendliche Ängste und Sorgen bereiten – es sind Leiden, die qualitativ verschieden sind vom Leiden Alleinstehender. Das quälende an ihrer Situation ist wohl das Gefühl, nicht dazuzugehören, von einem wichtigen Teil des Lebens ausgeschlossen zu sein.

Ein Analytiker, der selbst verheiratet ist, hat hier in seiner the-

rapeutischen Funktion oft keinen leichten Stand. Ich selber
spüre zuweilen eine Art von Hemmnis, mich überhaupt zu äußern, denn jeder Satz klingt allzu leicht nach hohler Phrase. Es
kommt mir manchmal vor, als ob ich mich zu schämen hätte,
daß es mir diesbezüglich so viel besser geht, was meist ein Phänomen sogenannt «syntoner» Gegenübertragung ist (Fordham
1957). Mit anderen Worten: Ich nehme an meiner eigenen
«Schamreaktion» die Befürchtung der Patientin wahr, von mir
beschämt zu werden. Es ist die Befürchtung, daß ich, der ich in
so viel besserer Position bin, nur in beschämender Weise auf sie
herunterschauen kann, daß ich sie im Grunde meines Herzens
für genauso liebensunwert halte, wie dies «alle andern» tun.
Jedenfalls hält sie mich keineswegs für fähig, nachzuvollziehen,
wie sie an ihrem Zustand leidet und wie sich dieses Leiden wirklich anfühlt. Sollte sie aber spüren, daß ich mich genügend in
ihre Situation einzufühlen vermag, so mobilisiert das ihre
Angst vor Nähe und darf deshalb keineswegs zugelassen werden. Als Abwehr stellt sich dann schnell der Verdacht ein, ich
sei nur von herablassendem Mitleid motiviert. In ihren Augen
ist meine Position nur mit der eines beneideten «Reichen» vergleichbar, der Almosen verteilt und dadurch den anderen zu
einem bemitleidenswerten Bettler erniedrigt. Dies sind oft
Phantasien, die das therapeutische Feld beherrschen und unter
denen sowohl Analysandin als auch Analytiker zu leiden
haben. Zugleich schämt sich manche Patientin auch, Neidgefühle bei sich festzustellen, die sich auf mich und mein so viel
«besseres» Leben – was immer sie sich darunter auch vorstellen
mag – beziehen. Es dauert oft Jahre, bis die Vertrauensbasis genügend tragfähig wird, ist doch der Analytiker im Erleben der
Patientin nicht selten ein grausam-vergewaltigender Eindring-
ling, vor dem man sich unsäglich schämen muß. Therapeutisch
mag es von entscheidender Wichtigkeit sein, daß der Analytiker das ganze Arsenal an Ablehnung, Verdächtigung und Widerstand «überlebt» und als therapeutisch Verbündeter nachher noch «da» ist.

Damit kommen wir in einem letzten Kapitel zur Diskussion analytisch-psychotherapeutischer Fragen, insofern sie sich auf die Stärkung des Selbstvertrauens und die Befreiung von einengender Scham-Angst und Schamanfälligkeit beziehen.

Zur Psychotherapie von Selbstwertproblematik und Schamanfälligkeit

Interaktionsmuster, Schamkomplex und Übertragung

Wie ausführlich im Kapitel über das Selbstwertgefühl dargestellt, baut sich unser Selbstwert ursprünglich darauf auf, daß
unserem Dasein von den frühen Bezugspersonen angemessene
Zuwendung und entsprechende Wertschätzung gegeben wird.
Dies ist, vor allem seit den Veröffentlichungen von Spitz, Winnicott, auch Neumann und anderen, zu einer Art Binsenwahrheit geworden. Die Ergebnisse moderner Säuglingsforschung
bestätigen, wenn auch mit anderen Nuancen, diese Zusammenhänge. Darüber hinaus geben sie, vor allem in ihrer Dar-
legung durch Stern (1985), eine differenzierte Beschreibung
verschiedener Interaktionsmuster, die sich zwar zwischen
Säugling und Mutter abspielen, zugleich aber Grundmuster
von Partnerschaftsinteraktionen aller Art abgeben und nicht
zuletzt auch die Patient-Analytiker-Beziehung betreffen. Auch
bei Problemen von Scham-Angst und Schamanfälligkeit spielen entsprechende Beziehungsmuster eine entscheidende
Rolle, denn Scham beruht vornehmlich auf der Vorstellung,
daß die eigene Person in den Augen anderer an Wertschätzung
einbüßt, wobei diese «anderen» sehr oft zu Phantasiegestalten
geworden sind. Selbstwertgefühl wie auch Scham-Ängste beruhen jedenfalls auf zwischenmenschlicher Grundlage, auch
wenn es gerade die Scham ist, welche die Betroffenen in Isolierung oder Rückzug treibt.
Wenn nun Menschen, die unter starkem Leidensdruck stehen,
einen Psychotherapeuten aufsuchen, so begeben sie sich in ein
Wirkungsfeld, das eine gewisse Ähnlichkeit mit der «Urbezie-

hung» aufweist, in der die mütterliche Pflegeperson die Funktion des «das Selbst regulierenden anderen» hatte. Nicht selten tragen Hilfesuchende in sich die Hoffnung, der Psychotherapeut könne sie «irgendwie» von ihren seelischen Leiden befreien, aus dem Tief, in dem sie sich befinden, herausholen. Leider kann aber vom Therapeuten diese Funktion nicht wirkungsvoll übernommen werden, denn der Analysand ist kein Säugling und der Analytiker nicht die Mutter. Analytische Psychotherapie ist auf die Mitarbeit des Analysanden angewiesen, und zwar nicht nur auf dessen bewußte Anstrengung, sondern auch auf die kreativen Kräfte, die vom Selbst, dem unbewußten Anordnungszentrum seiner Gesamtpersönlichkeit ausgehen.

Es ist aber in vieler Hinsicht evident, daß die Grundformen frühkindlicher Mutter-Kind-Interaktionsmuster mit der entsprechenden Qualität des jeweiligen Ichgefühls durch das ganze Leben wirksam bleiben. Am folgenden Beispiel aus meiner Praxis wird das besonders deutlich. Ein junger Student suchte mich auf wegen folgender Beschwerden: Er habe Mühe, im Vorlesungssaal zu sitzen, denn er werde von der Vorstellung gequält, alle könnten sein Schlucken hören. So könne er sich nicht auf den Professor und den Inhalt der Vorlesung konzentrieren, sondern müsse dauernd an sein peinliches Schlucken denken und fühle sich entsetzlich unwohl. Er litt also deutlich an einer Scham-Angst-Symptomatik, fühlte sich «exponiert», von «den anderen» beobachtet und dadurch in seiner Autonomie bedrängt. Er wählte mich als Analytiker, weil er ein Buch von mir gelesen hatte und sich dadurch angesprochen fühlte. Zudem habe ihm beim Erstgespräch, neben meinem Alter, auch der Therapieraum gefallen – wie er sich äußerte. In den ersten drei bis vier Sitzungen hatten wir vor allem seine Hauptschwierigkeit herausgearbeitet, nämlich die Mühe, die es ihm bereitet, seinen Eigenbereich abzugrenzen. Nachdem ich ihm des weiteren gesagt hatte, es gehe nun in der Psychotherapie darum, mehr Vertrauen in «sein Eigenes» zu gewinnen, fühlte er sich plötzlich um vieles selbstsicherer. Er könne sich nun sagen: «Ich bin ich», und das tue seine Wirkung. Vor allem schrieb er aber diese Wandlung einer Art magischen Kraft zu, über die ich anscheinend verfügen müsse[7]. Auch ich war über die Plötzlichkeit dieses Wandels erstaunt, wußte allerdings, daß er niemals von Dauer sein konnte. In der Tat – die Besserung hatte einige Monate angehalten – gab es nach einer längeren Ferienunterbrechung und einem Enttäuschungserlebnis einen Rückfall in die alten Scham-Ängste. Die von mir ausgehende «magische» Kraft trug ihn nicht mehr. Im Gegenteil, sie richtete sich anscheinend nun *gegen* ihn. Ich hatte immer noch allzuviel Einfluß, aber gerade durch diesen «Einfluß» fühlte er sich zutiefst verunsichert und nahezu unfähig, in meiner Gegenwart er selber zu bleiben.

Wie ist das psychologisch zu verstehen? In der ersten Zeit übte ich offensichtlich die Funktion der «das Selbst regulierenden» guten und schutzgewährenden Mutter aus. Allerdings ist die so schnell und plötzlich einsetzende Wirkung nicht alltäglich. Vor allem hatte sie nach meinem Empfinden so gut wie nichts mit mir oder mit den paar Deutungen, die ich gegeben hatte, zu tun, sondern mit der «das Selbst regulierenden Funktion», die unbewußt vom Patienten an mich delegiert worden war. Die mir dabei zugeschriebene magische Kraft erklärt sich aus der archetypischen Dimension, welche der Mutter der Urbeziehung zukommt. Sie äußert sich in den mythologischen Vorstellungen der «Großen Mutter» oder Muttergottheit, die vor allem von E. Neumann dargestellt wurden (Neumann 1956). Es sei allerdings hier angemerkt, daß es sich bei der Vorstellung einer übermächtigen Muttergöttin um eine symbolische Formulierung handelt, die vorbewußten, noch sprach- und anschauungslosen Früherfahrungen nachträglich Sprache und Anschauung verleiht.

Aus all dem wird verständlich, daß durch den kleinsten Schatten, der auf meine «Vollkommenheit» fiel, herbe Enttäuschung in meinem Patienten ausbrechen mußte. Sein Einssein mit meiner «magischen Kraft» zerfiel, statt dessen war er «auf sich selbst zurückgeworfen» und wurde sich plötzlich seiner Abhängigkeit von mir, der ihn während langer Urlaubswochen verlassen hatte, bewußt. Damit stellte sich auch Abhängigkeitsscham ein, zusammen mit einer guten Portion Mißtrauen, das von früheren Interaktionsmustern genährt wurde. Es begann nun eine lange Analyse seiner Scham-Ängste und Widerstände im Zusammenhang mit den Interaktionsmustern, die er in der Übertragung mit mir durchspielte.

Aus diesem Beispiel wird offensichtlich, warum der Analytiker nicht ohne weiteres die Funktion des «anderen», der «das Selbst des Patienten reguliert», übernehmen kann. Ganz prinzipiell ist zu sagen, daß die jeweilige Funktion des Analytikers, wenn sie therapeutisch wirksam sein soll, weitgehend vom Unbewußten des Analysanden bestimmt wird. Was immer der Therapeut unternimmt, ob er nun deutet, konfrontiert, «menschlich reagiert» oder Einfühlung zeigt, entscheidend ist, wie dies beim Analysanden ankommt, wie es von ihm aufgenommen, interpretiert und jeweils verstanden wird. Bis ihm wirklich – was manchmal in entscheidenden Phasen geschehen kann – die Funktion eines «das Selbst neu und günstiger regulierenden anderen» zukommt, sind ungeschütztes Vertrauen und die Überwindung teilweise berechtigter Abhängigkeitsscham notwendig. Vielleicht ist «Regression» auf die «Stufe des Säuglings» nicht unbedingt vonnöten, hingegen Überwindung des ganzen Überbaus an Abwehr und falscher Autonomieverteidigung. Es geht jedenfalls darum, Zugang zu finden zu den Gefühlen des einst verwundeten Kindes, wie es ausführlich von Asper (1987) und auch von Mattern-Ames (1987) beschrieben worden ist. Aber schließlich ist auch ein solches Geschehen symbolischer Natur, denn der Analytiker *ist* nicht die Mutter. Im besten Fall wird er vom Patienten so erlebt, *als ob* er ein «das Selbst neu regulierender anderer» wäre. Letztlich ist das Wandlungsgeschehen innerpsychischer Natur, wobei die Präsenz des Analytikers als Instrument solcher Wandlung dient und meist unabdingbar ist.

Zunächst kommen in einer Analyse aber die im Analysanden unbewußt wirksamen Interaktionsmuster ins Spiel, in die der Analytiker früher oder später miteinbezogen wird. In Jungscher Sprache bedeutet dies, daß der Patient dazu neigt, die Wirklichkeit des Analytikers im Sinne des jeweilig aktivierten «Komplexes» zu verzerren. Kast spricht zu Recht davon, daß «in den Komplexen [...] die Beziehungsgeschichten unserer Kindheit und unseres späteren Lebens abgebildet [sind] samt den damit verbundenen Affekten und den stereotypen Verhaltensweisen» (Kast 1990, S. 196). Diese Beziehungsgeschichte hat nun die Tendenz, sich in der Analyse fortzusetzen. Zum Beispiel erlebt der erwähnte Analysand, nachdem sich die Verschmelzung mit meiner «Allmacht» aufgelöst hatte, sein altbekanntes Beziehungsmuster mit mir. Es bestand, wenn man es in Worte fassen kann, zur Hauptsache in folgenden Phantasien und Erwartungshaltungen: «Ich werde von ‹den anderen› an die Wand gedrückt. Wenn ich mich äußere, ‹kommt es nicht an›. Sicher ist es deshalb ‹blöd›, was ich zu sagen habe. So kann ich mich nur in mein Schneckenhaus zurückziehen. Dadurch falle ich auf, die Aufmerksamkeit des anderen ruht plötzlich auf mir, dem Trotzkopf. Es ist peinlich, dadurch exponiert zu sein, im Mittelpunkt zu stehen, aber ich werde beachtet. Der mächtige, erfolgreiche Vater, dem ‹Harmonie in der Familie› das höchste Anliegen ist, versucht alles, um mich aus meiner Verweigerungshaltung herauszuholen und sich ‹meiner Liebe› zu versichern, die er so dringend benötigt. Aber alles ist verfahren, ich kann nicht aus meinem Schlupfloch hinaus, in dem ich mich zugleich so isoliert fühle. Es ist beschämend, da zu bleiben, aber auch demütigend, sich herausholen zu lassen.»
Diese Beziehungsmuster breiteten sich nun im therapeutischen Feld zwischen uns aus. Während längerer Zeit kam er voller Angst zu den Sitzungen, der Angst nämlich, in beschämende Situationen zu fallen. Er kam aufgeregt an und sagte, wie nervös er wieder sei, und konnte dann kaum ein Wort aus sich herausbringen. Es war ihm entsetzlich peinlich, in solch obstinates

Schweigen zu verfallen, aber «es» war stärker als wir beide zusammen. Manchmal machte er Andeutungen, daß er sich im Leben doch schon besser durchsetzen könne. Dies entsprach sicher der Wahrheit, klang aber doch so, als ob er mich und vielleicht auch sich selber beschwichtigen wollte. Er wollte zu verstehen geben, daß unser Unterfangen trotz allem nicht so hoffnungslos sei. Denn zugleich verlangte er sehr viel von sich selbst, wobei vor allem in seinem Studium die Wirksamkeit eines relativ unerbittlichen «Größenselbst» spürbar war. Es lag ihm daran, bei seinen Lehrern als besonders gut anerkannt zu sein, die kleinste Kritik konnte ihn vernichtend treffen. (Auffallend war allerdings, daß er sich nicht lange davon lähmen ließ, sondern fast Tag und Nacht daran arbeitete, die entsprechenden Schwächen auszumerzen.) So empfindlich er für Kritik war, so peinlich berührte ihn aber auch direktes Lob, es verursachte allzu intensive «Schamlust».

So lag es durchaus auch in seinem Bestreben, ein gut mitarbeitender Analysand zu sein. Um so schlimmer mußte es ihn treffen, daß wir beide gleichsam Opfer seiner komplexhaften Interaktionsmuster wurden. Ich spürte seine Verzweiflung, wann immer er im Schneckenhaus verharren mußte. Es war aber kaum möglich, dagegen etwas zu unternehmen. Sobald ich beispielsweise versuchte, seine Verzweiflung anzusprechen, spürte ich, daß ich ihm «zu nahe trat». Es kam mir dann so vor, als ob ich sein Vater wäre, der mit allen Mitteln um seine Gunst wirbt, zwecks Wiederherstellung der Harmonie. Offensichtlich erlebte er mich in solchen Momenten auch so. Wenn ich ihm Fragen stellte und mein Interesse an ihm signalisierte, war das manchmal für ihn erleichternd, meist aber zu aktiv-eindringend, so daß er sich verschließen mußte. Wenn ich ihn aber in seinem Schneckenhaus schmoren ließ, war er verzweifelt über sich selber und fühlte sich von mir offensichtlich verlassen, was er mit der Zeit – äußerst indirekt – auch ansprechen konnte. Denn Wünsche, von mir (oder von seinem Vater oder anderen Bezugspersonen) Zuwendung zu bekommen, waren äußerst schambesetzt. Auch mit Deutungen war es oft schwierig. Wenn er mir in kärglichem Telegrammstil gewisse Schwierigkeiten mitteilen konnte, die ich dann weiter ausführte und in einen möglichen psychologischen Zusammenhang brachte, neidete er unter Umständen mein «Besserwissen» und fühlte sich um so mehr in den Schatten gestellt. Immer wieder äußerte er, es sei mein allzu starker Einfluß, der ihn so blockiere, er stelle sich zu sehr auf mich ein, nehme mich zu wichtig, könne auf diese Weise weder er selbst bleiben noch mit mir in Beziehung kommen. Was immer ich auch zu tun versuchte, ich konnte nichts gegen diesen «Einfluß» unternehmen, der anscheinend von mir ausging und ihn so blockierte. Die Vorstellung, daß seine Anliegen beim «anderen» nicht «ankommen» und deshalb peinlich sein könnten, war übermächtig. Wie oft sagte er mir, er hätte schon etwas zu berichten, aber das gehöre doch nicht in die Analyse. Dabei wußte er, daß alles, was ihn spontan beschäftigt, für die Therapie von Interesse ist.

Neben meiner Empathie in seine «beschissene» Situation stieg in mir zunehmend auch Ärger auf. Ich ärgerte mich über meine «Ohnmacht», die ich seiner Verweigerungshaltung gegenüber spürte. Er hatte also die Macht, mich in Ohnmacht zu versetzen – ein Machtspiel, das, wie ich immer mehr gewahr wurde, auch zu seinen Interaktionsmustern gehörte. So beschloß ich, ihn mit den Mechanismen dieses Machtspiels zu konfrontieren und ihm gleichzeitig deutlich vor Augen zu führen, wie destruktiv sich diese Scheinbefriedigung auf die Analyse auswirkt, wie er sich selber damit sabotiert. Wie sich in der Folge zeigte, tat diese Konfrontation ihre Wirkung, indem sie unseren Teufelskreis etwas zu durchbrechen half. Diese Wirkung beruhte meines Erachtens auf drei Faktoren: Zum ersten war es wirksam, ihn mit der Realität unserer therapeutischen Ziele zu konfrontieren und ihm zu sagen, wie er die von ihm erstrebte Besserung selber sabotiert. Als zweites kam dazu, daß harte Konfrontation nicht Teil seines Interaktionsmusters zu sein schien – dies war in seiner Familie nicht üblich. Es war also gewissermaßen eine Art neuer Erfahrung, die, in Verbindung mit dem folgenden und dritten Punkt, den Ansatz zu einem Neubeginn brachte: Ich hatte vom Machtspiel zwischen uns gesprochen, davon also, daß er in seiner Verweigerungshaltung mächtiger ist als ich, daß er mich damit auch tyrannisieren könne. Wenn man aber Macht auszuüben vermag, ist man nicht beschämend «klein» und ohnmächtig. Er ist also meinem «Einfluß» nicht nur ohnmächtig unterlegen, was beschämende Auswirkung hat; vielmehr hat er auch die Macht, mich als Vaterinstanz gewissermaßen zu «kastrieren». In dem «Vorwurf», den er in meiner Intervention wahrzunehmen vermeinte, war also zugleich eine Aufwertung seiner Person und ihrer Wirkungsmöglichkeiten enthalten. Jedenfalls nahm er die Härte dieser Konfrontation gut auf – es war, als ob er darauf gewartet hätte.

Auch hatte ich ihn während der Konfrontationssitzung auf die Möglichkeit aufmerksam gemacht, daß er – statt sich durch meinen «Einfluß» ständig blockieren zu lassen – einmal den aktiven Versuch machen könnte, diesen Einfluß zu imaginieren. Er könnte beispielsweise ein Bild oder eine Zeichnung davon machen, um herauszufinden, wie dieser Einfluß überhaupt aussehe. So verfertigte er im Anschluß an die Sitzung Zeichnungen von großen, eregierten männlichen Geschlechtsgliedern, sogenannte Phalli, die er in der Phantasie dem Vater (oder mir, als der väterlichen Übertragungsfigur) zuschrieb. Dann kam er plötzlich auf die Idee, einen solchen Penis derjenigen Figur anzufügen, in der er sich selber darstellte. Es ging also offensichtlich darum, die dem Vater zugeschriebene Manneskraft, Aktivität und Initiative in sich selber zu wecken und zu spüren. Dies war der Anfang eines Prozesses, der ihn dazu motivierte, sich sukzessiv mehr Freiraum und Eigeninitiative zu erobern, wobei sich Scham-Ängste und Hemmungen merklich abbauten.

Es ging nicht lange, bis er sich zum ersten Mal in seinem Leben heftig verliebte, wobei er ein erstaunliches Maß an Aktivität entwickelte und viele Hemmungen zu überwinden vermochte. Bei all den Hoffnungen und Enttäuschungen, die mit dieser Erfahrung auftauchten, fühlte er sich innerlich plötzlich sehr lebendig. Und etwas sehr Wesentliches kam noch dazu: Solche Gefühle und Erlebnisse konnte er anderen Menschen mitteilen, sie sind mit-teilbar. Die Liebe mit ihren Freuden und Leiden ist ein ewiges Menschheitsthema. Somit fühlte er das erste Mal, daß er, um er selbst sein zu können, nicht unbedingt sein gottverlassenes «Schneckenhaus» benötigt, daß er vielmehr ein ganz normaler Mann ist und auch zur Menschheit gehört.

Dieses Beispiel sollte veranschaulichen, wie jeweilige Interaktionsmuster die Patient-Analytiker-Beziehung bestimmen können und wie schwierig es manchmal ist, sie zu lockern, so daß Entwicklung in Fluß kommt – eine Entwicklung, die im optimalen Fall zu einem Mehr an Selbstvertrauen führt.

Allgemein geht es also um folgendes: Psychische Komplexe und die in ihnen wirksamen Interaktionsmuster aktualisieren sich immer wieder im Hier und Jetzt und nicht zuletzt in der analytischen Situation, sie sind Bestandteil gewisser Formen von Übertragung auf den Therapeuten. Es ist deshalb entscheidend, daß sich der Analytiker als «Übertragungsfigur» zur Verfügung stellt. Dies kann er nur dann tun, wenn er sich emotional auf das Geschehen einläßt und an seinen eigenen Gefühlsreaktionen sensibel zu spüren vermag, auf welche Weise er vom Analysanden benötigt wird. Gemeinsam mit dem Patienten betritt er gleichsam das therapeutische Feld, wo gegenseitige Beeinflussung stattfindet. Deshalb wird die «syntone» Gegenübertragung des Analytikers, nebst seiner Einfühlungsfähigkeit, zu einem wichtigen Arbeitsinstrument. Unter «syntoner» Gegenübertragung wird die Möglichkeit des Analytikers verstanden, Vorgänge im Unbewußten des Patienten anhand eigener seelischer Regungen zu erahnen (Fordham 1957). Dies wird verständlich, wenn man bedenkt, daß auch der Analytiker innerhalb des therapeutischen Feldes vom Unbewußten des Patienten beeinflußt wird. Mit zunehmender Erfahrung wird er vielleicht Antennen entwickeln, die gewisse Schwingungen, gar gewisse Inhalte dieses Einflusses wahrzunehmen vermögen. Allerdings bedürfen diese Gegenübertragungserkenntnisse stets der Verifikation, könnte es sich doch ebensogut um unbewußte Inhalte des Analytikers handeln, die er seinerseits auf den Patienten projiziert (vgl. Fordham 1957; Jacoby 1987).

Im Zusammenhang mit meiner Thematik ziehe ich den unschönen Ausdruck «Interaktionsmuster» dem Jungschen Terminus «Komplex» vor, und zwar deshalb, weil dadurch die Idee der Interaktion, die auch den Komplexen inhärent ist, in den Vordergrund rückt. Im Jungschen Sinne sind die Interaktionsmuster als Inhalte des «persönlichen Unbewußten» zu bezeichnen, insofern sich in ihnen das je persönliche Schicksal allgemeinmenschlicher Lebensbedürfnisse niedergeschlagen hat. Allgemeinmenschliche Bedürfnisse beruhen aber stets auf einer archetypischen Wurzel, wie sie auch den sich im «persönlichen Unbewußten» manifestierenden Komplexen zugrunde liegt. In der Erfahrung sind jedenfalls Interaktionsmuster und Komplexe sehr nahe Verwandte. *Nach meiner Auffassung machen die Komplexe den Gefühlston oder den affektiven Wert aus, der den jeweiligen Interaktionsmustern anhaftet.* Auch wenn in den Interaktionsmustern scheinbar die objektstufige Erfahrung akzentuiert ist, so haben sie doch vornehmlich mit Vorstellungen und Phantasien zu tun. Es geht um die vielfältigsten Interaktionen mit «anderen», wie sie sich durchaus auch in Träumen ausdrücken, die davon handeln, was uns die Traumfiguren antun oder in welchem Verhältnis wir zu ihnen stehen etc. Sie sind anscheinend Figuren der Außenwelt (Eltern, Freunde, Vorgesetzte, Feinde, auch Unbekannte usw.), und doch sind sie zugleich Gestalten unserer Phantasie und Innenwelt.

In der Analyse ist den jeweiligen Interaktionsmustern, wenn immer möglich, emotional «auf den Grund zu gehen»: mittels Erinnerungen, Träumen, Phantasien, Ängsten, Schamgefühlen etc., die sich um sie ranken. Dies ist der sogenannte «Wiederholungsaspekt» einer Analyse, das emotionale Wieder-Herholen der Konflikte und Verwundungen. Dabei kann es sich aber insofern nicht um reine Wiederholung handeln, als sie in einer therapeutischen Umgebung stattfindet, in der für die alten, aber immer noch virulenten Verletzungen ein neues und einfühlsames Verständnis entgegengebracht werden sollte. Ein solches Verständnis kommt für den Patienten zunächst unerwartet, es wird oft mißtrauisch abgewehrt, ist aber die Grundlage dafür, daß der Patient selbst mit der Zeit Verständnis für seine Wesensart samt ihren Schwächen und Konflikten aufbringen kann.

Wie erwähnt, kann es oft lange dauern, bis ein Patient solchem Verständnis auch trauen kann, besonders dann, wenn sich alte, von Mißtrauen geprägte Interaktionsmuster immer wieder dazwischen schieben, Interaktionsmuster verschiedenster Art, welche die Wahrnehmung des echten Verständnisses verzerren können.

Aber auch der Analytiker bringt seine Komplexe und die ihnen entsprechenden Interaktionsmuster in die therapeutische Situation mit ein. Insofern sie *unbewußt* wirksam sind, können sie sein Verständnis stören, verzerren und dem therapeutischen Prozeß hinderlich sein. Darum ist eine gründliche Eigenanalyse des Analytikers, die sogenannte «Lehranalyse», zur Ausübung seines Berufs dringend gefordert. Sie sollte ihn zumindest dafür sensibilisieren, daß er jederzeit eigenen illusorischen Projektionen und Gegenübertragungsverzerrungen unterliegen kann. Entscheidend in seinem Beruf ist die Entwicklung der Fähigkeit, den eigenen Standpunkt jederzeit in Frage zu stellen und flexibel zu modifizieren, ohne deshalb seiner Identität oder gar seiner Integrität verlustig zu gehen. Jedenfalls ist die Fähigkeit, Verständnis zu gewinnen, im therapeutischen Geschehen von zentraler Bedeutung. Der Ausdruck *Verständnis* gefällt mir besonders deswegen, weil er einerseits mit dem Verstand der psychologischen Erfassung, andererseits mit gefühlsmäßigem Nachvollzug, mit einfühlender Anerkennung auch gegensätzlicher Standpunkte zu tun hat.

Falls nun ein Stück Verständnis zugelassen wird, ist es für den Patienten plötzlich nicht mehr «selbst-verständlich», so mit sich selber umzugehen, wie es anscheinend die frühen Bezugspersonen getan haben. Es ist auch nicht mehr selbstverständlich, zu erwarten oder zu befürchten, daß sich die Umwelt den Interaktionsmustern des Patienten entsprechend verhält. Mit anderen Worten: Es findet eine gewisse Rücknahme von Projektionen statt. Andere Menschen werden in neuer Weise gesehen und erlebt, die wahrscheinlich der Realität näher ist. Die Auflösung der Identifikation mit einem eingefleischten Interaktionsmuster mag zwar zunächst verunsichern, bringt aber die Dinge in Fluß. Als Beispiel möchte ich auf den erwähnten Patienten zurückkommen, der nun begann, mich nicht mehr ausschließlich als einen «Einfluß» zu erleben, der seine Eigenständigkeit untergräbt. Das Gefühl, in meiner Gegenwart er selbst bleiben zu können, nahm langsam – obwohl noch schwankend – an Sicherheit zu und damit auch seine Fähigkeit zu vermehrter Eigeninitiative.

Vom Standpunkt der Jungschen Psychologie ist hier zu sagen, daß die natürliche Entwicklungs- und Anordnungstendenz des Selbst, die in negativ einengenden Interaktionsmustern blokkiert war, wieder zum Zuge kommt. Es entsteht Bewegung, die «Interaktionen» verändern sich, werden lebendiger. Sind es nun die inneren Figuren oder «Repräsentanzen», die sich wandeln und dem Ichgefühl neue Freiheit und Unterstützung gewähren, oder ist der Entwicklungsschub zuerst im «Ichgefühl» spürbar, der dann sekundär die «Einstellungsänderung» innerer Figuren bewirkt? Diese Frage ist wahrscheinlich unbeantwortbar, ähnlich der Frage, ob in der Schöpfung dem Huhn oder dem Ei Priorität zukommt. In beiden Fällen aber wird es für den Betroffenen wahrscheinlich zur Veränderung in der eigenen Befindlichkeit kommen und dadurch auch zu neuen Formen der Interaktion mit den Bezugspersonen.

Empirisch ist festzustellen, daß sich bei tiefergreifenden Analysen oder Psychotherapien die Figuren der Innenwelt, die innerseelischen «Repräsentanzen», oftmals verändern. Am deutlichsten ist dies zunächst anhand von Träumen zu beobachten. Ich habe Traumserien gesehen, in denen etwa strafende Vaterfiguren zu fördernden inneren «Repräsentanzen» wurden. Manchmal geht die Initiative zu deren Wandlung von der Einstellung des Traumichs aus. So wurden in Träumen zum Beispiel aus verfolgenden Männern wissende Freunde, sobald die Träumerin nicht mehr die Flucht ergriff, sondern sich der Verfolgung stellte. Ich habe in einer Publikation (Jacoby 1978, S. 205 ff.) anhand eines Hexentraumes dargestellt, wie eine scheinbar allmächtige, den Träumer einkerkernde Mutterfigur zur Rechenschaft gezogen wurde und einen Teil ihrer Allmacht abgeben mußte. Dies hatte sich anschließend auf das Selbstwertgefühl und folglich auch auf die Beziehungen und Interaktionen des Analysanden sehr befreiend ausgewirkt.

Solche Wandlungen können aber weder vom Analytiker noch vom Patienten willentlich herbeigeführt werden. Beide sind in einen Prozeß einbezogen, welcher von jener Instanz ausgeht, die von Jung als «Selbst» bezeichnet wurde. Dies wird besonders deutlich, wenn man mit Neumann das Selbst als das «dirigierende Zentrum einer sich schöpferisch erweiternden Ganzheit» auffaßt (Neumann 1949, S. 317). Es manifestiert sich im Streben nach Selbstgestaltung, im Prozeß der Individuation. Die Aufgabe des Analytikers, wie immer er seine Methoden auch einsetzt, besteht letztlich darin, Instrument und zugleich «fördernde Umwelt» für seelische Prozesse zu sein, die mit dem Individuationsstreben verbunden sind.

Scham und Individuationsprozeß

Der Individuationsprozeß ist das zentrale Anliegen der Jungschen Psychologie, ein Anliegen, um welches schon Pindar im alten Griechenland gewußt haben muß, sonst hätte er nicht den berühmten Aphorismus prägen können: *Werde, der du bist.*

Immer wieder hat Jung in seinem Werk zu formulieren versucht, was er darunter versteht, wobei mir die folgende, relativ frühe Definition Gültiges auszusagen scheint:

«Die Individuation ist allgemein der Vorgang der Bildung und Besonderung von Einzelwesen, speziell die Entwicklung des psychologischen Individuums als eines vom Allgemeinen, von der Kollektivpsyche unterschiedenen Wesens. Die Individuation ist daher ein Differenzierungsprozeß, der die Entwicklung der individuellen Persönlichkeit zum Ziele hat. [. . .] Die Individualität ist aber schon physisch und physiologisch gegeben und drückt sich dementsprechend auch psychologisch aus. Eine wesentliche Behinderung der Individualität bedeutet daher eine künstliche Verkrüppelung. [. . .] Die Individuation fällt zusammen mit der Entwicklung des Bewußtseins aus dem ursprünglichen *Identitätszustand*. Die Individuation bedeutet daher eine Erweiterung der Sphäre des Bewußtseins und des bewußten psychologischen Lebens» (Jung 1921, GW 6, § 825 und 828).

Bekanntlich beginnt nach Jung der Individuationsprozeß in der Krise der Lebensmitte und wird in der zweiten Lebenshälfte des Menschen wirksam, nämlich dann, wenn sein Ich genügend gefestigt ist und die mehr kollektiven Aufgaben der ersten Lebenshälfte (z. B. im Berufs- oder Familienleben) bewältigt sind. Diese Auffassung hat meines Erachtens mit Jungs «persönlicher Gleichung» zu tun, sie ist Ausdruck der Verallgemeinerung seiner eigenen Erlebnisse – jener Erfahrungen, die er in seinem Erinnerungsbuch als «Auseinandersetzung mit dem Unbewußten» beschreibt (Jung/Jaffé 1962, S. 174–203). Wenn man hingegen seine Definition des Individuationsprozesses als «Vorgang der Bildung und Besonderung von Einzelwesen» ernst nimmt, so müssen sowohl die frühkindlichen Prozesse der Ichentwicklung als auch die Vorgänge der Identitätsfindung beim jungen Erwachsenen mit einbegriffen werden.

Was nun den Psychotherapeuten besonders auf den Plan ruft, ist Jungs Vorstellung, daß künstliche Verkrüppelung dann auftritt, wenn die im Menschen angelegte Individualität in ihrer Entfaltung behindert wird. Solche Behinderung kann natürlich in allen Lebensphasen aus den verschiedensten Gründen auftreten. Am meisten gefährdet ist die Entfaltung der Individualität aber ohne Zweifel im Säuglingsalter und in der frühen Kindheit, wo Förderung oder Behinderung so sehr in den Händen jener Bezugspersonen liegt, denen das Kind auf Gedeih und Verderb ausgeliefert ist. Da die zu jener Zeit erworbenen Interaktionsmuster ihre Wirksamkeit auf das Selbstwertgefühl und die Qualität menschlicher Beziehungen oft noch in der Gegenwart ausüben, scheint es mir wichtig, ihnen auf den Grund zu gehen. Meist hat die «künstliche Verkrüppelung» in jenen frühen Lebensphasen ihre Wurzeln.

In der Analyse oder Psychotherapie geht es darum, daß der Klient nach Möglichkeit diese «Behinderungen» abbauen und eine dem Entfaltungsprozeß gegenüber fördernde Einstellung gewinnen kann. Es ist schon viel, wenn es der Analytiker schafft, diesem Prozeß nicht im Wege zu stehen, denn leicht wird er – für ihn zunächst unbewußt – von den festgefahrenen Interaktionsmustern des Patienten vereinnahmt. Darin zeigt sich der sogenannte «Widerstand», an dem sich Angst, Scham und Mißtrauen festmacht. Oft sind lange Phasen des Durcharbeitens von Abwehr und «negativer» Übertragung nötig, wie ich es bereits beschrieben habe.

Wenn es aber gelingt, Neu-Erfahrungen und Wandlungen im Sinne des Individuationsprozesses zu erleben, steht auch der Analytiker oft staunend vor jenen Kräften in der Psyche, die nicht bewußter Kontrolle unterliegen, sondern Zeichen sind eines Größeren in uns.

Im Individuationsprozeß kommt das Zielgerichtete des seelischen Lebens zum Tragen. Das Ziel heißt «Verwirklichung der eigenen Ganzheit» und ist eine Utopie: In Realität gibt es keine «individuierten» Menschen, vielmehr geht es darum, mit den Kräften des Unbewußten, die vom Selbst ausgehen und nach Zentrierung der Gesamtpersönlichkeit streben, in möglichst bewußte Übereinstimmung zu gelangen. Auch Jung betont, daß das Ziel der Individuation «nur als Idee wichtig» sei. Wesentlich für ihn ist «das *opus,* das zum Ziel hinführt: es erfüllt die Dauer des Lebens mit einem Sinn» (Jung 1946, GW 16, §400). Für unser Thema ist Jungs Erkenntnis von Interesse, daß der Individuationsprozeß «zwei prinzipielle Aspekte» hat: «Einerseits ist er ein interner, subjektiver Integrationsvorgang, andererseits aber ein ebenso unerläßlicher objektiver Beziehungsvorgang» (Jung 1946, GW 16, §448). Die sich wandelnden Interaktionen zwischen dem Ich und den inneren Figuren aus dem Unbewußten stehen mit der Beziehung zu den Personen der äußeren Wirklichkeit in wechselseitigem Zusammenhang. Der Mensch ist und bleibt ein soziales Wesen, wenn sich auch im Lauf der Integrationsvorgänge, die zum Individuationsprozeß gehören, die emotionalen Abhängigkeiten von anderen – vor allem auch die Abhängigkeit des eigenen Selbstwertgefühls von der Bestätigung durch andere – etwas lockern dürften. Es hat sich etwas dahin gewandelt, daß ich mehr zu mir, zu meinem eigenen Wesen stehen kann. Vielleicht vermag ich auch in vermehrtem Maße meiner inneren «Stimme» zu vertrauen, die mir gleichsam «mitteilt», wann ich «stimmig» lebe und wann etwas für mich «nicht stimmt».

Was hat aber all das mit Scham-Angst und Schamanfälligkeit zu tun? Erfahrungsgemäß sehr viel, denn der Zuwachs an Selbstsicherheit bedeutet auch, daß sich meine Beziehung zu den «anderen», den Vorstellungsbildern und den realen Menschen, gewandelt hat, daß sich also die alten Interaktionsmuster aufbrechen ließen und damit Veränderung der Schamschwelle möglich wurde. Die Scham-Angst, wie ich wohl in den Augen «anderer» dastehe, verliert somit an Intensität und engt mich weniger ein.

Bei günstiger Entwicklung besteht ein weiteres Resultat meist auch darin, daß sich die Spannung zwischen dem Wunschbild, wie ich sein möchte, und der Wahrnehmung, wie ich in Wirklichkeit bin, verringert. Zwar ist generell zu sagen, daß der Individuationsprozeß vom Streben nach einer gewissen Vervollkommnung, nach Erfüllung der Ansprüche aus dem Ichideal, geradezu lebt, zumindest seine Motivation bezieht. Dem trägt

Jung – und dies scheint mir eine seiner wesentlichsten Erkenntnisse zu sein – insofern Rechnung, als er den größten Wert legt auf die Unterscheidung zwischen *Vollkommenheit* und *Vollständigkeit* oder Ganzheit. Er schreibt zum Beispiel, daß, wenn man nach Vollkommenheit strebe, man dann die Vollständigkeit zu *erleiden* habe (Jung 1951, GW 9 II, § 123). Vollkommenheit schließt alles Schattenhafte, Störende, eben «Unvollkommene» aus, Vollständigkeit oder Ganzheit aber muß eo ipso das Dunkle, Schattenhafte, eben das Unvollkommene mit einbegreifen. Folglich besteht zwischen dem Drang nach Vervollkommnung und dem Akzeptieren meines Soseins samt Schatten und Minderwertigkeit ein schmerzhaftes Spannungsverhältnis. Wenn ich mich in satter Selbstzufriedenheit ergehe, entsteht ein spannungsloses, undynamisches Lebensgefühl, eine seelenlose Langweiligkeit. Scham, Minderwertigkeits- und auch Schuldgefühle, die bei einem solchen Lebensstil auftauchen, können geradezu als Zeichen dafür aufgefaßt werden, daß sich das innere Selbst mit einem solchen Stillstand an Lebensentfaltung nicht abfinden will. Andererseits kann nur das Annehmen meines begrenzten Soseins, samt dem bewußten Erleiden von Ohnmacht und Unzulänglichkeit, hypertrophierende Scham- oder auch Schuldgefühle auf ihre normale «Wächterfunktion» begrenzen. Eine Psychotherapie, in der ein Stück Individuationsprozeß zum Tragen kommt, kann vielleicht dazu verhelfen, daß das Spannungsverhältnis zwischen Vervollkommnungswunsch und grundsätzlicher Bejahung meines unzulänglichen Soseins immer wieder zu einem erträglichen Ausgleich kommt.

Und hier scheint mir Scham, die ich auch als Wächterin über unsere menschliche Würde bezeichnet habe, eine wichtige Rolle zu spielen. Vornehmlich ist dabei an jene Form von Scham zu denken, die gemäß Aristoteles mit den «Dingen der reinen Wahrheit» verknüpft ist. Über die «reine Wahrheit» an sich können wir selbstverständlich nichts Bestimmtes wissen – höchstens, daß sie zu all den Ausprägungen verschiedenartigster Lebenslügen im Gegensatz steht. So gilt der Versuch, unsere innere Wahrheit zu erspüren, sie immer wieder zu ergründen und ihr nach Möglichkeit treu zu sein. Dies ist eine Frage der Ethik, macht aber auch das Wesen des Individuationsprozesses und unsere Beziehung zu dem Größeren in uns aus. Scham muß in letzter Instanz deshalb als «Wächterin» dieser inneren Wahrheit angesehen werden, die immer dann in unangenehmer Weise Alarm schlägt, wenn wir von ihr abweichen oder ihr ausweichen.

In der Praxis stellt sich damit die Frage, was Schamgefühle jeweils in der einzelnen Situation zu bedeuten haben. Einerseits ist es möglich, sie als ein ernst zu nehmendes Warnsignal aus dem tiefen Selbst aufzufassen, das zur Selbstbefragung motiviert, zur Frage nämlich: Gibt es wirklichen Anlaß, mich bestimmter Aspekte meiner Daseinsweise zu schämen, weil ich vielleicht nicht in genügendem Einklang mit den tieferen Anliegen des Selbst lebe? Könnte es sich gleichsam um «Fingerzeige Gottes» handeln, die mich auf den mir bestimmten Weg verweisen wollen? Andererseits ist aber ebensogut an neurotische Schamanfälligkeit zu denken, die auf mangelndes Selbstwertgefühl hinweist, auf meine Unfähigkeit, mich so zu akzeptieren, wie ich bin, das heißt auf die Spannung zwischen Ich und Ichideal, die aus den verschiedensten Gründen viel zu groß ist.

Letztlich ist es natürlich wesentlich, daß sich der Analytiker mit jenen Tendenzen verbündet, die den Analysanden zu möglichster Übereinstimmung mit den Anliegen seines eigenen Wesens bringen wollen, auch wenn es sich im Symptom der Scham äußern sollte. In der Praxis sind aber immer beide Möglichkeiten in Betracht zu ziehen, wäre es doch nicht nur anmaßend, sondern therapeutisch auch kontraproduktiv, wenn der Analytiker jeweiligen Schammanifestationen gleichsam «recht» geben würde, bevor er im analytischen Sinne der Frage nachgegangen ist, ob sie nicht von herabmindernden, beschämenden «inneren Figuren» bewirkt werden. Denn damit setzt er sich der Gefahr aus, die Meinung dieser Figuren zu bestätigen, anstatt sie deutend zu relativieren. Oft waren es gerade diese Figuren aus der Kindheit, die den vom Selbst intendierten Prozessen keine fördernde Umwelt schufen, ihnen im Gegenteil zum Hindernis wurden. Daraus resultiert, daß sich ein Analysand gerade nicht auf seine eigenen Gefühle verlassen kann, vor allem dann, wenn es um Bewertung seiner selbst und seiner Impulse, Vorstellungen, Handlungen geht. Es ist, als ob dafür kein innerer «Kompaß» zur Verfügung stünde. Manchmal ist auch deutlich, daß er sich gerade dann beschämt oder auch schuldig fühlt, wenn sich konstruktive Impulse aus dem tieferen Selbst manifestieren. Es ist dies ein Aspekt des «beschatteten Selbst» (Asper 1987, S. 69 ff.), der sich darin zeigt, daß jene Tendenzen aus dem Selbst, die zur Entwicklung der Ichgefühle und des adäquaten Selbstwertgefühls und letztlich zur Individuation wesentlich sind, vom Betroffenen als negativ und beschämend eingestuft werden. In diesem Fall wird es zur Aufgabe der Analyse, eine «Umwertung der Werte» anzustreben.

«Schneewittchensyndrom» –
ein Beispiel aus der analytischen Praxis

Zum Thema des «beschatteten Selbst» möchte ich zum Schluß meiner Ausführungen ein Beispiel aus meiner Praxis darstellen, dem ein archetypisches Muster zugrunde liegt, wie es in bildhafter Weise im Märchen von Schneewittchen ausgedrückt ist. Es geht dort um die tödliche Ablehnung und Vergiftung der Tochter durch die Stiefmutter-Hexe. Wenn solches Ablehnungsgift im Betroffenen wirksam ist, können sich destruktive Scham- und auch Schuldgefühle gegen die vitalen Lebensimpulse richten, so daß die mit dem Individuationsstreben verbundenen Tendenzen zum Beispiel als beschämende Anmaßung oder gar als etwas Schlechtes erlebt werden. Es ist dann, als ob jene Werte, die «von Natur aus» in die Prozesse der Selbstgestaltung investiert werden, durch giftige «Verleumdung» in Unwerte verkehrt und «überschattet» werden.

Es handelt sich bei meiner Patientin um eine Frau mittleren Alters, welche an dem litt, was man passend ein «Schneewittchen-Syndrom» nennen könnte. Bezeichnend für ihre Lebensgeschichte war es, daß ihre Mutter bei ihrer Geburt noch sehr jung und schön gewesen sein muß. Zum Vater hatte sie kaum Beziehung, er wurde durch Mutters Intrigen möglichst von ihr ferngehalten. Frau X – wie ich die Patientin nennen will – erinnerte sich auch, daß ihre Mutter stets im Zentrum sein wollte und das starke Bedürfnis hatte, von ihrer Umgebung bewundert zu werden. Ferner erinnerte sie sich, daß auch sie selber ihre schöne Mutter grenzenlos bewundert hatte und schon sehr früh in ihrer Kindheit deren Wünsche erfüllte. Sie hatte sich, mit anderen Worten, allzu früh auf die Bedürfnisse ihrer Mutter einzustellen, mußte gleichsam, um ihrer Liebe nicht verlustig zu gehen, ihre Dienerin und Bewunderin sein. Sie besorgte so gut es ging den Haushalt für ihre Mutter und suchte ihr alle Wünsche von den Augen abzulesen. Es war, als ob sie ihrer Mutter gleichsam den Zauberspiegel vorhalten mußte, um ihr zu bestätigen: «Du bist die Schönste im ganzen Land. Du bist die Königin.» Die Spiegelung, welche Frau X von ihrer Mutter erhielt, lautete: «Du bist das beste und liebste Kind – *unter der Bedingung,* daß du mich als die Schönste bewunderst und ein Teil meiner eigenen Bedürfniswelt bleibst.»

Als Frau X im vorpubertären Alter selber attraktiv zu werden begann, war die Mutter mit verletzenden und beschämenden Bemerkungen gleich zur Stelle. Sie hatte sich vom Vater meiner Patientin getrennt und lebte mit einem neuen Mann zusammen. Außerdem war sie stets von bewundernden Männern umgeben, von denen sie ihre Tochter unter allen Umständen fernhalten wollte. Natürlich gelang ihr das nicht. Ihr neuer Lebensgefährte, «Stiefvater» ihrer Tochter, machte seinem «Stiefkind» heimlich Avancen und nützte seine Machtposition in übler Weise aus, während die Tochter Angst hatte, ihrer Mutter etwas davon zu sagen.

Zu der Zeit wurde ihr also dunkel bewußt, daß sie im Grunde von ihrer Mutter verstoßen war. Bezeichnenderweise konnte dies für sie nichts anderes bedeuten, als daß sie selbst ein schlechter und wertloser Mensch sein müsse. Ihre seelische Überlebenschance bestand darin, gleichsam bei den Zwergen hinter den sieben Bergen Zuflucht zu finden[8], das heißt in der Welt ihrer Phantasie, in ihren Träumen, ihrer Suche nach dem Sinn des Lebens, auch in der Suche nach Gott.

Natürlich gab es auch die Sehnsucht nach Liebe, nach Verstandenwerden. Frau X hatte später verschiedene Männerbeziehungen erlebt, wobei deutlich wurde, daß dieser Bereich gründlich «vergiftet» worden war. Jede Beziehung ging aus den verschiedensten Gründen immer in die Brüche.

Diese Problematik ist im Märchen anschaulich symbolisiert durch die vergiftete rote Apfelhälfte, der Schneewittchen nicht widerstehen kann. Der Apfel bedeutet sowohl Liebesfrucht als auch Erkenntnismöglichkeit. In die rote Apfelhälfte beißen bedeutet für das noch naive Schneewittchen wohl ein Begreifen seiner «Blutseite». Dem unschuldigen Schnee«weißchen» wird damit von der neidischen Königin die so entscheidend wichtige Reife zu Liebe und Leidenschaftlichkeit gründlich vergiftet.

Auch in Wirklichkeit kann es geschehen, daß Mütter, indem sie selbst den Unschuldsengel in Liebesdingen spielen – also in die weiße Apfelhälfte beißen –, ihren Töchtern den Bezug zum männlichen Geschlecht, zur Sexualität überhaupt verschließen. «Nimm dich in acht mein Kind, Männer wollen immer nur das Eine, und dafür sind wir uns zu gut.» Bei jeder möglichen und unmöglichen Gelegenheit dreht sich das Gespräch um diesbezügliche Andeutungen. Oft habe ich auch gesehen, daß Mütter, deren Ehe irgendwie unbefriedigend war, ihre Tochter allzu früh zur Vertrauten machen. Sie weinen bei der Tochter über das eheliche Unglück, an dem immer der Gatte schuld ist, und stellen die Männer als etwas furchtbar Aggressives, Tieri-

sches oder Treuloses dar. Sie beißen damit in den weißen Un-
schulds-Apfel-Teil und servieren der Tochter das Gift. Oft
steckt unbewußte Eifersucht auf das Eigenleben der Tochter
dahinter.

In der therapeutischen Beziehung war es bald ersichtlich, daß
das Grundproblem von Frau X darin bestand, die Regungen
aus ihrem inneren Selbst als schlecht, unglaubwürdig und beschämend zu empfinden. Der Bezug zu sich selbst, zu ihrer eigenen Instinktivität, war wie vergiftet. Sie begann zwar, sich
selber und ihre eigenen Anliegen und Bedürfnisse deutlicher
wahrzunehmen. Vorher hatte sie nur die Bedürfnisse ihrer
Bezugspersonen gespürt. Diese Wahrnehmung ihrer eigenen
echten Regungen führte aber dazu, daß sie sich selbst als unsäglich schlechten Menschen erlebte. Sie bezichtigte sich, nega-
tiv-kritische Gedanken über ihr nahestehende Personen zu
haben und ihre besten Freunde schlecht zu machen. Überdies
sei sie zunehmend auch von Neid und Eifersucht auf andere
Frauen erfüllt. Es wurde mir deutlich, daß sie mit der unbewußten Wertung aufgewachsen war: Gut ist, wenn du Diener
und Spiegel der großartigen Mutter bist. Schlecht sind alle
Selbständigkeitsregungen, die eigenen Bedürfnisse und das
Selbstwertstreben. Bewußt kam sie zwar in Analyse, weil sie
ihren Individuationsprozeß, ihre Selbstfindung fördern wollte.
Die kritisch-negativen Gedanken, derer sie sich zutiefst an-
klagte, waren in Wirklichkeit höchst notwendige Versuche
ihres inneren Selbst, sich von Menschen, die sie ständig mit
ihren Anliegen ausnützten, sie gleichsam zum Abfallkübel all
ihrer Sorgen machten, abzugrenzen. Starke Scham-Ängste
standen aber dieser Abgrenzung und Selbstfindung im Wege,
denn sie wollte am allerwenigsten für egoistisch und abweisend
gehalten werden. Auch ihr Neid war psychologisch mehr als
verständlich, und es war im Sinne ihrer Selbstverwirklichung
und Wahrheitsfindung wichtig, ihn bewußt zuzulassen.

Es war für Frau X erschütternd, in der Psychotherapie mit all
dem konfrontiert zu werden. Das erinnert wieder an das Mär-

chen, in dem erzählt wird, wie der Sarg Schneewittchens fallen gelassen wurde, «und von dem Schüttern fuhr der giftige Apfelgrütz, den Schneewittchen abgebissen hatte, aus dem Hals». Die «Erschütterung» in der Analyse motivierte Frau X dazu, die vergifteten Gedanken und Gefühle gleichsam «auszuspukken». Ich versuchte dabei, ihr die Umwertung ihrer verqueren Werte zu ermöglichen, vor allem das Zulassen ihrer wahren Gefühle zu ermutigen. Letztlich ging es um Vertrauen in den Wert ihrer Innenwelt und ihres Selbst. Die Zwerglein halfen in dem Prozeß wacker mit, indem Träume kamen, welche ihre Wandlung begleiteten und förderten.

So träumte sie eines nachts, daß sie vor einem Hügel stehe. Auf dem Hügel sieht sie einen Sarg. Plötzlich hört sie aus dem Sarg eine weibliche Stimme. Es schaudert ihr bei dem Gedanken, was diese Frau wohl für Erfahrungen gemacht habe, und hat den Impuls, wegzulaufen.

Dieser Traum gab uns Gelegenheit, verschiedene Aspekte des «Schneewittchensyndroms» anzusprechen. Bekanntlich ist die Sargepisode im Märchen zugleich der Zeitpunkt, in dem der Prinz auftaucht, jener Prinz, der das Schneewittchen «lieber hat als alles auf der Welt». In vielen Märchen tritt gegen Schluß ein erlösender Prinz auf, der durch seine Liebe eine erlösende Wirkung ausübt. Psychologisch kann dies so interpretiert werden, daß im Laufe eines Selbstfindungsprozesses die Möglichkeit einer neuen, «liebenden» Zuwendung zu sich selbst auftaucht. Selbstverständlich ist es oft wirkliche Liebeserfahrung, die solch erlösende Wirkung hat und bejahenden Zugang zum inneren seelischen Reichtum fördert. Innerhalb einer analytischen Psychotherapie kann einfühlende Zuwendung des Therapeuten eine neue Haltung zu sich selber erwecken. Aber dazu ist eines zu bedenken: Sowohl der Liebende als auch der Therapeut kann solches nur bewirken, wenn beim Betreffenden innere Bereitschaft dazu entstanden ist. Letztlich bedeutet deshalb der liebende Prinz eine liebend-bejahende Zuwendung zum eigenen Dasein – die Wandlung eines negativ getönten Interaktionsmusters.

Bis zu solcher Wandlung war allerdings noch ein langer Weg. Für Frau X war die Bewußtwerdung ihres aus der frühen Kindheit fortlebenden Interaktionsmusters zunächst von überflutenden Schamgefühlen begleitet. Während ihres ganzen bisherigen Lebens hatte sie die Überzeugung aufrecht erhalten, eine glückliche Kindheit bei einer besonders faszinierenden Mutter verbracht zu haben. Das Beschämende ihrer Kindheits- und Jugendsituation in einer Atmosphäre ständiger Lebenslüge war – gerade weil es so beschämend ist und ein so schlechtes Licht auf ihre Familie wirft – verdrängt worden. Sie hatte auch während der Analyse immer wieder die Tendenz, ihre Mutter in Schutz zu nehmen. Es sei schließlich *ihre* Mutter und *ihre* Familie, und sie habe keine andere. Und doch hatte sie nicht das Gefühl von Zugehörigkeit zu dieser Familie. In Wirklichkeit fühlte sie sich schuldig, «schlechte» Gedanken über die Mutter zu haben. Und auch der damalige «Stiefvater», der von der Mutter schließlich wieder verjagt worden war und mit dem es ein schlechtes Ende genommen hatte, war ja bemitleidenswert. Ungelöste Elternbindungen entfalten ihre Wirksamkeit oft mittels Schuldgefühlen. Man wird durch Schuldgefühle davon abgehalten, berechtigte eigene Autonomieansprüche gegenüber den Erwartungen und Empfindlichkeiten der Elternfiguren durchzusetzen.

Zugleich war aber unsägliche Scham ausgebrochen – und zwar schämte sich Frau X ihrer Herkunft aus einer Familie, in der Lügen, Intrigen und wüste Streitereien an der Tagesordnung gewesen waren. Sie fühle sich dadurch «beschmutzt», sagte sie, es sei ekelhaft, Teil einer solchen Familie zu sein. Sicher sei ihr Streben nach geistigen Werten nichts anderes als ein Versuch, sich von all diesem Schmutz reinzuwaschen.

Frau X befand sich somit zunehmend in einem schweren Scham-Schuld-Dilemma. Wenn immer sie sich über die häusliche Situation ihrer Kindheit schämte, war dies von Wut- und Haßgefühlen gegen die Mutter begleitet. Dies wiederum mobilisierte schwerste Schuldgefühle. Ihre Schuldgefühle «verboten» ihr, sich ihrer häuslichen Situation zu schämen, denn damit setzte sie auch ihre Mutter einer Geringschätzung aus. Aber die Scham wurde immer unerträglicher. Zu Zeiten war sie von diesem Konflikt so überwältigt, daß sie in Depressionen mit schwersten Selbstzweifeln verfiel.

Selbstverständlich manifestierten sich diese Konflikte auch in der Übertragung zu mir. Sie zweifelte daran, ob ich sie, die so Beschämte und Erniedrigte, überhaupt aushalten könne. Sie wollte mich möglichst von all ihrem «Schmutz» fernhalten. Andererseits haßte sie mich aber auch dafür, daß ich ihre Mutter schlecht mache (was ich in Wirklichkeit gar nicht tat!). Wann immer sie solche Haßgefühle zulassen und mir sogar mitteilen konnte, war das ein riesiger Fortschritt – muß man doch bedenken, was es für sie bedeutet, aus der altgewohnten Gefügigkeitshaltung auszubrechen und durch ehrliches Zu-sich-selbst-Stehen einen Liebesverlust zu riskieren. Im allgemeinen versuchte sie aber, vor allem keine Last für mich zu sein, sich auf mich einzustellen und möglichst solche Themen anzuschneiden, die ihrer Ansicht nach für mich von Interesse sind. Ihre früh erprobten Interaktionsmuster manifestierten sich also erwartungsgemäß auch in der therapeutischen Beziehung. Dazu gehörte ihre Fähigkeit, die Bedürfnisse anderer äußerst sensibel zu erspüren und zu erfüllen, eine Fähigkeit, die sie in außergewöhnlichem Maße entwickelt hatte.

Ich fühlte mich in ihrer Gegenwart meist sehr angeregt und freute mich auf unsere Sitzungen. Oft war ich selbst erstaunt über die Präzision der Deutungen, die mir einfielen, und über die Tiefe der Einsichten, die sich aus unserem Zusammensein ergaben. Dies war von meiner Seite eine Gegenübertragungsreaktion, die natürlich Fragen für mich aufwarf. Unterlag ich ihrer teils unbewußten Verführungskunst? Verstand sie es, mich so zu animieren, so meine «anima» zu konstellieren, daß ich mich in ihrer Gegenwart beschwingt und großartig fühlen und sie dafür lieben würde? Hielt sie mir – wie früher ihrer Mutter – den Zauberspiegel vor, in dem ich mir als der «Schönste» oder zumindest der Beste und Gescheiteste im Lande vorkommen mußte? Es war selbstverständlich sehr wichtig für mich, diesen Aspekt unserer Interaktion im Auge zu behalten. Genauso wesentlich war es aber auch, nicht ausschließlich auf ihre aus innerer Not geborenen «Verführungskünste» fixiert zu bleiben und damit eine entscheidende Möglichkeit therapeutischen Neubeginns zu verfehlen. Auf jeden Fall wäre es verfehlt gewesen, sie mit einer solch einseitigen Interpretation zu entwerten und vielleicht zu beschämen. Denn es wurde mir klar, daß unsere gegenseitige Übereinstimmung zugleich einer echten «gemeinsamen Wellenlänge» entsprach, einer «coniunctio» im Sinne alchemistischer Symbolik, einer tiefen Begegnung im «intersubjektiven Bereich», um mit Stern zu sprechen. Und darin liegt ein kreatives Potential für Entwicklungsprozesse.

Oft fiel mir auf, daß ich mir in der Sitzung etwas «übergescheit» und fast dozierend vorkam – merkte dann plötzlich, daß ich ihr Dinge erklärte, die sie bereits genausogut wußte wie ich, daß ich jedoch von ihr dafür bewundert wurde. Daraus wurde mir deutlich, wie sehr sie mich in der Übertragung idealisierte. Diese Idealisierung hatte füre ihre seelische Ökonomie zwei verschiedene Funktionen. Die erste war defensiv: Wenn sie mich als so wunderbar erlebt, so überhöht, kann sie Gefühle von Haß und Verachtung, die sie gegenüber Vaterfiguren hegt, aus unserer Beziehung heraushalten. Sie kann unsere Beziehung vor gefährlicher Ambivalenz schützen. Zugleich war Idealisierung aber auch ein kreativer Versuch ihrer Psyche, sich einen ihr zugewandten «Prinz» zu erschaffen, eine verläßliche, auf sie bezogene männliche Figur, die sie bis anhin nie erlebt hatte.

Wenn ich ins «Dozieren» geriet und Zusammenhänge erläuterte, die ihr längst bekannt sein mußten – was sie offensichtlich geschickt aus mir herauszulocken verstand, und zwar dadurch, daß sie das naive kleine Mädchen spielte, das so viel wissen möchte –, so zeigte es sich allerdings, daß dies von großer Bedeutung für die Entwicklung ihres Selbstwertgefühls war: Sie mußte nämlich all das, was sie längst selber wußte, aus meinem Munde wiederhören, es von mir gleichsam bestätigt bekommen, sonst «gehört» es ihr nicht und kann durch die «innere Hexe» mit ihrem «giftigen Kamm» jederzeit weggezaubert werden. Es ist dann, als ob sie keine «Erlaubnis» zu diesem «Wissen» hätte, dessen nicht würdig wäre. Das «Wissen» hat natürlich mit dem Verständnis für ihre innere Situation und für den Wert ihres Daseins zu tun.

In Wirklichkeit war ich von ihren erstaunlichen Einsichtsmöglichkeiten und der Echtheit ihres Individuationsstrebens immer wieder tief berührt und konnte nicht umhin, an ihre reiche menschliche und seelische Substanz zu «glauben». Sie sagte, ich sei wie ihre «Bank», in der ihre Persönlichkeitswerte sicher aufbewahrt würden. Es war wirklich so, daß sie dieser Werte nie sicher war, sie jederzeit verlieren konnte. Natürlich mußte ich mich fragen, ob nicht ich es bin, der Frau X «idealisiert», ob ich nicht eigenen Gegenübertragungsillusionen unterliege. Es war wichtig, diese Möglichkeit im Auge zu behalten, denn in diesem Fall hätte ich einige Werte aus ihrem «Bank-Konto» für eigene Bedürfnisse abgezweigt. Letztlich war es aber entscheidend, daß ich so zuverlässig wie möglich als «Bank» zur Verfügung stand, denn es kam darauf an, ob sie dieser Bank vertrauen und jederzeit Zugang zu ihren eigenen Werten bewahren konnte. Die Voraussetzung dafür war, daß das ideale Einvernehmen zwischen uns, ja unser harmonisches Einssein, durch keinen Schatten eines Zweifels getrübt sein durfte.

Eine solche «paradiesische Einheitswirklichkeit» ist aber unter menschlichen Bedingungen nicht möglich, und es ist für die Reifung sogar wichtig, daß sich kleine Divergenzen und Enttäuschungen ereignen und durchgearbeitet werden. In unserem Fall geschah das folgende: Sie rief mich eines Tages an, weil sie aus irgendeinem Grund eine verabredete Sitzung verschieben mußte. Ich hätte gerne für sie die Sitzung verschoben, es war aber äußerst schwierig, einen entsprechenden Termin zu finden. Die einzig freibleibende Stunde hatte ich soeben, 10 Minuten vor ihrem Anruf, vergeben. So sagte ich spontan: «Wie schade, daß Sie mich nicht etwas vorher angerufen haben.» Diese Bemerkung genügte, um eine Vertrauenskrise auszulösen. Mein Mangel an Einfühlung im Moment ihres Anrufs wurde mir erst nachträglich bewußt. Ich hätte wissen können, welch seelischen Aufwand es für sie bedeutet, mit mir zu telefonieren und etwas für sich zu wünschen. Es war somit verständlich, daß ihr meine Reaktion als Abweisung, Liebesentzug, Unverständnis, kurz als ein Bruch unseres Einvernehmens vorkommen mußte. Zugleich schämte sie sich, von solch einer «Lappalie» dermaßen aus dem Geleise geworfen zu werden. Auch das war ihr bewußt. Therapeutisch war es sehr wichtig, daß wir beide von neuem Verständnis gewannen für das Kind in ihr, das stets in der Gefahr steht, abgelehnt zu werden, sobald es minimste eigene Wünsche oder Bedürfnisse anmeldet.

Im therapeutischen Prozeß ging es eigentlich darum, die Zuwendung und Wertschätzung, die sie von mir und von vielen ihrer Bezugspersonen erhielt, zu «glauben», sich davon zu «nähren» und schließlich als eigene Haltung zu verinnerlichen. Solange sie sich selbst aber als «ein Stück Scheißdreck» erlebte – wie sie sich öfters nannte –, war die Diskrepanz zwischen Innen und Außen zu groß. Ein kleiner Traum schien mir diesbezüglich den Beginn einer entscheidenden Wandlung anzuzeigen:

Ein Mann schaut ihr intensiv in die Augen, was sie zulassen kann. Sie merkt durch diesen Blick, wie etwas in ihr erwacht und inspiriert wird.

Bekanntlich verhindern Schamgefühle einen intensiven Blickkontakt. Man schämt sich, von nahe gesehen zu werden. Der

Traum wirft ein Licht auf die Übertragungssituation. Vielleicht zeigt er an, daß sie die Wertschätzung, die ich für sie spüre, schrittweise zulassen kann, daß «ihr Eigenes» dadurch erwachen darf. Dies hätte zugleich auch mit dem Beginn einer Wandlung ihres Männerbildes zu tun.

Gegen Schluß der Analyse kam ein Traum, der ihr großen Eindruck machte:

Sie sieht mich, den Analytiker, in der Mitte eines runden, mit Holz getäfelten Raumes. Dieser Raum strahlt eine warme Atmosphäre aus. Ich sitze ruhig an einem Schreibtisch und meditiere oder studiere etwas. Neben mir auf dem Tisch liegen die Schlüssel, welche den Zugang zu den vielen Nebenräumen erschließen. Diese Räume enthalten eine Bibliothek mit Schriften, in denen die Gesamtheit abendländischer Kultur niedergelegt ist. Ich, der Analytiker, verfüge aber über die Schlüssel. Wenn man Zugang haben möchte, muß man sie bei mir holen – ich scheine sie aber großzügig zu gewähren.

Dies ist eine enorme Idealisierung. Ich sitze im Zentrum, habe die Schlüssel zum Zugang über unser Kulturwissen – zu dem Bereich, der außerhalb der «Herkunftsschande» von Frau X liegt, in dem sie jedenfalls stets Zuflucht davor gesucht hatte. Solche Idealisierung kann auch für den Analytiker peinlich sein und gewisse Schamgefühle hervorrufen, die als Abwehr gegen eigene Größenselbstphantasien funktionieren. Allerdings war dieses Traumbild eine so deutliche Idealisierung und hatte so wenig mit meiner realen menschlichen Begrenztheit zu tun, daß ich nicht in Gefahr stand, mich damit zu identifizieren.

Ganz allgemein ist immer wieder zu betonen, wie wichtig es für einen Analytiker ist, seine eigene Person zu unterscheiden von der jeweiligen Bedeutung, die er als Übertragungsfigur in der Welt des Patienten angenommen hat. Gerade im Traum von Frau X handelte es sich um eine hoch symbolische Figur, eine Schöpfung ihres Unbewußten, die für ihren Individuationsprozeß von großem Belang war. Manchmal ist es der Analytiker, der innerhalb des Prozesses eine solche Figur für längere Zeit zu «verkörpern» hat. Er ist aber nicht als Person gemeint, sondern fungiert gleichsam als Instrument zur Verwirklichung tieferer Anliegen des Selbst. Frau X war nun in ihrem Prozeß so weit, daß wir eine «subjektstufige» Deutung ins Auge faßten. Mit andern Worten: Es kam die Möglichkeit ins Blickfeld, daß die durch mich personifizierte Figur letztlich den eigenen Zugang der Patientin zum «Wissen» darstellen könnte. Mir schien es entscheidend, daß die Schlüssel zum Wissen nicht in meiner Hand bleiben, sondern, als Resultat der Analyse, in ihr selbst lebendig werden konnten, daß also nicht mehr ich es war, der ihr vermitteln mußte, was sie selber schon weiß, aber ohne meine Bestätigung nicht wirklich wissen und leben darf.

Ein Schlußwort zur Psychotherapie

Ich hoffe, daß ich mittels dieser ausführlichen Vignette aus der Praxis veranschaulichen konnte, wie Scham-Ängste mit gestörtem Selbstwertgefühl zusammenhängen und den Prozeß der Selbstentfaltung beeinträchtigen. Dabei ist für viele Menschen, die unter Scham-Ängsten und mangelndem Selbstvertrauen leiden, das Schneewittchenmotiv typisch, das heißt die Ablehnung und «Vergiftung» des Gefühls von Selbstwert und «Lebensrecht» durch das Negativ-Mütterliche (in dem durchaus auch die Einstellung des persönlichen Vaters miteinbegriffen sein kann). Sie können sich – ähnlich wie Schneewittchen im Märchen – von den «vergiftenden» inneren Figuren nicht abgrenzen, sondern identifizieren sich leicht mit ihnen und «glauben» deren abwertende Haltung. «Recht» hat dann die «böse Königin», die jegliches Selbstwertstreben als Anmaßung betrachtet, derer man sich zu schämen hat. Oft hat die böse Königin die Gestalt eines unerbittlichen «Größenselbst» (die Schönste im Lande) angenommen, und es ist immer wieder beschämend, wie klein, nichtig und «niedergeschlagen» man sich gegenüber solch inneren Perfektionsansprüchen vorkommen muß.

Die Psychotherapie dieser Problematik muß ihre Hoffnung darauf setzen, daß eine gewisse Umwertung solch verzerrter Wertgebung gelingt. In Anbetracht der Erfahrung, daß die verquere Wertgebung meist auf früh entstandenen Interaktionsmustern beruht, ist sie meist sehr tief in der Persönlichkeit verankert. Der analytische Prozeß zeichnet sich deshalb durch immer wiederkehrende Rückfälle aus. Minimste Auslösungsfaktoren genügen, damit man vor der Macht der Negativkomplexe mit ihren altgewohnten Interaktionsmustern immer wieder kapituliert. Damit sich der Patient in all dem Auf und Ab nicht im Stich gelassen fühlt, ist einfühlsame Standfestigkeit des Therapeuten wesentlich. Der Analysand fürchtet nichts so sehr wie Ablehnung, auch wenn er zugleich immer wieder ablehnende Reaktionen von seiten des Therapeuten provozieren muß. Was der Analytiker in solch langwierigen Prozessen vor allem benötigt, ist jene therapeutische Einstellung, der C. G. Jung mit den berühmten Worten der Alchemisten Ausdruck verliehen hat. Dieses Alchemistenwort – selbst wenn es inzwischen zum Klischee geworden ist – verliert seine Gültigkeit nicht, denn es weist darauf hin, daß das Werk letztlich nur «deo concedente», «mit Gottes Hilfe», gelingen kann.

Anhang: Ich- und Selbstkonzepte
– ein Vergleich

Es bleibt die Frage, wie ich die von Stern erarbeiteten Hypothesen mit den bereits bekannten Modellen unter einen Hut zu bringen vermag. Ist dies überhaupt nötig, oder könnte ich sie, trotz meines Integrationsbedürfnisses, nicht doch nebeneinander stehen und be-stehen lassen? Ich möchte, da der Schwerpunkt dieser Arbeit nicht auf einer theoretisch vergleichenden Abhandlung verschiedener Selbstkonzepte beruht, einen mittleren Weg wählen, um doch diejenigen Ergebnisse, die mir wichtig erscheinen, mit den bekannteren psychoanalytischen, vorwiegend aber Jungschen Gesichtspunkten in Beziehung zu setzen.

Vieles ist bei Stern noch nicht wirklich durchdacht, vor allem nicht die so entscheidende Frage, wie sich das Selbstgefühl des verbalen Bereichs zu der «verlorenen Ganzheit» des averbalen Ichgefühls verhält. Was bedeutet diese Ganzheit? Woher weiß Stern, daß beim Säugling bis zum Beginn der verbalen Phase (15.–18. Monat) die so «real» und adaptiv erscheinenden Kommunikationen mit der Mutter nicht doch mit Phantasien durchwoben sind? Nach wie vor kann niemand wissen, was sich bei einem präverbalen Säugling innerseelisch abspielt. Auch Stern behauptet nicht, es zu wissen, meint aber aufgrund immer feinerer Erforschung des Säuglingsverhaltens, neue Hypothesen aufstellen zu können. Zu Recht spricht er vom Unterschied zwischen dem «beobachteten» Kind und dem «klinischen» Kind und weist damit auf das Spannungsverhältnis hin zwischen dem experimentellen Ansatz der Säuglingsforschung und der psychoanalytisch-klinischen Methode, die anhand von Erinnerungen und Übertragungsprozessen ihre Rekonstruktionen der frühen Kindheit gewinnt. Es ist ihm ein Anliegen, hier einen Dialog herzustellen, der beide Disziplinen befruchten könnte, wobei ihm die Thematik besonders vertraut sein dürfte, widmet er sich doch sowohl der entwicklungspsychologischen Forschung als auch der Arbeit als Psychoanalytiker.

Was hat man sich unter dieser präverbalen Ganzheit des Erlebens vorzustellen, von der Stern spricht? Das Kind trauert in der Phase des verbalen Ichgefühls der Ganzheit des Erlebens nach, von der es weiß, daß sie für immer verloren ist. Diese präverbale Ganzheit wird von M. Mahler als Phase beschrieben, in der ein Säugling in der Illusion lebt, mit der Mutter eine symbiotische Einheit zu bilden und dementsprechend allmächtig zu sein (Mahler et al. 1975, S. 62 ff.). Wie Stern beobachtet auch sie nun eine «Ernüchterung» des Kindes (die sogenannte Rapprochement-Krise) und gibt die Deutung, das Kind sei nun genügend aus der Symbiose mit der Mutter hinausgewachsen und von ihr getrennt, um realisieren zu müssen, daß es nicht allmächtig, sondern klein und abhängig ist. Stern spricht also von der Ganzheit des Erlebens und Mahler von den Gefühlen unbegrenzter Allmacht. Daraus ergeben sich einige wahrscheinlich unbeantwortbare Fragen: Läßt die Ganzheit nicht an Fordhams primäres Selbst denken oder auch an Jungs Hypothese des Selbst als Symbol der Ganzheit? Sind in dieser «Ganzheit des Erlebens» im Sinne Sterns wirklich nur reale Interaktionen mit der Mutter möglich, handelt es sich nicht auch um eine Innenwelt, die allerdings erst von der verbalen Phase an nach und nach wahrgenommen werden kann? Ist «in der Ganzheit sein» nicht zugleich die Erfahrung unbegrenzter Allmacht? Gibt es beim Säugling ein Ichgefühl, das Ganzheit oder Allmächtigkeit bereits erfahren kann? Es ist, wie ich meine, durchaus möglich, daß ein Säugling vage solche Erfahrungen macht: er *weiß es aber nicht*.

Erst wenn nach Beginn der verbalen Phase langsam das eigentlich reflektierende Bewußtsein auftaucht, kann frühere, doch vornehmlich unbewußte Erfahrung mit inneren Vorstellungen

(Repräsentanzen) verbunden werden. Das Paradies der Ganzheit oder Einheitswirklichkeit (Neumann) wird erst als solches bewußt, nachdem es verloren ist. Die von Mahler und vielen Psychoanalytikern postulierte Phase der Omnipotenz scheint mir insofern bedeutsam zu sein, als sie offensichtlich mit psychischen Erscheinungsweisen zusammenhängt, die bei Erwachsenen als Auswirkung des sogenannten «Größenselbst» imponieren.

Des weiteren möchte ich einige Gedanken anbringen zur Divergenz zwischen der bisherigen psychoanalytischen Auffassung, daß der Säugling symbiotisches Einssein mit der Mutter erlebe, und der Ansicht Sterns, der die Abhängigkeit des Säuglings von einem «das Selbst regulierenden andern» betont. Ist der Unterschied wirklich so fundamental, oder relativiert er sich, je nachdem, wo vom Betrachter der Akzent gesetzt wird? Stern wehrt sich gegen die Vorstellung einer primären Symbiose, weil nach seiner Annahme das subjektive Ichgefühl (ein Gefühl, ich zu sein und vom anderen im eigenen Körper abgegrenzt) beim Säugling bereits wirksam ist. Diese Ansicht wird auch von Fordham geteilt (Fordham 1976, S. 11 ff.). Das Kind erlebt aber Veränderungen des Ichgefühls durch Einwirkung oder Präsenz eines anderen (der Mutter). Was ist aber Symbiose? Mir scheint, daß auch im Zustand von «Symbiose» subjektives Erleben stattfindet: *Ich* erlebe, daß Mutter und ich «ein Herz und eine Seele» sind. Ein rudimentäres Gefühl von subjektivem Ich geht meines Erachtens auch bei symbiotischem Erleben nie vollständig verloren. (Dies ist höchstens bei gewissen schizophrenen Zuständen oder bei Depersonalisationserscheinungen der Fall.) Sicherlich sind die Phänomene bekannt, in denen es zu Fusion und Konfusion mit Bezugspersonen kommt. Sie wurden von Jung als unbewußte Identität bzw. mystische Partizipation (Jung 1921, GWG, § 821 und 856), von Melanie Klein als «projektive Identifikation» bezeichnet (Segal 1964). Das hebt aber die subjektive Erfahrung nicht auf, daß immer «*ich* es bin», der den andern als Teil meiner selbst, oder mich als Teil des anderen erlebt, auch wenn durch gegenseitige Beeinflussung die Grenzen fließend sind. Das Grund-Ichgefühl bleibt zugleich erhalten.

Allerdings ist beizupflichten, daß die Qualität subjektiver Erfahrung sehr verschieden ist, je nachdem, ob ich mich als im *Einssein* mit dem mächtigeren anderen erlebe oder als abhängiges Wesen, das angewiesen ist auf den anderen und seine mein «Selbst regulierende Funktion». Mir scheint es wahrscheinlich, daß Säuglinge zwischen diesen Erfahrungsbereichen oszillieren, wobei das Erleben stark davon geprägt ist, auf welche Weise sich Mutter und Kind aufeinander einzustellen vermögen, inwieweit ein relativ günstiger «fit» zwischen ihnen zustande kommt. Wie nun aber diese beiden Erlebensbereiche – «Ich bin abhängig vom Selbst regulierenden anderen» oder: «Ich bin, als Teil des mächtigen anderen, selber mächtig» – entwicklungsmäßig aufeinanderfolgen oder inwiefern sie sich zum Teil auch gleichzeitig abspielen: das bleibt vorläufig hypothetisch. Sie entsprechen jedenfalls zwei verschiedenen Grundgefühlen, die sich später auch beim Erwachsenen manifestieren können.

So ist zum Beispiel aus der Analyse das Phänomen bekannt, daß sich Analysanden über lange Phasen stark und relativ unverwundbar vorkommen, weil sie sich vom Analytiker und der «Weisheit» Jungscher (oder Freudscher oder Daseinanalytischer) Psychologie «getragen» fühlen. Zu anderen Zeiten erleben sie ihr Gefühl, vom Analytiker zur Aufrechterhaltung ihres seelischen Gleichgewichts abhängig zu sein, als Einbuße an Selbstwert: Ich kann nicht einmal allein mit meinem Leben fertigwerden, es ist eine Schande!

In einem Vergleich verschiedener Ich- und Selbstkonzepte sind natürlich die Positionen der analytischen Psychologie C. G. Jungs von besonderem Gewicht. Ich möchte daran erinnern, auf welche Weise Jung zwischen dem Ich und dem Selbst unterscheidet, und deshalb sei meinen Ausführungen die entsprechende Definition Jungs vorausgestellt:

«Unter ‹Ich› verstehe ich einen Komplex von Vorstellungen, der mir das Zentrum meines Bewußtseinsfeldes ausmacht und mir von hoher Kontinuität und Identität mit sich selber zu sein scheint. Ich spreche daher auch von *Ich-Komplex*. Der Ich-Komplex ist ein Inhalt des Bewußtseins sowohl wie eine Bedingung des *Bewußtseins,* denn bewußt ist mir ein psychisches Element, insofern es auf den Ich-Komplex bezogen ist. Insofern aber das Ich nur das Zentrum meines Bewußtseinsfeldes ist, ist es nicht identisch mit dem Ganzen meiner Psyche, sondern bloß ein Komplex unter andern Komplexen. Ich unterscheide daher zwischen *Ich* und *Selbst,* insofern das Ich nur das Subjekt meines Bewußtseins, das Selbst aber das Subjekt meiner gesamten, also auch der unbewußten Psyche ist. In diesem Sinne wäre das Selbst eine (ideelle) Größe, die das Ich in sich begreift» (Jung 1921, GW 6, §810).

Bleiben wir zunächst beim Ich, wobei die Feststellung Jungs von besonderem Interesse ist, daß der Ichkomplex sowohl einen *Inhalt* des Bewußtseins als auch eine *Bedingung* des Bewußtseins ausmache. Das Ich ist also einmal Bedingung aller Bewußtseinsfunktionen, die Bedingung dafür, daß überhaupt etwas bewußt werden kann, «denn bewußt ist mir ein psychisches Element, insofern es auf den Ich-Komplex bezogen ist» (Jung 1921, GW 6, §810). Zugleich ist der Ich-Komplex Inhalt des Bewußtseins, was mit andern Worten bedeutet, ich kann mich selber zum Inhalt und damit zum Objekt meines reflektierenden Bewußtseins machen. Wir haben in Jungs Definitionen also ein Doppeltes, das unterschieden werden muß und in gewissem Sinne mit subjektivem und objektivem Erfassen zu tun hat. Subjektiv erlebe ich mich als kontinuierliches Zentrum bewußten Wollens und Handelns, bewußter Intentionen. Diese Intentionen haben meist andere Menschen und die Dinge der Außenwelt, daß heißt die «Objekte» zum Inhalt. Ich kann aber auch dieses «mich selbst» zum Inhalt meines Bewußtseins «objektivieren», wobei dieser Inhalt wohl dem Bild meiner Selbst oder, psychoanalytisch ausgedrückt, der Selbstrepräsentanz entspricht.

Es scheint mir, daß mit dem Bewußtsein, wie Jung es auffaßt und mit dem Ichkomplex verknüpft, erst das verbale Ichgefühl und dessen zunehmende Fähigkeit, sich selbst zum Objekt der

Betrachtung und Bewertung zu machen, anvisiert ist. Es wäre das zu Re-flexion befähigte Bewußtsein, das auf den Gegensätzen von Subjekt und Objekt, von gut und böse, männlich und weiblich usw. beruht. Ohne Wissen um die Gegensätze wären bewußte Differenzierungen, die auf Vergleichen und Unterscheidungen beruhen, nicht möglich.

Damit im Zusammenhang ist nochmals an den Paradiesesmythos zu erinnern, in dem erzählt wird, daß Scham sich zum ersten Mal als Folge der Bewußtwerdung der Gegensätze manifestierte. Die als Verlust des Paradieses symbolisierte Bewußtwerdung bezieht sich auf den Bereich des verbalen Selbst. Mit andern Worten: Scham tritt erst auf, wenn mehr oder weniger bewußt die eigene Person von außen gesehen werden kann, wenn das «subjektive» Ichgefühl sich zum *Bild* des eigenen Selbst, zu dessen Repräsentanz, verhalten und einstellen kann und muß.

Erst hier ist der Beginn des «objektiven» Selbstbildes anzusetzen, das als ein «Inhalt» des mit dem Ich verknüpften Bewußtseins gesehen werden muß. Bekanntlich sprechen beim Beginn der Sprachentwicklung Kinder von sich selber zuerst in der dritten Person. Sie sprechen von sich so, wie sie von den Bezugspersonen angesprochen werden: Das Maieli, der Hansli ist lieb oder bös oder müde etc. Es ist, als ob sie sich von außen her, mit den Augen ihrer Bezugspersonen, sehen und beurteilen. Diese Fähigkeit wurzelt schon in präverbalen Erlebnissen vom «Selbst mit anderen», also im Niederschlag früherer Interaktionsmuster, die aber nun zum Teil verbalisierbar und damit zum Bereich des Vorstellungskomplexes werden, dessen Zentrum von Jung das Ich genannt wird. Es dauert allerdings eine gewisse Zeit, bis diese verbalisierbare «Repräsentanz» mit dem Ichgefühl verschmilzt, als Identitätsgefühl integriert wird.

Wie steht es aber mit dem Ich als *Bedingung* des Bewußtseins? Diese Bedingung könnte es nicht erfüllen, ohne «hohe Kontinuität und Identität mit sich selber» zu besitzen. Kontinuität (in der Zeit) und Identität sind existentielle Kategorien, die letztlich nur *erlebt* werden können – soviel darüber auch reflektiert und philosophiert wird und wurde. Sie kommen also einem Grundgefühl gleich und wurzeln in dem Bereich, den Stern das Kernselbst nennt, welches sich weitgehend, aber nicht vollständig, mit dem Körperselbst deckt.

Jung war der Ansicht, daß «das Ich, als das angeblich und fiktiv Allerbekannteste, [...] in Wirklichkeit ein höchst komplexer Tatbestand [ist], der unergründliche Dunkelheiten in sich schließt» (Jung 1954, GW 14 I, § 125). Die Bedingung unserer Fähigkeit, ein im Ich zentriertes Bewußtsein zu entwickeln, daß heißt: die «Wurzeln» dieses Bewußtseins, reicht ins Unbewußte, in dessen Zentrum Kräfte wirksam sind, welche die Entwicklungsprozesse «anordnen» und organisieren. Dieses hypothetische Zentrum wird im Jungschen Sinne das Selbst genannt[9]. Es ist deshalb wichtig, daß der Bezug des Ichs zum Selbst, wenn er auch vielen Wandlungen unterliegt, weder abgespalten wird noch verlorengeht. Vom Selbst gehen die schöpferischen Kräfte im Menschen aus. Von ihm wird gleichsam der Mensch «erschaffen», denn es ist dessen Wirken, das erfahrbar wird, nicht zuletzt in den verschiedenen, auch von Stern beschriebenen «Bereichen des Ichgefühls», die schließlich zum reifen Selbst-Bewußtsein führen.

Mir scheint, als ob vor allem drei von Stern vertretene Thesen in solchen Zusammenhängen zu sehen sind:

1. Es ist bemerkenswert, daß nach Stern der Bereich des auftauchenden Selbst in der ersten Säuglingsphase zum Urerlebnis aller kreativen Möglichkeiten des Menschen wird.

2. Zum Thema des Kernselbst schreibt Stern: «Irgendwie (!) registriert das Kind die objektive Erfahrung mit selbstregulierenden anderen als ein subjektives Erleben» (Stern 1985, S. 104). Welches *Organisationsprinzip* steckt dahinter, daß dieses «irgendwie» eines so zentralen Prozesses zustande kommt?

3. Es scheint mir bedeutsam, daß für Stern das Auftauchen des «verbalen Selbstbereichs» mit dem Gefühl verlorener Ganzheit

zusammenfällt. Damit ist im Jungschen Sinn die Geburt des Ichs, als Zentrum des zur Reflexion befähigten Bewußtseins, anvisiert – der Beginn des Wissens um die Gegensätze und um die eigene Begrenztheit gegenüber dem Unbewußten.

Es ist diesbezüglich von Interesse, daß E. Neumann zwei Formen des Bewußtseins unterscheidet. Das reflektierende Bewußtsein des verbalen Bereichs sieht er im Zusammenhang mit dem solaren, patriarchalen Prinzip. Ähnlich wie wir im Sonnenlicht klare Umrisse der Dinge sehen, deutliche Abgrenzungen zwischen Licht und Schattenbereichen feststellen, versucht solares Bewußtsein Klarheit und Logik der Zusammenhänge zu erlangen. Dies entspricht dem psychisch «patriarchalen» Bewußtsein, dessen symbolisches Zentrum der Kopf ist (Neumann 1953, S. 101). Demgegenüber ist auf das «lunare» oder «matriarchale» Bewußtsein hinzuweisen. Es wird mit dem Mond verglichen, dessen Licht einen Silberglanz ausbreitet, wobei wir die Konturen der einzelnen Gegenstände nicht klar umrissen, vielmehr eingetaucht in eine ganzheitliche Grundstimmung erleben. Dementsprechend ist wohl der Mond ein zentrales Bild lyrischer Poesie – man denke etwa an die Mondgedichte von Goethe, Claudius oder auch Li-tai-pe. Es handelt sich bei dieser Form von Bewußtsein also um gefühlsmäßige oder intuitive Wahrnehmungen, die nicht in ausgeprägter Eindeutigkeit «formuliert», das heißt in verbalisierte Form gebracht werden können. Sein Zentrum wird im Symbol des Herzens erlebt.

«Das matriarchale Bewußtsein erfährt den geheimnisvoll-unbekannten, im Dunkel sich abspielenden Prozeß des Werdens der Erkenntnis als ein Geschehen, in dem das Selbst als Ganzheit wirksam ist» (Neumann 1953, S. 112).

Auch wenn Neumann in seiner Psychologie archetypischer Stadienentwicklungen für die Frühzeit des Säuglings mehr das passive Enthaltensein im Mütterlichen hervorhebt (und sich darin von M. Mahler nicht wesentlich unterscheidet), scheint mir eine weitgehende Entsprechung zu bestehen zwischen dem «lunar-matriarchalen» Bewußtsein und dem präverbalen Ichgefühl mit seinen Bezogenheitserfahrungen.

Die Annahme, daß menschlicher Bewußtwerdung ein seelischer Prozeß zugrunde liegt, der vom Selbst, als psychischer Ganzheit, gleichsam «gesteuert» wird, steht nicht notwendigerweise im Widerspruch zur Beobachtung, daß die verschiedenen Stadien des Selbst- und Bezogenheitsgefühls durch Interaktionen der Partner bestimmt sind, bei denen dem Selbst des Säuglings Aktivität zukommt. Dem trägt auch M. Fordham, der aus der Jungschen Schule kommt, Rechnung mit seiner Theorie des primären Selbst, welches sich im Zusammenspiel mit der Mutter de-integriert und re-integriert (Fordham 1969; vgl. auch Jacoby 1985).

Zusammenfassend wäre zu sagen, daß eine Unterscheidung zu treffen ist zwischen dem Selbst im psychoanalytischen Sinne, welches weitgehend der Selbst-Repräsentanz entspricht, das heißt der Vorstellung, die ich von mir selbst habe. Im Jungschen Sinne käme dies einem *Inhalt* des im Bewußtsein zentrierten Ichkomplexes gleich. Allerdings muß betont werden, daß dieses Bild meiner selbst nur teilweise bewußt reflektiert ist und seine Wirksamkeit deshalb vom Unbewußten her ausübt. Im Prinzip ist es aber möglich, die Vorstellung, die ich über meine Person hege, weitgehend ins Bewußtsein zu heben.

Wenn Jung davon spricht, daß der Ichkomplex *die Bedingung* unseres Bewußtseins ausmacht, so kommen wir damit an ein unauflösbares Rätsel. Was macht letztlich diese Bedingung aus, was steht dahinter? So weit wir wissenschaftlich eingedrungen sind in die Gesetzmäßigkeiten der Natur und die Funktionsweisen des menschlichen Hirns, wir lernen die entsprechenden Wirkweisen in immer differenzierterer Weise kennen. Auch die moderne Säuglingsforschung hat diesbezüglich wichtige Impulse gegeben, worauf sich ein Großteil meiner Darstellung bezieht. Was aber Natur eigentlich ist, was Leben in seiner körperlichen, seelischen und geistigen Erscheinungsweise an sich ist, das wissen wir – jedenfalls bis jetzt – nicht. Wir wissen auch nicht, was letztlich die zentrale Instanz ist, die seelisches Wachstum und den Prozeß der Bewußtwerdung steuert, was letztlich die Bedingung unseres Bewußtseins ist. Trotzdem kommen wir kaum umhin, die Vorstellung eines zentralen Anordnungs- und Organisationsfaktors im Unbewußten anzunehmen.

Das Selbst im Jungschen Sinne ist folglich eine Hypothese für die unanschauliche Instanz, welche die Bedingung unserer Bewußtseinsentwicklung ist und die Steuerung unserer Gesamtpersönlichkeit bewirkt. Das Ich ist ein Teilbereich der Gesamtpersönlichkeit, welche das Bewußtsein und das Unbewußte umfaßt. Auch ist es die Bedingung, die «conditio sine qua non» dafür, daß wir subjektiv die Welt und uns selbst überhaupt erleben und reflektieren können.

Zugleich zeigt sich das Selbst, gerade dank seiner Unanschaulichkeit, in einer unendlich reichen Symbolik, die sich spontan aus dem Unbewußten manifestieren kann und oft von numinoser Ausstrahlung ist. Das Symbol zeichnet sich im Verständnis Jungs dadurch aus, daß es «die bestmögliche Bezeichnung oder Formel für einen relativ unbekannten, jedoch als vorhanden erkannten oder geforderten Tatbestand» ist (Jung 1921, GW 6, § 894). So bedeutet die Erfahrung des Selbst im Symbol eine Ahnung unbekannter Wirkkräfte und deshalb meist auch eine Öffnung gegenüber der religiösen Dimension. Das Selbst in seiner symbolischen Manifestation ist folglich vom Gottesbild in der menschlichen Psyche nicht zu unterscheiden. Es war Jung aber immer ein Anliegen, mit der Bezeichnung «Selbst» einen neutralen *psychologischen* Begriff zu setzen, der keine bestimmte religiöse Vorstellung präjudiziert.

Diese komplexen Tatbestände sind vielleicht leichter verständlich, wenn sie in naiv-religiöser Sprache nochmals ausgedrückt werden: Gott hat das Menschenkind geschaffen und ihm seine spezifischen Veranlagungen mitgegeben. Er lenkt nun seine Lebensentwicklung, an seinem Entwicklungs- und Reifungsprozeß offenbart sich Gottes Walten. Sein biopsychisches Leben wird von dieser Instanz gesteuert. Zugleich ist Gott auch eine Vorstellung, die sich in mannigfaltiger Symbolik ausdrückt, da Gott an sich – sofern er existiert – nie in seiner wahren Gestalt wahrgenommen werden kann. Der Mensch spürt also einerseits die Bewirktheit durch Gott ganz existenziell an inneren Kräften, aber auch an Grenzen, die er sich nicht selbst gesetzt hat, die jedoch sein Schicksal formen – andererseits prägt sich ihm spontan eine Vorstellung oder ein Bild über das Göttliche ein. Der geheimnisvolle Funken Gottes wirkt in ihm – bewirkt aber wiederum auch, daß es sich über dessen Wirken eine Vorstellung macht, die notwendigerweise symbolischer Natur ist. Soweit mein Versuch, verschiedene Gesichtspunkte und Auffassungen vom Selbst in einen möglichen Zusammenhang zu bringen.

Anmerkungen

[1] Es ist in diesem Zusammenhang bemerkenswert, daß der englische Ausdruck «self-conscious» (self = selbst; conscious = bewußt) im Deutschen eine doppelte Bedeutung hat, welche die Situation treffend umschreibt: «sich bewußt sein» (z. B. seines Versagens, seines Ungenügens, was zu Befangenheit, Gehemmtsein usw. führen kann) und «selbstbewußt sein», worin die entgegengesetzte Bedeutung zum Ausdruck kommt (ein selbstbewußter Mensch ist sich bekanntlich seines Selbstwertes bewußt).

[2] Diese kollektive Scham ist nur bedingt abhängig von persönlich motivierten Hemmungen, die daraus entstehen, daß man den eigenen Körper für besonders häßlich oder gar abstoßend hält. Darauf wird später zurückzukommen sein.

[3] Gegenüber dieser Hypothese müssen allerdings neuere Befunde der Säuglingsforschung angeführt werden, die darauf hindeuten, daß Kinder bereits im Alter von 2–3 Monaten das Gesicht der Mutter als solches erkennen, selbst wenn es verschiedenste Affekte und Stimmungen ausdrückt. Säuglinge erfassen also die Identität eines Gesichtes, auch wenn dessen Ausdruck verändert erscheint (Stern 1985, S. 87 f.). Natürlich hat aber die jeweilige Stimmungslage der Bezugsperson, wie sie sich unter anderem im Gesicht ausdrückt, auf die Emotionalität des Kindes großen Einfluß.

[4] Daraus kann aber nicht geschlossen werden, daß sich die ersten Anzeichen des Schamaffektes bereits in den ersten zwei bis drei Lebensmonaten manifestieren.

[5] Ich würde das Wort «Gewissen» lieber durch «verfrühte Instanz eines inneren Selbstbeobachters» ersetzen, geht es dabei doch nicht nur um Bestraft-, sondern auch um Beschämtwerden.

[6] Es ist hinzuzufügen, daß auch heute noch manche europäische oder amerikanische Mutter auf diese «Gesundheitspraxis» schwört, die von Parin und Morgenthaler bereits beim Stamm der Agni in Afrika beobachtet wurde (Pa-

rin/Morgenthaler 1971). Die Autoren haben ihrem Buch über die Ethnopsychoanalyse dieses Stammes den bezeichnenden Titel gegeben: «Fürchte deinen Nächsten wie dich selbst». Die Agni haben eine stolze Tradition als vornehmes, reiches Kriegervolk. Es herrscht aber tiefes gegenseitiges Mißtrauen. Angst und Wut sind ein emotionales Potential, welches hinter einer Fassade steifer, vornehmer Etikette jederzeit hervorbrechen kann. Sie können sich auch nicht auf dauerhafte Liebesbeziehungen einlassen, und eine ihrer bedeutungsvollen Weisheiten lautet: «Folge deinem Herzen und du gehst zugrunde» (Parin/Morgenthaler 1971, S. 562; vgl. auch Jacoby 1980, S. 72 ff.).

[7] Diese Phantasie hatte nach meiner Einschätzung aber ebensowenig mit einem psychotischen Wahn zu tun wie seine Vorstellung des Beobachtetwerdens mit einem ausgewachsenen Paranoid.

[8] Zwerge haben in der Mythologie und im Märchen vielfältige symbolische Bedeutung. Sie sind stets mit der Natur, der Mutter Erde verbunden, galten deshalb in der Antike als Gehilfen der Großen Mutter, bekannt als Kabiren oder Daktyloi, was zu deutsch Finger heißt. So haben sie einen phallisch-schöpferischen Aspekt. Unter ihnen gab es Schmiede, Weise, Erfinder der musikalischen Rhythmen, Zauberer. In den Berghöhlen suchen sie nach Gold und Erzen und bewachen die Schätze. Mit C. G. Jung kann man sie deshalb als schöpferische Kräfte im Unbewußten deuten.

[9] Es ist in diesem Zusammenhang sicher von Interesse beizufügen, daß auch in der modernen Psychoanalyse die Hypothese eines «übergeordneten Ichs» aufgestellt wird, eines Konstrukts, das sich zum Teil mit Jungschen Vorstellungen vom «Selbst» deckt. Das übergeordnete Ich «strebt stets nach der Erhaltung des Organismus, indem es Konflikte löst und laufende Entwicklungsprozesse fördert» (R. und G. Blanck 1986).

Literaturverzeichnis

Asper, K. (1987): Verlassenheit und Selbstentfremdung. Olten & Freiburg i. Br.: Walter

Bächtold-Stäubli, H. (1927): Handwörterbuch des Deutschen Aberglaubens. Berlin & Leipzig: De Gruyter, 1927–42

Blanck, R. & G. (1986): Jenseits der Ich-Psychologie. Stuttgart: Klett-Cotta, 1989. *Originaltitel:* Beyond ego psychology. New York: Columbia Press, 1986

Blaser, P./Poeldinger, W. (1967): Angst als geistesgeschichtliches Phänomen und naturwissenschaftliches Problem. In: Kielholz, P.: Angst, S. 11–36. Basel & Stuttgart: Huber

Blomeyer, R. (1974): Aspekte der Persona. (Analytische Psychologie, 1974, vol. 5, Nr. 1, S. 17–29). Basel: Karger

Duden (1963): Etymologie. Mannheim & Zürich: Bibliographisches Institut. (Der Große Duden, Band 27)

Duerr, H. P. (1988): Nacktheit und Scham. Frankfurt a. M.: Suhrkamp, 1988 (Aufl. 3) (Der Mythos vom Zivilisationsprozeß, Band 1)

Eibl-Eibesfeldt, I. (1973): Der vorprogrammierte Mensch. Wien: Molden

Erikson, E. H. (1950): Kindheit und Gesellschaft. Stuttgart: Klett, 1968 (Aufl. 3). *Originaltitel:* Childhood and society. New York: Norton, 1950

Fordham, M. (1957): Notes on the transference. In: Technique in Jungian analysis, S. 111–151. London: Heinemann, 1974

Fordham, M. (1969): Children as individuals. London: Hodder and Stoughton

Fordham, M. (1976): The self and autism. London: Heinemann Medical Books. (Library of analytical psychology, vol. 3)

Fordham, M. (1986): Exploration into the self. London: Karnac Books. (Library of analytical psychology, vol. 7)

Freud, A. (1965): Wege und Irrwege in der Kinderentwicklung. Bern: Huber, 1968. *Originaltitel:* Normality and pathology in childhood. Assessments of development. New York: International Universities Press, 1965

Freud, S. (1923): Das Ich und das Es. Ges. Werke, Band 13. Frankfurt am Main: Fischer, 1969 (Aufl. 6)

Goethe, J. W. von (1873): Rameau's Neffe, ein Dialog von Diderot. Ges. Werke, Band 26. Berlin: Grote'sche Verlagsbuchhandlung

Gordon, R. (1985): Big self and little self: some reflections. (Journal of analytical psychology, 1985, vol. 30, no. 3, S. 261–271). London: Academic Press

Gordon, R. (1987): Masochism: the shadow side of the archetypal need to venerate and worship. (Journal of analytical psychology, 1987, vol. 32, no. 3, S. 227–240). London: Academic Press

Grimm, J. & W. (1960): Deutsches Wörterbuch. München: dtv, 1984 (Nachdr.)

Grimm, R. (1972): Die Paradiesesehe, eine erotische Utopie des Mittelalters. In: Festschrift W. Mohr, Göppingen. (Göppinger Arbeiten zur Germanistik; 65)

Hartmann, H. (1950): Bemerkungen zur psychoanalytischen Theorie des Ichs. In: Hartmann, H.: Ich-Psychologie. Stuttgart: Klett, 1972. *Originaltitel:* Essays on ego-psychology. New York: International Universities Press, 1964

Hultberg, P. (1987): Scham – eine überschattete Emotion. (Analytische Psychologie, 1987, vol. 18, no. 2, S. 84–104). Basel [etc.]: Karger

Illies, J. (1971): Zoologie des Menschen: Entwurf einer Anthropologie. München: Piper

Izard, C. E. (1977): Die Emotionen des Menschen. Weinheim & Basel: Beltz, 1981. *Originaltitel:* Human emotions. New York: Plenum Press, 1977

Jacobi, J. (1957): Komplex, Archetypus, Symbol in der Psychologie C. G. Jungs. Zürich & Stuttgart: Rascher

Jacobi, J. (1971): Die Seelenmaske. Olten & Freiburg i. Br.: Walter

Jacobson, E. (1964): Das Selbst und die Welt der Objekte. Frankfurt am Main: Suhrkamp, 1973. *Originaltitel:* The self and the object world. New York: International Universities Press, 1964

Jacoby, M. (1980): Sehnsucht nach dem Paradies. Fellbach: Bonz

Jacoby, M. (1985): Individuation und Narzißmus. München: Pfeiffer

Jacoby, M. (1987): Psychotherapeuten sind auch Menschen. Olten & Freiburg i. Br.: Walter

Jacoby, M./Kast, V./Riedel, I. (1978): Das Böse im Märchen. Fellbach: Bonz, 1980 (Aufl. 2)

Jung, C. G. (1921): Psychologische Typen. Ges. Werke, Band 6. Olten & Freiburg i. Br.: Walter, 1971

Jung, C. G. (1928): Die Beziehungen zwischen dem Ich und dem Unbewußten. Ges. Werke, Band 7. Olten & Freiburg i. Br.: Walter, 1971

Jung, C. G. (1929): Die Probleme der modernen Psychotherapie. Ges. Werke, Band 16. Zürich & Stuttgart: Rascher, 1958

Jung, C. G. (1935): Grundsätzliches zur praktischen Psychotherapie. Ges. Werke, Band 16. Zürich & Stuttgart: Rascher, 1958

Jung, C. G. (1935 a): Über die Grundlagen der analytischen Psychologie. Tavistock lectures. Ges. Werke, Band 18/I. Olten & Freiburg i. Br.: Walter, 1981

Jung, C. G. (1939): Die psychologischen Aspekte des Mutterarchetypus. Ges. Werke, Band 9/I. Olten & Freiburg i. Br.: Walter, 1976

Jung, C. G. (1946): Die Psychologie der Übertragung. Ges. Werke, Band 16. Zürich & Stuttgart: Rascher, 1958

Jung, C. G. (1951): Aion. Ges. Werke, Band 9/II. Olten & Freiburg i. Br.: Walter, 1976

Jung, C. G. (1954): Mysterium Coniunctionis. Ges. Werke, Band 14/I. Zürich: Rascher, 1968

Jung, C. G./Jaffé, A. (1962): Erinnerungen, Träume, Gedanken von C. G. Jung. Zürich: Rascher

Kast, V. (1980): Das Assoziationsexperiment in der therapeutischen Praxis. Fellbach: Bonz

Kast, V. (1990): Die Dynamik der Symbole. Olten: Walter

Kernberg, O. F. (1975): Borderline-Störungen und pathologischer Narzißmus. Frankfurt am Main: Suhrkamp, 1979 (Aufl. 3). *Originaltitel:* Borderline conditions and pathological narcissism. New York: Aronson, 1975

Kielholz, P. (1967): Angst: psychische und somatische Aspekte. Bern & Stuttgart: Huber, 1967

Der Kleine Pauly (1979): Lexikon der Antike. München: Deutscher Taschenbuchverlag

Köhler, L. (1988): Neuere Forschungsergebnisse auf dem Gebiet der Kleinkindforschung. Seminar, Nov. 1988 in Zürich

Kohut, H. (1971): Narzißmus. Frankfurt am Main: Suhrkamp, 1973 ib. 74. *Originaltitel:* The analysis of the self. New York: International Universities Press, 1971

Kohut, H. (1973): Überlegungen zum Narzißmus und zur narzißtischen Wut. (Psyche, Jg. 27, Heft 6, S. 513–554). Stuttgart: Klett

Kohut, H. (1977): Heilung des Selbst. Frankfurt am Main: Suhrkamp, 1979. *Originaltitel:* The restoration of the self. New York: International Universities Press, 1977

Krafft-Ebing, R. (1892): Bemerkungen über «geschlechtliche Hörigkeit» und Masochismus. (Jahrbücher für Psychiatrie, 10, S. 199–211)

Lewis, H. B. (1971): Shame and guilt in neurosis. New York: International Universities Press

Lewis, H. B. (1987): Shame and the narcissistic personality. In: Nathanson, D. L. (ed.): The many faces of shame, S. 93-132. New York & London: Guilford Press, 1987

Lewis, H. B. (ed.) (1987a): The role of shame in symptom formation. Hillsdale, N. J. & London: Lawrence Erlbaum

Lynd, H. M. (1961): On shame and the search for identity. New York: Science Editions

Mahler, M. S./Pine, F./Bergman, A. (1975): Die psychische Geburt des Menschen. Frankfurt am Main: Fischer, 1978. *Originaltitel:* The psychological birth of the human infant. New York: Basic Books, 1975

Mattern-Ames, E. (1987): Falling: notes on early damage and regression. Diploma thesis C. G. Jung-Institute, Zürich

Miller, S. (1985): The shame experience. Hillsdale, N. J. & London: Lawrence Erlbaum

Moser, T. (1984): Kompaß der Seele. Frankfurt am Main: Suhrkamp

Nathanson, D. L. (1987): A timetable for shame. In: Nathanson, D. L. (ed.): The many faces of shame, S. 1–63. New York & London: Guilford Press

Nathanson, D. L. (ed.) (1987): The many faces of shame. New York & London: Guilford Press

Neumann, E. (1949): Ursprungsgeschichte de. Bewußtseins. Zürich: Rascher

Neumann, E. (1953): Zur Psychologie des Weiblichen. Zürich: Rascher

Neumann, E. (1956): Die Große Mutter. Zürich: Rhein-Verlag, 1956; Aufl. 3: Olten & Freiburg i. Br.: Walter, 1974

Neumann, E. (1963): Das Kind. Zürich: Rhein-Verlag

Parin, P./Morgenthaler, F./Parin-Matthey, G. (1971): Fürchte deinen Nächsten wie dich selbst. Frankfurt am Main: Suhrkamp

Portmann, A. (1958): Zoologie und das neue Bild des Menschen. Hamburg: Rowohlt

Qualls-Corbett, N. (1988): The sacred prostitute. Toronto: Inner City Books

Redfearn, J. W. T. (1985): My self, my many selves. London: Academic Press. (Library of analytical psychology, vol. 6)

Rohde-Dachser, Ch. (1989): Abschied von der Schuld der Mütter. (Praxis der Psychotherapie und Psychosomatik, Band 34, Heft 5, S. 250–260). Berlin [etc.]: Springer

Rousseau, J.-J. (1958): Emil oder über die Erziehung. Paderborn: Schöningh

Rousseau, J.-J. (1961): Die Bekenntnisse. Frankfurt am Main & Hamburg: Fischer Bücherei

Samuels, A. (1989): Analysis and pluralism: the politics of psyche. (Journal of analytical psychology, 1989, vol. 34, no. 1, S. 33–51). London: Academic Press

Sander, L. W. (1983): To begin with – reflections on ontogeny. In: Lichtenberg, J./Kaplan, S.: Reflections on self psychology. Hillsdale, N. J.: Analytic Press

Schmidbauer, W. (1977): Die hilflosen Helfer. Reinbek bei Hamburg: Rowohlt

Schneider, K. (1959): Klinische Psychopathologie. Stuttgart: Thieme. Zit. in: Kielholz, P. (1967) S. 28

Segal, H. (1964): Introduction to the work of Melanie Klein. London: Hogarth Press

Sidoli, M. (1988): Shame and the shadow. (Journal of analytical psychology, 1988, vol. 33, no. 2, S. 127–142). London: Academic Press

Spiegelman, J. M. (1989): The one and the many: Jung and the post-Jungians. (Journal of analytical psychology, 1989, vol. 34, no. 1, S. 53–71). London: Academic Press

Spitz, R. A. (1965): Vom Säugling zum Kleinkind. Stuttgart: Klett, 1967. *Originaltitel:* The first year of life. New York: International Universities Press, 1965

Stern, D. N. (1985): The interpersonal world of the infant. New York: Basic Books

Tobel, R. von (1945): Pablo Casals. Erlenbach-Zürich: Rotapfel-Verlag

Tomkins, S. S. (1963): Affect, imagery, consciousness. Vol. 2: The negative affects. New York: Springer

Tomkins, S. S. (1987): Shame. In: Nathanson, D. L. (ed.): The many faces of shame, S. 133–161. New York & London: Guildford Press

Wharton, B. (1990): The hidden face of shame: the shadow, shame and separation. (Journal of analytical psychology, 1990, vol. 35, no. 3, S. 279–299). London: Routledge

Wickler, W. (1973): Die ethologische Deutung einiger Wächterfiguren auf Bali. In: Eibl-Eibesfeld, I.: Der vorprogrammierte Mensch, S. 248–256). Wien [etc.]: Molden

Winnicott, D. W. (1958): Die Fähigkeit zum Alleinsein. In: Winnicott, D. W.: Reifungsprozesse und fördernde Umwelt, S. 36–46. München: Kindler, 1974

Winnicott, D. W. (1960): Ich-Verzerrung in Form des wahren und des falschen Selbst. In: Winnicott, D. W.: Reifungsprozesse und fördernde Umwelt, S. 182–199. München: Kindler, 1974

Winnicott, D. W. (1963): Die Entwicklung der Fähigkeit der Besorgnis (Concern). In: Winnicott, D. W.: Reifungsprozesse und fördernde Umwelt, S. 93–105. München: Kindler, 1974

Winnicott, D. W. (1965): Reifungsprozesse und fördernde Umwelt. München: Kindler, 1974. *Originaltitel:* The maturational processes and the facilitating environment. London: Hogarth Press, 1965

Wirtz, U. (1989): Seelenmord. Zürich: Kreuz Verlag

Wurmser, L. (1988): Gedanken zur Psychopathologie von Scham und Ressentiment. (Analytische Psychologie, 1988, Vol. 19, Heft 4, S. 283–306). Basel: Karger

Wurmser, L. (1981): Die Maske der Scham. Berlin: Springer, 1990. *Originaltitel:* The mask of shame. Baltimore & London: Johns Hopkins University Press, 1981

Zimmer, H. (1938): Weisheit Indiens. Darmstadt: Wittich

Personen- und Sachregister

Von Lorenz Häfliger

Verena Kast
Imagination als Raum der Freiheit
Dialog zwischen Ich und Unbewußtem
214 Seiten, 3. Auflage 1989

Verena Kast
Der schöpferische Sprung
Vom therapeutischen Umgang mit Krisen
220 Seiten, 5. Auflage 1990

Nathan Schwartz-Salant
Die Borderline-Persönlichkeit
Vom Leben im Zwischenreich
Etwa 270 Seiten, 1. Auflage 1991

Walter-Verlag